Configuración Jurídica de las *Public Private Partnerships* (PPP)
en el ámbito del suministro de energía

Mónica Liliana Ibagón-Ibagón

Configuración Jurídica de las *Public Private Partnerships* (PPP) en el ámbito del suministro de energía

¿Qué puede aprender Colombia del Derecho Alemán?

PETER LANG

Información bibliográfica publicada por la Deutsche Nationalbibliothek
La Deutsche Nationalbibliothek recoge esta publicación en la Deutsche Nationalbibliografie; los datos bibliográficos detallados están disponibles en Internet en http://dnb.d-nb.de.

Catalogación en publicación de la Biblioteca del Congreso
Para este libro ha sido solicitado un registro en el catálogo CIP de la Biblioteca del Congreso.

Fundación Alexander von Humboldt

ISBN 978-3-631-88841-4 (Print)
E-ISBN 978-3-631-88909-1 (E-PDF)
E-ISBN 978-3-631-88910-7 (E-PUB)
10.3726/b20151

Peter Lang – Berlin · Bern · Bruxelles · New York · Oxford · Warszawa · Wien

Esta publicación ha sido revisada por pares.

www.peterlang.com

INDICE

PRIMERA PARTE

LA CONFIGURACIÓN JURÍDICA DE PUBLIC PRIVATE PARTNERSHIPS EN EL ÁMBITO DEL SUMINISTRO DE ENERGÍA EN ALEMANIA

TERCERA PARTE

PUBLIC PRIVATE PARTNERSHIPS EN PROCESOS DE PLANIFICACIÓN DE INFRAESTRUCTURA EN DIÁLOGO DE LOS SISTEMAS

ABREVIATURAS

AEG	Allgemeines Eisenbahngesetz de 27 de diciembre 1993 (BGBl. I P. 2378, 2396; 1994 I p. 2439)	Ley general de ferrocarriles
ANLA		Autoridad Nacional de Licencias Ambientales
BAT	Bundesangestelltentarifvertrag (BAT) de 23 de febrero de 1961	Convenio colectivo que rige para el personal contratado de la Administración federal alemana
BauGB	Baugesetzbuch en la versión de la publicación de 3. November 2017 (BGBl. I p. 3634)	Código de urbanismo
BBPlG	Bundesbedarfsplangesetz de 23. Julio 2013 (BGBl. I p. 2543; 2014 I p. 148, 271)	Ley del plan de demanda energética.
BEVVG	Bundeseisenbahnverkehrsverwaltungsgesetz de 27 de diciembre de 1993 (BGBl. I p. 2378, 2394)	Ley federal de administración de los ferrocarriles
BImSchG	Bundes-Immissionsschutzgesetz en la versión de la publicación de 17 de mayo de 2013 (BGBl. I p. 1274; 2021 I P. 123).	Ley federal de protección de emisiones
BGBl. I		Boletín Oficial de la República de Alemania tomo I
BNetzA	Bundesnetzagentur	Agencia Federal de Redes

Bundesfernstrass-enmautgesetz	Bundesfernstraßenmautgesetz de 12 de julio de 2011 (BGBl. I p. 1378).	Ley de peajes de carreteras federales
Bundesnaturschutzgesetz	Bundesnaturschutzgesetz de 29 de julio de 2009 (BGBl. I p. 2542)	Ley federal de protección natural
BVerwG		Tribunal Superior FederaldeloContencioso Administrativo
CPACA	Ley 1437 de 2012	Código de Procedimiento Administrativo y de lo Contencioso Administrativo
CREG		Comisión de Regulación de Energía y Gas
DAA		Diagnóstico Ambiental de Alternativas
DANE		Departamento Administrativo Nacional de Estadística
EnLAG	Energieleitungsausbaugesetz de 21 de agosto de 2009 (BGBl. I p. 2870).	Ley para la expansión de las líneas de conducción de energía eléctrica
EnWG	Energiewirtschaftsgesetz de 7 de julio de 2005 (BGBl. I p. 1970, 3621).	Ley de la economía energética
Gesetz zur Neuregelung energiewirts-chaftsrechtlicher Vorschriften	Gesetz zur Neuregelung energiewirtschaftsrechtlicher Vorschriften de 3 de agosto de 2011 (BGBl. I 2011, p. 1564).	Ley sobre nueva regulación de los preceptos de derecho de economía de energía

EnWGZuVO	Verordnung des Umweltministeriums über energiewirtschaftsrechtliche Zuständigkeiten de 3 de enero de 2008	Reglamento del ministerio del medio ambiente sobre competencias del derecho de la economía de energía
EAG-Bau	Gesetz zur Anpassung des Baugesetzbuchs an EU-Richtlinien de 24 de junio de 2004 (BGBl. I 2004 p. 1359)	Ley sobre adecuación del código de construcción a las directivas de la Unión Europea
FStrG	Bundesfernstraßengesetz de 28 De junio de 2007 (BGBl. I p. 1206).	Ley de carreteras nacionales
FStrPrivFinG	Fernstraßenbauprivatfinanzierungsgesetz de 6 de enero de 2006 (BGBl. I p. 49).	Ley de financiación privada de la construcción de carreteras nacionales
GemO	Gemeindeordnung für Baden-Württemberg (Gemeindeordnung – GemO) de 24 de julio de 2000	Ordenamiento de los municipios para Baden-Württemberg
GWB	Gesetz gegen Wettbewerbsbeschränkungen in der Fassung der Bekanntmachung de 26 de junio de 2013 (BGBl. I p. 1750, 3245)	Ley de defensa contra las restricciones de la competencia
IHKG	Gesetz zur vorläufigen Regelung des Rechts der Industrie- und Handelskammern in der im Bundesgesetzblatt Teil III, Gliederungsnummer 701–1	Ley sobre regulación provisional del derecho de las cámaras de industria y comercio

InFraStrPlanVBeschlG	Gesetz zur Beschleunigung von Planungsverfahren für Infrastrukturvorhaben de 09 de diciembre de 2006 (BGBl. I p. 2833), 2007 I p. 691	Ley sobre aceleración del procedimiento de planeación para proyectos de infraestructura
Kartellsachen-Konzentrations-VO	Verordnung über die Bildung gemeinsamer Kartellgerichte (Kartellsachen-Konzentrations-VO) de 27 de septiembre de 2005	Reglamento de concentración de asuntos antimonopolio
KrW-/AbfG	Kreislaufwirtschaftsgesetz de 24 de febrero de 2012 (BGBl. I p. 212)	Ley sobre el círculo económico y de residuos
LF	Grundgesetz für die Bundesrepublik Deutschland	Ley Fundamental (Constitución alemana)
LuftVG	Luftverkehrsgesetz de 10 de mayo de 2007 (BGBl. I p. 698)	Ley de tráfico aéreo
MADS		Ministerio de Ambiente y Desarrollo Sostenible
MME		Ministerio de Minas y Energía
NABEG	Netzausbaubeschleunigungsgesetz Übertragungsnetz de 28 de julio de 2011 (BGBl. I p. 1690).	Ley para la aceleración de la ampliación de la red de transmisión de energía eléctrica
NEP	Netzentwicklungsplan	Plan de desarrollo de la red
ÖPP-Beschleunigungsgesetz	Gesetz zur Beschleunigung der Umsetzung von Öffentlich Privaten Partnerschaften	Ley de aceleración de ÖPP

PlfZV	Verordnung über die Zuweisung der Planfeststellung für länderübergreifende und grenzüberschreitende Höchstspannungsleitungen auf die Bundesnetzagentur de 23 de julio de 2013 (BGBl. I p. 2582).	Reglamento sobre la atribución de la fijación del plan para líneas de altísima tensión transnacionales y transfronterizas a la Agencia Federal de Redes
PlVereinhG	Gesetz zur Verbesserung der Öffentlichkeitsbeteiligung und Vereinheitlichung von Planfeststellungsverfahren v. de 31 de mayo de 2013 (BGBl. I p. 1388)	Ley para el mejoramiento de la participación del público y la unificación del procedimiento de fijación del plan
PostG	Postgesetz de 22 de diciembre de 1997 (BGBl. I p. 3294)	Ley de correo postal
ROG	Raumordnungsgesetz de 22 de diciembre de 2008 (BGBl. I p. 2986).	Ley de ordenamiento territorial
SeeAnlV	Verordnung über Anlagen seewärts de 23 de enero de 1997 (BGBl I, p. 57).	Reglamento sobre instalaciones en alta mar
SIN		Sistema Integrado Nacional
SNT		Sistema Nacional de Transmisión
TEN-E-VO Nr. 347/2013	Unión Europea, Parlamento Europeo y Consejo Europeo, Reglamento (UE) No 347/2013 de 17 de abril de 2013 relativo a las orientaciones sobre las infraestructuras energéticas transeuropeas, en *Diario Oficial de la Unión Europea* de 24 de abril de 2013, L115/39.	Reglamento relativo a las orientaciones sobre las infraestructuras energéticas transeuropeas

TKG	Telekommunikationsgesetz de 23 de junio de 2021 (BGBl. I p. 1858)	Ley de telecomunicaciones
UAG	Umweltauditgesetz de 4 de septiembre de 2002 (BGBl. I p. 3490)	Ley de auditoría medio ambiental
UmwRG	Umwelt-Rechtsbehelfsgesetz in der Fassung der Bekanntmachung de 23 de agosto de 2017 (BGBl. I p. 3290)	Ley de Recursos Judiciales para la Protección del Medio Ambiente
ÜNB	Übertragungsnetzbetreiber	Operador de Red de Transmisión
UPME		Unidad de Planeación Minero-Energética
UVPG	Gesetz über die Umweltverträglichkeitsprüfung de 18 de marzo de 2021 (BGBl. I p. 540)	Ley sobre examen medio ambiental
VgV	Vergabeverordnung de 12 de abril de 2016 (BGBl. I p. 624)	Reglamento General de contratación
VIFGG	Gesetz zur Errichtung einer Verkehrsinfrastrukturfinanzierungsgesellschaft zur Finanzierung von Bundesverkehrswegen (Verkehrsinfrastrukturfinanzierungsgesellschaftsgesetz – VIFGG) de 28 de junio de 2003 (BGBl. I p. 1050).	Ley de financiación de infraestructura de transporte
VwGO	Verwaltungsgerichtsordnung de 19 De marzo de 1991 (BGBl. I p. 686)	Ley de la Justicia Administrativa Alemana
VwVfG	Verwaltungsverfahrensgesetz de 23 de enero de 2003 (BGBl. I p. 102)	Ley de procedimiento administrativo

INTRODUCCION

El objeto de investigación de este escrito es el estudio de la configuración jurídica de las Public Private Partnerships (Participación Público-Privada) en el ámbito de la generación, la transmisión y la distribución de energía eléctrica (suministro de energía). Este trabajo se desarrolló en el posdoctorado realizado por la autora en la Universidad de Konstanz (Alemania) en los años 2018, 2019 y 2021, con estancias intermedias en la Universidad de Bochum (Alemania), apoyado por la prestigiosa fundación alemana Alexander von Humboldt.

El problema jurídico que se quiere resolver en este escrito es si ¿existe una única forma de configuración de Public Private Partnerships en la planificación de infraestructura en Alemania y en Colombia? Se emplea aquí el término planificación como sinónimo de planeación para referirlo al resultado de la planificación y al procedimiento mismo de la planificación.[1] La planificación es una función de la administración pública configuradora y también una forma de actuación de la administración de dirección.[2]

La hipótesis de este trabajo es una respuesta negativa a la primera cuestión. Para demostrar la hipótesis, el trabajo de investigación analiza casos de Public Private Partnerships que muestran el trabajo conjunto entre la administración y los particulares en la actividad de planeación administrativa (que determinan las actividades de transmisión, generación y distribución de energía eléctrica – suministro de energía–) en Alemania y en Colombia.

El primer caso que se va a analizar es la Public Private Partnerships (PPP) que se configura por mandato de la ley entre el Übertragungsnetzbetreiber (ÜBN, Operador de red de transmisión) y la Bundesnetzagentur (Agencia Federal de Redes, adelante BNetzA) en el procedimiento establecido en la ley de economía de energía (EnWG) para la planeación de las redes de transmisión de energía eléctrica en Alemania. Específicamente, los artículos 12b y 12c EnWG prevén el procedimiento de elaboración y aprobación del plan de desarrollo de la red (Netzentwicklungsplan) que funge como un instrumento de planificación administrativa. Para establecer la configuración jurídica de la Public Private Partnerships en este ámbito, se van a enunciar los derechos y obligaciones de las partes de la relación jurídica (primera parte, capítulo primero).

1 En este mismo sentido cfr. Ibler/ Hangst, La planificación, p. 187. Nota al pie 2.
2 Cfr. Badura, *Das Planungsermessen und die rechtsstaatliche Funktion des Verwaltungsrecht*, 152 ss.

En el campo de la generación de energía eléctrica, un determinante de la construcción de plantas de generación es el derecho general de autorización de plantas del derecho de planeación urbana. El derecho de planeación urbana también es determinante de la ejecución de proyectos de construcción de redes de transmisión y de distribución. En el derecho de planeación alemán existe la posibilidad de que los municipios transfieran la tarea a un particular para que este prepare y/o elabore las etapas del procedimiento de planeación urbanística consagradas en los artículos 2a a 4a del Código de urbanismo – Baugesetzbuch, en adelante BauGB – (artículo 4b inc. 2 BauGB). Este es un caso de Public Private Partnerships que se tratará en el segundo capítulo de la primera parte.

En la actividad de distribución de energía eléctrica (y en la actividad de transmisión en proyectos a los cuales no se les aplica el NABEG) para las redes de alta tensión, se adelanta un proceso integrado de planificación (Planfestellungsverfahren) y de autorización (Genehmigungsverfahren) establecido en los artículos 43 ss. EnWG del ordenamiento jurídico alemán. En este procedimiento se introdujo la figura del gestor del proyecto (Projektmanager), consagrado en el artículo 43g EnWG, a quien se le pueden encomendar tareas de preparación y realización de los pasos del procedimiento enlistados en esa norma. En el tercer capítulo de la primera parte se indagarán los elementos configuradores de este caso de Public Private Partnerships en la que un tercero particular y la autoridad administrativa cooperan en el procedimiento de planeación de redes de alta tensión de energía eléctrica conforme a lo dispuesto por el artículo 43g EnWG.

El trámite de licencia ambiental en Alemania, como se colige de las exposiciones *at infra* (segunda parte, capítulo primero), está integrado dentro del procedimiento de planificación de redes de transmisión de energía eléctrica que tiene efecto de concentración (Konzentrationswirkung). En cuanto a la fase de ejecución, en la que en Colombia se aplica el procedimiento de imposición de servidumbres de conducción de energía eléctrica; en Alemania está determinada, junto con un permiso de construcción ejecutable, por un derecho de uso de las vías.[3] La adquisición del derecho de las vías puede tener lugar ***i)*** de forma consensual en forma de derecho privado con fundamento en contratos o ***ii)*** por vía de apremio por medio de una orden de ocupación (Besitzeinweisung) o un procedimiento de expropiación.[4] La primera tiene como contenido, el derecho de ocupación temporal para la realización del proyecto de construcción del titular del proyecto en el inmueble del propietario.[5] Generalmente, se

---

3 Rappen/ Schiffer, en Praxishandbuch, p. 536.

4 *Ibidem.*

5 *Ibidem*, p. 545.

deja abierta la cuestión de la indemnización por la ocupación permanente del inmueble.[6] Las funciones de planeación en el proceso de imposición de servidumbres de conducción de energía eléctrica no tienen un paralelo en la etapa de ejecución en derecho alemán. Ello, dispensa en este escrito considerar el tema de la adquisición del derecho de vías por vía de apremio por medio de la orden de ocupación (Besitzeinweisung) en el derecho alemán.

El problema jurídico planteado –¿existe una única forma de configuración de Public Private Partnerships en la planificación de infraestructura en Alemania y en Colombia?– supone la solución de otros cuestionamientos: ¿la planeación en el ámbito del suministro de energía eléctrica la hace el Estado, el privado o conjuntamente? Se parte del supuesto que en el caso de planeación conjunta es necesario que haya leyes que permitan esa construcción y que establezca, ¿cuál es la tarea del privado y del Estado?, y ¿qué fuerza y competencia tienen ambos? Se pregunta si, en el derecho administrativo de planeación, existen Public Private Partnerships, específicamente, ¿en planeación y construcción de redes de energía eléctricas?, ¿en la generación de energía?, ¿en la distribución? En caso afirmativo, surgen los siguientes interrogantes: ¿la configuración jurídica de las Public Private Partnerships solamente puede tener fundamento contractual?, ¿existen reglas que determinen el proceso de selección del particular que eviten la corrupción?, ¿cuál es el control del Estado sobre los particulares durante la existencia de la PPP?, y ¿los afectados gozan de protección jurídica?

Los casos de Public Private Partnerships en el ámbito del suministro de energía son expuestos no tanto con la finalidad de presentar un estudio de derecho comparado, en su modelo teórico descriptivo[7] (que exige una comparación detallada de las semejanzas y diferencias de los sistemas jurídicos examinados) ni con el ánimo de realizar un paralelismo en la regulación estudiada en un país y en otro; sino más bien, a partir de la solución de los interrogantes planteados, encontrar aspectos dentro del sistema jurídico colombiano de los cuales pueda aprender Colombia del sistema jurídico alemán. En ese orden de ideas, se expondrán 3 ejemplos de derecho colombiano en los cuales los particulares pueden ejercer funciones de planeación administrativa determinantes del ámbito de suministro de energía eléctrica. En el primer capítulo de la segunda parte se describirá la configuración jurídica de Public Private Partnerships en el procedimiento de planeación de redes de transmisión. En el segundo capítulo se expondrá la configuración jurídica de las Public Private Partnerships en el

6 *Ibidem.*

7 Zweigert/ Kötz, *Einführung in die Rechtsvergleichung*, p. 11.

trámite de licencia ambiental. Y en el tercer capítulo, se reseñará la configuración jurídica de Public Private Partnerships en procedimientos de constitución de servidumbres eléctricas.

El análisis de los 3 casos en derecho alemán y de los 3 ejemplos en derecho colombiano permite presentar reflexiones comparadas, guiadas por el modelo funcionalista aplicado, que se cuestiona: ¿qué propuestas e indicaciones son recomendables para el actuar político jurídico?; es decir, sobre ¿si, y cómo el derecho aplicable debería ser modificado en cierto(s) punto(s)?[8] Específicamente desde esta perspectiva, se preguntará en la tercera parte, ¿qué puede aprender Colombia de Alemania? Se escogieron 3 temas transversales en diálogo de los sistemas que pueden ser de enseñanza para el derecho colombiano: el control judicial en procesos de planificación de infraestructura con participación privada (capítulo primero); la prospectiva de las Public Private Partnerships con especial referencia a la Publizisierung, publicización (segundo capítulo) y los determinantes de las Public Private Partnerships (capítulo tercero). Estos aspectos confluyen en la elaboración de un modelo normativo de la aplicación de las Public Private Partnerships en el procedimiento administrativo que fungirá consideraciones conclusivas.

El análisis del objeto de investigación exige definición de sus supuestos constituyentes. Por ello, se expondrá en el capítulo preliminar una aproximación definitoria de los términos cooperación, *Privatisierung* (privatización) y Public Private Partnerships. Este capítulo representa la segunda edición de un artículo[9] publicado por la autora en las Jornadas de Derecho Administrativo (organizadas por la Universidad Externado de Colombia en el año 2021).

El suministro de energía es una tarea pública. Este escrito parte del supuesto que una tarea estatal es toda "tarea pública con la que el Estado se ocupa en forma jurídica y se debe o puede ocupar de ella por mandato de la Constitución". Tareas estatales son "aquellas que el Estado ejerce por sí mismo – en la forma de tareas administrativas mediante sus propios funcionarios". Las tareas públicas son "aquellas que están en interés de la generalidad, pero están transferidas a otros titulares". Las funciones públicas están dirigidas al ejercicio de actividades en interés público que pueden ser realizadas no solo por servidores públicos, sino también por entidades de la administración organizadas en forma de derecho privado y por particulares que no están vinculados a la administración.

8 *Ibidem*, pp. 5, 12.

9 Ibagón-Ibagón, Cooperación entre el Estado y los particulares.

Mis agradecimientos a la fundación Alexander von Humboldt por la beca otorgada y por el subsidio de los costos de publicación, al profesor Dr. Dr. hc Martin Ibler, al profesor Christian Pielow, al rector de la Universidad Externado de Colombia, a la decana de la facultad de derecho y al director del Departamento de Derecho Administrativo, sin los cuales este escrito no hubiera sido posible. Así mismo, extiendo mis agradecimientos a los pares académicos que emitieron concepto positivo para la publicación de este libro: el profesor Francisco de Borja López Jurado y el profesor Miller Armin Dussán Calderón.

CAPITULO PRELIMINAR FUNDAMENTOS DE LAS PUBLIC PRIVATE PARTNERSHIPS

El derecho de organización del Estado abre posibilidades de cooperación entre el Estado y los particulares; esto es, "sujetos no estatales"[10], personas individuales o personas jurídicas de derecho privado (I).[11] Elementos de cooperación entre el Estado y los particulares se constatan en las formas de privatización (Privatisierung) de tareas estatales (II). Las Public Private Partnerships denotan formas de privatización funcional (funktionele Privatisierung) y se describen como "el trabajo conjunto económico de largo plazo y, por regla general, contractual entre el poder público y los particulares para la **realización conjunta** de tareas públicas" [12] (III).

I. COOPERACIÓN ENTRE EL ESTADO Y LA SOCIEDAD

La cooperación atañe a la "acción y efecto de cooperar"[13]. Cooperar es "(...) obrar juntamente con otro u otros para la consecución de un fin común"[14]. Cooperar es consonante de trabajo conjunto y también de colaborar que equivale a "trabajar con otra u otras personas en la realización de una obra"[15].

El término cooperación abarca una variedad de manifestaciones del ejercicio de las funciones públicas por parte de particulares.[16] La cooperación es

---

10 Pielow, Grundstrukturen öffentlicher Versorgung, p. 402.

11 Stober, Kooperation mit Privaten, p. 496; Schulze-Fielitz Schulze-Fielitz, en Hoffmann-Riem/ Schmidt-Assmann/ Vosskuhle, Grundlagen des Verwaltungsrechts, p. 854 ss.

12 Ibler, en Mangoldt/ Klein/ Starck, GG artículo 90, p. 548, párrafo 134. En este mismo sentido, Gröpl, en Maunz/ Dürig, GG artículo 90, párrafo 68.

13 Término "cooperación", en Real Academia Española, *Diccionario de la lengua española*, disponible en línea en: https://dle.rae.es/cooperaci%C3%B3n (consultado el 16.03.2021).

14 Término "cooperar", en Real Academia Española, Diccionario de la lengua española, disponible en línea en: https://dle.rae.es/cooperar?m=form (consultado el 16.03.2021).

15 Término "colaborar", en Real Academia Española, Diccionario de la lengua española, disponible en línea en: https://dle.rae.es/colaborar?m=form (consultado el 16.03.2021).

16 Schulze-Fielitz, Schulze-Fielitz, en Hoffmann-Riem/ Schmidt-Assmann/ Vosskuhle, Grundlagen des Verwaltungsrechts, p. 854.

un término que comprende, si se lo describe desde el punto de vista empírico, todas las formas del trabajo conjunto – incluso la cooperación informal de la administración – entre la administración y los particulares para la realización de tareas públicas.[17] La cooperación, como término de delimitación tipológica, presupone que la administración y los particulares se "(...) reconozcan mutuamente como partes con los mismos derechos o para la celebración de un contrato o para las negociaciones informales en la ejecución de la ley (...)".[18] La administración se realiza mediante la interacción y comunicación sobre "(...) finalidades, valores, intereses, descripción de problemas y situaciones o conocimientos de los participantes (...) para lograr un acuerdo".[19]

De acuerdo con Schulze-Fielitz, la cooperación "(...) no es un tercer tipo independiente entre la realización soberana de actividades estatales y el ejercicio de funciones públicas por parte de particulares".[20] En este aspecto, "(...) la realización de funciones en sentido jurídico incluye todas las formas de trabajo conjunto jurídico formalizado entre la administración y los particulares (...)" en los que estos realizan las tareas públicas con poder de decisión basado en la ley y comprende, incluso, aquellas formas en los que el particular interviene como parte de la organización administrativa y en las que sus decisiones, aunque son prerrequisitos para la realización de las actividades soberanas de la administración, no pueden ser tomadas conforme a su propia intención.[21]

Los tipos fundamentales de cooperación entre el Estado y la sociedad son el encargo a particulares de funciones públicas (Beleihung), la ayuda a la administración (Verwaltungshilfe) y el llamado legal de los particulares al servicio (Inpflichtnahme Privater o Indienstnahme Privater).

A. *BELEIHUNG* (EL ENCARGO A PARTICULARES DE FUNCIONES PÚBLICAS)

La Beleihung es un instituto típico de cooperación entre el Estado y la sociedad en el derecho alemán. Esta tiene como objetivo reducir las cargas de las personas de derecho público y la utilización de la iniciativa privada, los recursos económicos, el conocimiento técnico y material al servicio de una administración efectiva y cercana al ciudadano.[22]

17 *Ibidem*, p. 855.
18 *Ibidem*, p. 856.
19 *Ibidem*.
20 *Ibidem*, p. 857.
21 *Ibidem*, p. 857 s.
22 Stober, Kooperation mit Privaten, p. 509.

Por medio de la ley o con fundamento en ella se pueden transferir a los particulares tareas públicas para ser ejercidas independientemente y también facultades soberanas de autoridad[23]. El acto de Beleihung puede ser por ley o con fundamento en ella.[24] El acto de Beleihung también puede efectuarse en casos particulares en la forma jurídica del acto administrativo[25] y del contrato administrativo de derecho público.[26] Precisamente este elemento es el que lo distingue de las otras dos formas de participación de los particulares en las tareas públicas: el ayudante administrativo (Verwaltungshelfer) y llamado legal del privado al servicio (Indienstnahme Privater).[27]

Aunque en principio la Beleihung puede tener efectos gravosos, ello no debe ser considerado aisladamente, sino en su contexto, de tal forma que, en ciertos supuestos, puede ser ventajosa para su destinatario.[28] Este es el caso de la adjudicación de un contrato, en el que la aceptación de la oferta en el procedimiento de contratación pública está vinculada de forma indisoluble con la elección del contratista.[29]

Formas de Beliehung se encuentran en el derecho de infraestructura (por ejemplo en el artículo 72 de la ley de telecomunicaciones -Telekommunikationsgesetz, TKG –, artículo 4 de la ley federal de administración de los ferrocarriles Bundeseisenbahnverkehrsverwaltungsgesetz, BEVVG), artículo 33 de la ley de correo postal (Postgesetz, PostG), artículo 2 de la ley de financiación privada de la construcción de carreteras nacionales (FstrPrivFinG), en derecho de policía y en el ámbito relevante de la seguridad (seguridad aérea en los artículos 31 a, b y d de la ley de tráfico aéreo –Luftverkehrgesetz, LuftVG–); pilotos en el artículo 29 inc. 3 LuftVG); derecho administrativo económico (capitanes de barco, controladores de pesca, notarios, ingenieros de la sociedad de control técnico -Technischer Überwachungsverein, TÜV- [30], etc.); en el derecho

23 Heintzen, VVDStRl, 2002, p. 240.

24 Ibler, en Mangoldt/ Klein/ Starck, GG artículo 90, párrafo 75.

25 En contra véase Sachs, comentario del artículo 44, en Sachs, Stelkens/Bonk/Sachs, Verwaltungsverfahrensgesetz, 9. Ed., 2018, Párrafo 55.

26 Schönenbroicher, en Mann/Sennekamp/Uechtritz, Verwaltungsverfahrensgesetz, artículo 1, párrafo 67; BverwG, sentencia de 26 de agosto de 2018, 3 C 35/09, en NVwZ 2011, 368, 369, párrafo 14.

27 Heintzen, VVDStRl, 2002, p. 241.

28 Kämmerer, en Öffentliches Wirtschaftsrecht, p. 396.

29 *Ibidem.*

30 Como organizaciones certificadoras, realizan, en ejercicio soberano del derecho de permiso de transporte terrestre la prevención frente a peligros de emisiones de

del medio ambiente (admisión como auditor conforme al artículo 28 de la ley de auditoría medio ambiental -Umweltauditgezetz, UAG-); recolección de basuras (artículo 16 inc. 2 de la ley sobre el círculo económico y de residuos -KrW/ AbfG–, etc.); derecho de los servidores públicos (artículo 143 b, inc. 3, f rase 2 LF).[31]

Uno de los determinantes de la ley que configura la transferencia de funciones a los particulares es el artículo 33, inc. 4 LF, que instituye que el "ejercicio de facultades de soberanía será confiado, como regla general y con carácter permanente, a funcionarios del servicio público sujetos a una relación de servicio y lealtad, bajo un régimen de derecho público".

Como las actividades que realiza el particular al cual se le encargan funciones públicas (Beliehener) son tareas estatales, se mantiene la responsabilidad del Estado en su ejecución. Las actuaciones del Beliehener están sujetas a control de la administración porque debe ser observado el requisito de legitimación democrática.

Desde el punto de vista del derecho de organización administrativa, el término Beliehener se subsume dentro del de autoridad administrativa[32] en el sentido del artículo 35 de la ley de procedimiento administrativo (Verwaltungsverfahrensgesetz, VwVfG) que define el acto administrativo y del artículo 1 VwVfG que establece dentro de su ámbito de aplicación, la actuación de las autoridades administrativas[33], que las define en su inc. 4 como toda autoridad que ejerce tareas de administración pública.

B. LLAMADO LEGAL DE LOS PARTICULARES AL SERVICIO (INPFLICHTNAHME PRIVATER O INDIENSTNAHME PRIVATER)

El Estado puede imponerles a los particulares, obligaciones de actuación y de ejecución de prestaciones (como obligaciones ciudadanas), sin que este reciba competencias de derecho público.[34] En estos casos, el particular es

gases de fábricas y automotores (Helmuth Schulze-Fielitz, "Grundmodi der Aufgabenwahrnehmung", p. 873).

31 Rolf Stober, "Kooperation mit Privaten", ob cit., p. 510 ss.

32 Alexander Windoffer, comentario del artículo 35, en Mann/Sennekamp/Uechtritz, Verwaltungsverfahrensgesetz, 2. Ed., 2019, párrafo 43.

33 Schmitz, comentario del artículo 1, en Stelkens/Bonk/Sachs, ob. cit., párrafos 246 ss.

34 Helmuth Schulze-Fielitz, "Grundmodi der Aufgabenwahrnehmung", p. 873 s.

instrumentalizado, como colaborador de la administración, para el cumplimiento de tareas estatales o[35] públicas.[36]

El particular realiza la tarea de forma obligada como asunto propio. [37] En ello, se llama al sujeto privado mediante un acto soberano para que realice las tareas públicas.[38]

Un ejemplo clásico citado por la doctrina de la figura del llamado legal de los particulares al servicio (Inpflichtnahme Privater o Indienstnahme Privater) es la obligación legal de guardar reservas de petróleo y/o sus productos derivados impuesta a los importadores.

El Tribunal constitucional alemán, al analizar la ley sobre reservas mínimas de productos del petróleo[39] que imponía esta obligación, consideró que, debido a que una de las funciones de los empresarios privados era el suministro de la economía con bienes básicos para la vida de la población y, en concreto, la provisión del suministro de energía, el Estado podría servirse de esos empresarios, cuando, para cumplir el interés general, ese suministro se declaraba tarea pública.[40]

Límites de una medida legislativa consistente en recurrir a los particulares para el cumplimiento de tareas públicas son los derechos fundamentales de los empresarios como la libertad de ejercer profesión u oficio (artículo 12 LF) y el derecho a la propiedad de los particulares (artículo 14 LF). El Tribunal Constitucional consideró que la obligación impuesta de guardar reservas de petróleo y/o sus derivados no vulneraba el principio de proporcionalidad.[41]

Ejemplos adicionales del llamado legal de los particulares al servicio (Inpflichtnahme Privater o Indienstnahme Privater) son la obligación de limpiar calles[42] y la obligación de los empleadores de deducir de los salarios el monto del impuesto religioso, que corresponde a su 10 %, en el caso de que los empleados tengan una confesión religiosa.

---

35 Sobre la no relevancia de la distinción entre tarea pública o estatal en esta materia cfr. Waetcher, op. cit. 130.

36 *Ibidem*, p. 130.

37 Helmuth Schulze-Fielitz, "Grundmodi der Aufgabenwahrnehmung", p. 874.

38 Ibler, en: Maunz/Dürig GG, artículo 86, párrafo número 120.

39 Das Gesetz über Mindestvorräte an Erdölerzeugnissen de 9 de septiembre de 1965 (Bundesgesetzbl. I p. 1217).

40 Tribunal Constitucional alemán, decisión de 16.03.1971 – 1 BvR 52/66 –, BVerfGE 30, 292–336, *juris*, párrafo 51 y 52.

41 Waetcher, op. cit., p. 130.

42 Helmuth Schulze-Fielitz, "Grundmodi der Aufgabenwahrnehmung", p. 874.

En el caso del llamado legal de los particulares al servicio (Inpflichtnahme Privater o Indienstnahme Privater), este se cuenta dentro de la figura de la funktionale Privatisierung (privatización funcional).[43]

El Estado tiene una posición de garante y conserva la responsabilidad como tal.[44] Por ello, el llamado legal de los particulares al servicio (Inpflichtnahme Privater o Indienstnahme Privater) es en principio admisible, siempre y cuando el Estado conserve un poder de dirección suficiente que es posible, por regla general, mediante el aseguramiento de derechos de injerencia.[45]

El llamado legal de los particulares al servicio (Inpflichtnahme Privater o Indienstnahme Privater) en virtud de la ley cobra importancia como consecuencia de enfoques de control y dirección indirectos que sirven la necesidad de información de la administración, como por ejemplo las obligaciones de derecho de medio ambiente de control propio del cumplimiento de las obligaciones (Eigenüberwachugnspflicht) y de vigilancia (Eigensicherungspflicht, conforme al artículo 8 de la LuftSiG el operador del aeropuerto tiene la obligación de vigilancia del aeropuerto).[46]

En las materias en las cuales el Estado tiene una responsabilidad de garantía, las tareas públicas no son realizadas necesariamente de forma directa por el Estado; sino que son los particulares quienes las efectúan.[47] Con estas obligaciones no se transfiere el ejercicio de funciones estatales ni públicas a los particulares[48], sino que los empresarios solo son obligados a tomar medidas económicas y a realizar comportamientos que, de acuerdo con su forma y contenido, forman parte del campo de la actividad empresarial de los particulares.[49]

Las tareas son impuestas por el Estado en cumplimiento de su responsabilidad de control, coordinación, dirección y supervisión, luego de que se ha llevado a cabo un proceso de privatización (Privatisierung) o de liberalización.[50]

43 Martin Ibler, comentario del artículo 86, en Mauz/Dürig, Grundgesetz-Kommentar, Estado de la obra: 92, octubre de 2020, München, Beck, párrafo número 121. Otra opinión: Kämmerer, en Öffentliches Wirtschaftsrecht, p. 398.

44 Ibler, en: Maunz/Dürig GG, artículo 86, párrafo número 121.

45 *Ibidem.*

46 Waechter, Verwaltungsrecht im Gewährleistungsstaat, p. 130.

47 Strobel, Die Investitionsplanungs- und Investitionspflichten, p. 136.

48 En el caso de las reservas de petróleo, el Tribunal Constitucional consideró que no se trataba, en el caso concreto, de típicas funciones estatales, que solo podrían ser ejercidas por órganos estatales (Tribunal Constitucional alemán, decisión de 16.03.1971 – 1 BvR 52/66 –, BVerfGE 30, 292–336, *juris*, párrafo 51).

49 Pielow, Grundstrukturen öffentlicher Versorgung, p. 453.

50 *Ibidem.*

El Estado garante crea un marco jurídico procedimental en que se establecen las reglas de acuerdo con las cuales, se lleva a cabo la interacción entre el Estado y los particulares y se imponen las obligaciones a los particulares con el objetivo de lograr el aseguramiento de la prestación.

C. VERWALTUNGSHILFE (AYUDA A LA ADMINISTRACIÓN)

El término "ayudante de la administración" fue utilizado para describir al privado que realiza actividades de ayuda a la administración en encargo y bajo las órdenes de la autoridad.[51] Con base de la calificación de esos particulares como "instrumento", se fundamentaba la responsabilidad del Estado por sus actuaciones u omisiones.[52] El derecho de responsabilidad del Estado ha evolucionado y la dogmática jurídica se ha desprendido de la teoría del instrumento; sin embargo, la denominación de ayudante de la administración se mantiene, no para indicar que él actúa de forma dependiente (ya que él tiene un grado de actuación por su propia cuenta, como lo demuestra la empresa que opera grúas que tiene un margen de decisión propia sobre como realiza el proceso de remolque de los carros ilegalmente parqueados); sino para indicar, que está referido a una actividad estatal.[53]

El elemento de la ayuda, la característica de no estar autorizado para el ejercicio de facultades de autoridad, ni instrumentos de derecho público y el hecho de que no son parte de la organización administrativa son rasgos que lo distinguen del Beliehener.[54] A diferencia del Beliehener, el ayudante de la administración (Verwaltungshelfer) no necesita un fundamento legal.[55]

La tarea que le es trasladada al ayudante de la administración (Verwaltungshelfer) puede ser de ejecución, esto lo demuestra el ejemplo citado del empresario de grúas que ayuda a la autoridad en la ejecución de la orden de remolque, o también puede tener carácter de preparación, como cuando el particular realiza proyectos de planeación, cuando asesora a la administración, cuando gestiona etapas dentro del procedimiento administrativo (lo que se conoce como privatización del procedimiento –Verfahrensprivatisierung–) o cuando realiza tareas de control de plantas o centros en el marco del derecho de medio ambiente.[56] En

---

51 Burgi, Allgemeines Verwaltungsrecht, p. 325.
52 *Ibidem.*
53 *Ibidem.*
54 *Ibidem.*
55 Schulze-Fielitz, en Hoffmann-Riem/ Schmidt-Assmann/ Vosskuhle, Grundlagen des Verwaltungsrechts, p. 873.
56 Burgi, Allgemeines Verwaltungsrecht, p. 324.

estos casos, aunque sus decisiones son tomadas sin cambios por las autoridades de las entidades estatales, los particulares se han apoyado en estas autoridades, en su proceso de toma de decisión, durante un largo tiempo. [57]

Los problemas jurídicos que genera la figura del ayudante de la administración (Verwaltungshelfer), como el concesionario de servicios o el contratista en una Public Private Partnerships relacionada con un proyecto, todas manifestaciones de privatización funcional (funktionale Privatisierung), no son de naturaleza organizacional, ya que no forma parte de la estructura organizativa de la administración. [58] En el caso de que una autoridad administrativa asuma como propio un trabajo realizado por el ayudante (por ejemplo, el proyecto de un plan en el que no fueron ponderados intereses centrales), la decisión administrativa podría ser calificada de ilegal. [59]

El Estado muta a Estado garante de la prestación. La entidad estatal está obligada a controlar al ayudante de la administración (Verwaltungshelfer) y debe prever contractualmente facultades de control, cláusulas de responsabilidad, de ajuste y de terminación del contrato.[60] Del mandato de legitimación democrática, se sigue que el Estado conserva el poder de decisión. [61]

II. PRIVATISIERUNG (PRIVATIZACIÓN)

Como lo afirma Kämmerer, el término Privatisierung (en adelante, privatización) es un proceso que se desarrolla desde la estatalidad o de lo público hacia lo privado.[62] Las Public Private Partnerships y la privatización parten de la separación entre Estado y sociedad y están determinadas por un entendimiento previo de las palabras "privado" y "público", y de los términos "derecho privado" y "derecho público" cuya evolución histórica se esbozó en otro escrito[63] sobre la separación entre el derecho público y el derecho privado. En efecto, con la diferenciación entre Estado y sociedad empieza la historia de la privatización.[64] Esta distinción hace parte de los cimientos de un sistema en el cual pueden tener

---

57 *Ibidem*, p. 324.
58 *Ibidem*, p. 326.
59 *Ibidem*.
60 *Ibidem*.
61 *Ibidem*.
62 Kämmerer, Privatisierung, p. 12.
63 Ibagón-Ibagón, La delimitación entre el derecho público y el derecho privado en el derecho administrativo.
64 Kämmerer, Privatisierung, p. 61.

lugar las transferencias de poder jurídico en la relación entre estatal/privado.[65] Solo con la diferenciación entre sujetos "privados" y "estatales", entre asuntos "públicos" y "privados", entre derecho "público" y "privado" es que se puede gestar y desarrollar la privatización.[66]

El término privatización no ha sido definido por el ordenamiento jurídico alemán.[67] Kämmerer lo entiende como "un proceso que está unido a la transferencia de poder jurídico por parte del Estado o del sector público a sujetos de derecho privado"[68].

Con la referencia a sujetos de derecho privado están comprendidas personas naturales y personas jurídicas de derecho privado, incluso aquellas que están en titularidad estatal.[69]

El objeto de la privatización puede ser una tarea estatal (privatización material - materielle Privatisierung-), una parte del patrimonio estatal (privatización patrimonial -Vermögensprivatisierung-) o la organización para realizar esa tarea (privatización organizativa o formal -Organisationsprivatisierung o formelle Privatisierung-).[70]

Una tarea estatal es toda "tarea pública con la que el Estado se ocupa en forma jurídica y se debe o puede ocupar de ella por mandato de la Constitución"[71]. Tareas estatales son "aquellas que el Estado ejerce por sí mismo - en la forma de tareas administrativas mediante sus propios funcionarios"[72]. Las tareas públicas son "aquellas que están en interés de la generalidad, pero están transferidas a otros titulares". Las funciones públicas están dirigidas al ejercicio de actividades de interés público que pueden ser realizadas no solo por servidores públicos, sino también por entidades de la administración organizadas en forma de derecho privado y por particulares que no están vinculados a la administración.[73]

De forma general, la privatización comprende los "(...) procesos de redistribución hacia los particulares, el traslado de asuntos -que habían sido realizados

---

65 *Ibidem.*
66 *Ibidem.*
67 Hölzer, Der Energiesektor zwischen Marktwirtschaft und öffentliche Aufgabe, p. 182.
68 Kämmerer, en Öffentliches Wirtschaftsrecht, p. 391.
69 *Ibidem.*
70 Schmitz, en Stelkens/Bonk/Sachs, VwVfG artículo 1, párrafos 121 ss.
71 Heintzen, VVDStRl, 2002, p. 228.
72 Koriotk, en Mauz/Dürig, GG artículo 30, párrafo número 14.
73 *Ibidem.*

hasta ese momento por el sector público– al campo del sector privado (…)".[74] Tradicionalmente se entiende por este término, el ejercicio de tareas originalmente públicas por parte de titulares jurídicos organizados en formas de derecho privado.[75]

El término privatización puede ser delimitado cuando se precisan los preceptos jurídicos aplicables a los supuestos de hecho de la privatización.[76] Las materias jurídicas que pueden ser tocadas tangencialmente por el derecho de la privatización son varias: el derecho de la unión europea, la Constitución, el derecho de la competencia, el derecho municipal, el derecho administrativo general, el derecho contractual de la administración, el derecho administrativo especial, etc.[77]

Actualmente se debate acerca de la tendencia a fenómenos de republificación o de remunicipalización (Rekommunalisierung) consistentes en el cambio de ejercicio de las tareas entre particulares y actores estatales influenciados por la retirada de la privatización y un nuevo intervencionismo estatal (sobre este tema cfr. *at infra* tercera parte, capítulo segundo, apartado III). Esto por desarrollos de crisis, no solo en el sector financiero, que han hecho que se ponga en duda la confianza en las fuerzas del mercado.[78]

Desde el punto de vista terminológico, no se puede hablar de "una" privatización, sino de distintas manifestaciones de la privatización.[79] Tradicionalmente se distinguen tres formas y modelos tradicionales de privatización: privatización formal (formelle Privatisierung), privatización material (materielle Privatisierung) y privatización funcional (funktionale Privatisierung).

A. PRIVATIZACIÓN FORMAL (FORMELLE PRIVATISIERUNG)

La formelle Privatisierung (en adelante, privatización formal) es entendida como el traslado de una institución dirigida en forma de derecho público a un ente jurídico organizado conforme al derecho privado (por ejemplo, una sociedad de responsabilidad limitada) en el que sus participaciones permanecen en el sector público.[80]

---

74 Hölzer, Der Energiesektor zwischen Marktwirtschaft und öffentliche Aufgabe p. 182.
75 Lambrecht/ Vollmöller, en: Praxishandbuch, p. 553.
76 Rolf Stober, Kooperation mit Privaten, p. 498.
77 *Ibidem.*
78 Bauer, JZ 2014, 1017, p. 1017.
79 Maurer, Allgemeines Verwaltungsrecht, p. 671.
80 Sobre esta definición cfr. Lambrecht/ Vollmöller, en: Praxishandbuch, p. 553.

La privatización formal también se conoce como privatización organizativa (Organisationsprivatisierung). Con ello se denota que el destinatario de la privatización es la persona jurídica de cuyas participaciones societarias están en propiedad del Estado.[81] Con esta denominación se quiere indicar que la constitución de la sociedad como acto de organización estatal está precedido o entrelazado con el proceso de privatización.[82]

Como lo indica Kämmerer, también la privatización organizativa (Organisationsprivatisierung), aun cuando está acompañada de un cambio de forma, no es meramente una privatización de la forma de organización, sino que se distingue por el traspaso de facultades jurídicas de una persona de derecho público a una persona de derecho privado.[83]

La caracterización como "cambio de vestido"[84] amenaza con desconocer que el comportamiento de la nueva persona jurídica que es creada generalmente no puede estar orientado, sobre el régimen jurídico estatal, al respeto de las exigencias del bien común.[85]

Mientras en la privatización funcional (funktionale Privatisierung), el ayudante de la administración (Verwaltungshelfer) no es parte de la organización administrativa, en la privatización formal u organizativa el particular funge como titular de la administración (Beleihung, el encargo a particulares de funciones públicas) o el Estado en sentido amplio (esto es, también los municipios y las asociaciones de municipios y Estados federados) presta los servicios bajo formas de organización propias del derecho privado.[86]

A estas formas de organización pertenecen las empresas públicas (como por ejemplo las sociedades anónimas y de responsabilidad limitada), las sociedades de economía mixta con una participación del Estado en el capital del 50 % o más y los particulares a los cuales se le encargan funciones públicas (Beliehener[87]).[88] Las sociedades de economía mixta se conocen en la terminología de la Unión Europea (por ejemplo en el libro verde[89] sobre la colaboración público-privada y

81 Kämmerer, Privatisierung, p. 41.

82 *Ibidem.*

83 Kämmerer, en Öffentliches Wirtschaftsrecht, 391.

84 Burmeister, VVSDtRL 52 (1993), p. 192, 208.

85 Franzius, Gewährleistung im Recht, p. 90.

86 Maurer, Allgemeines Verwaltungsrecht p. 671 s.

87 Sobre este término ver *ut infra.*

88 Maurer, Allgemeines Verwaltungsrecht p. 672.

89 Comisión Europea, Libro verde sobre la colaboración público-privada y el derecho comunitario en materia de contratación pública y concesiones, Bruselas, 30.04.2004,

la comunicación[90] de la Comisión Europea sobre colaboración público-privada) como Public Private Partnerships institucionalizadas (sobre este término ver *at infra*).

Las ventajas de esta forma de privatización es usar las experiencias ganadas por la economía privada, la flexibilidad de las formas de organización privadas, el eludir obligaciones de derecho presupuestal, la inclusión de socios privados y la limitación de la responsabilidad.[91]

Se denomina la privatización organizativa (Organisationsprivatisierung) como una privatización irreal que consiste solo en un cambio de "vestido" de derecho privado por parte del Estado[92]. Esta crítica no es del todo justificada.[93] También la privatización organizativa, aunque conlleva un cambio de forma jurídica, se caracteriza por el traslado de facultades jurídicas de una persona de derecho público a una persona de derecho privado.[94]

El hecho de que el traslado de una institución dirigida en forma de derecho público a un ente jurídico organizado conforme al derecho privado (en el que sus participaciones permanecen en el sector público), sea calificado como una especie de privatización[95] y que se parta del supuesto (como lo hace este trabajo) que el ente jurídico es un ente privado (debido a su forma jurídica), es independiente de ***i)*** cómo se deben valorar las prestaciones que van a ser efectuadas por el particular, ***ii)*** la vinculación a los derechos fundamentales y ***iii)*** el aseguramiento al bien común.

COM (2004), 327 final, p. 19 ss. Disponible en: https://eur-lex.europa.eu/LexUriServ/LexUriServ.do?uri=COM:2004:0327:FIN:ES:PDF.

90 *Ibidem.*

91 Maurer, Allgemeines Verwaltungsrecht p. 672.

92 Burmeister, VVSDtRL 52 (1993), p. 192, 208.

93 Kämmerer, en Öffentliches Wirtschaftsrecht, p. 390.

94 *Ibidem*, p. 391.

95 Kämmerer, en Öffentliches Wirtschaftsrecht, p. 391. Franzius considera que no se puede fundamentar una atribución al Estado de las organizaciones de derecho privado; a pesar de ello, él afirma que ello no significa que tales organizaciones estarían liberadas de la protección de intereses del bien común (Franzius, Gewährleistung im Recht, p. 90 s.). De esta manera, la pregunta de la atribución de la actuación de derecho privado al Estado o no, es independiente de su vinculación a la protección del bien común. Esta siempre debe ser afirmada (Franzius, Gewährleistung im Recht, p. 90 s). La protección del bien común es la finalidad del Estado garante. La necesidad de vincular al interés del bien común la actuación y la organización del Estado en formas de derecho privado justifica su tratamiento como un campo de tareas del Estado garante.

Fleiner denunciaba el peligro que el Estado se pudiera sustraer de sus obligaciones de derecho público cuando actúa en formas de derecho privado ("huida del derecho administrativo"). Sin embargo, la doctrina del derecho administrativo privado sostiene que si el Estado utiliza el derecho privado como forma de actuación o de organización, esto no significa que pierda la capacidad de ser destinatario de principios de derecho público.[96] La administración de derecho privado está siempre sometida a las vinculaciones de derecho público.[97] Se habla aquí de derecho privado de la administración (Verwaltungsprivatrecht).[98] La administración en forma de derecho privado también está obligada a respetar los derechos fundamentales, el mandato de reserva legal y la prohibición de desproporcionalidad.[99]

B. MATERIELLE PRIVATISIERUNG (PRIVATIZACIÓN MATERIAL)

En una materielle Privatisierung (en adelante, privatización material), que también es conocida como privatización real o privatización funcional, la tarea pública es transferida a los particulares.[100]

El Estado se retira totalmente de la responsabilidad de la ejecución de la prestación y le transfiere la realización de actividades, que hasta el momento habían sido su competencia, a los particulares y al principio de la competencia económica.[101]

Al retiro de la administración le sigue la aplicación del derecho de las consecuencias de la privatización, la administración garante y de la respectiva regulación.[102] Ello es consecuencia del principio de Estado de derecho que exige que las garantías de libertad y de bienestar social la infraestructura necesaria para la existencia y la prestación de los servicios sea trasferida a los particulares sin regulación de control.[103]

96 Ehlers, Verwaltung und Verwaltungsrecht, p. 178.
97 *Ibidem*.
98 *Ibidem*.
99 *Ibidem*, p. 179.
100 Sobre esta definición cfr. Lambrecht/ Vollmöller, en: Praxishandbuch, p. 553.
101 Maurer, Allgemeines Verwaltungsrecht, p. 673.
102 Stober, Privatisierungsfolgenrecht/ Regulierungsrecht, p. 666.
103 Schoch, NVwZ 2008, 241, 243.

La Ley Fundamental de Bonn fue reformada en los 90 para posibilitar la privatización de los ferrocarriles federales (Bundesbahn), los servicios postales (Bundespost) y de las telecomunicaciones (cfr. artículos 87e y 87 f LF).[104]

A pesar de que en la Constitución no está prohibida ni permitida la privatización material, se puede afirmar que, si hay una serie de límites para la privatización, principalmente derivados de los artículos 83 ss., del artículo 33, inc. 4, y del artículo 28, inc. 2 LF.[105]

En el ámbito de la privatización, el Estado y la sociedad se reparten responsabilidades que pueden ir hasta la mera responsabilidad garante ("Gewährleistungsverantwortung") que asuma el Estado.[106] En las Public Private Partnerships es importante desarrollar mecanismos de dirección y control para el ejercicio de la responsabilidad de garantía[107].

C. FUNKTIONALE PRIVATISIERUNG (PRIVATIZACIÓN FUNCIONAL)

La característica principal de la funktionale Privatisierung (en adelante, privatización funcional) es que la responsabilidad del ejercicio de las tareas públicas es transferida a una empresa privada.[108]

En la privatización funcional, la titularidad de la función y la responsabilidad de la prestación permanece en el Estado, y al particular se le transfieren la ejecución de las actividades especializadas.[109]

La competencia organizacional del Estado federal lo autoriza (en el caso de que no haya norma expresa que establezca lo contrario) a que se retire en una posición de garante.[110]

En la privatización funcional, el Estado mantiene la responsabilidad de la prestación y transfiere a los particulares (que se denominan ayudantes de la administración -Verwaltungshelfer-) la función de realizar actividades con carácter preparatorio y/o ejecutivo.[111]

---

104 Maurer, Allgemeines Verwaltungsrecht, p. 673.
105 *Ibidem.*
106 Stober, NJW 2008, 2301, 2304 s.
107 Ziekow/ Windoffer, NZBau 2005, 665, 670.
108 Sobre esta definición cfr. Lambrecht/ Vollmöller, en: Praxishandbuch, p. 553.
109 Stober, Kooperation mit Privaten, p. 501; Hölzer, Der Energiesektor zwischen Marktwirtschaft und öffentliche Aufgabe, p. 182.
110 Ibler, en: Maunz/Dürig GG, artículo 86, párrafo número 119.
111 *Ibidem*, párrafo número 118.

A diferencia del encargo a particulares de funciones públicas (Beleihung), el ayudante de la administración se presenta ante el ciudadano como verdaderos particulares, en especial sin facultades soberanas.[112]

El Estado se reserva el cumplimiento de ciertas actividades y llama a los particulares en sectores como el de infraestructura de transporte vial (para la planeación, construcción, operación, mantenimiento y/o la financiación) como ayudantes de la administración para su ejercicio.[113] Otros campos de aplicación de la ayuda a la administración son los ayudantes de las escuelas, la programación y vigilancia de las instalaciones de semáforos; la tramitación de preguntas técnicas de la administración de tarifas; la recolección, tratamiento y uso de datos personales; control de pasajeros y de equipaje; policías ayudantes en caso de accidentes, emergencias o catástrofes naturales bajo el control y dirección de la policía; eliminación de aguas residuales; vinculación por parte de la policía de empresas privadas de remolque, etc.[114] Un caso de privatización funcional es también el así llamado "contracting out" en el que se transfieren prestaciones de servicios a particulares bajo control estatal.[115]

El Estado debe escoger el particular que va a realizar la actividad, en principio, de acuerdo con los preceptos sobre contratación pública y reservarse instrumentos de injerencia en su ejecución.[116]

Manifestaciones de privatización funcional son, además de la ayuda a la administración, la concesión de servicios[117] (a la que se le aplica el derecho de compras públicas) y las Public Private Partnerships.[118]

---

112 *Ibidem.*

113 Maurer, Allgemeines Verwaltungsrecht, p. 672.

114 Stober, Kooperation mit Privaten, p. 525 ss.

115 Hölzer, Der Energiesektor zwischen Marktwirtschaft und öffentliche Aufgabe, p. 182.

116 Maurer, Allgemeines Verwaltungsrecht, p. 673.

117 De acuerdo con la directiva 2004/18/EG, "La 'concesión de servicios' es un contrato que presenta las mismas características que el contrato público de servicios, con la salvedad de que la contrapartida de la prestación de servicios consista, o bien únicamente en el derecho a explotar el servicio, o bien en dicho derecho acompañado de un precio". Ejemplo de ello son la evacuación de aguas residuales, en servicio de rescate y salvamento o en el suministro del servicio de educación cuando una empresa de alimentación y restaurante no es remunerada por la entidad educativa sino es refinanciada por los padres de familia. (https://www.hacienda.gob.es/Documentacion/Publico/NormativaDoctrina/Contratacion/Directiva%202004-18%20Sector%20publico.pdf).

118 Kaplonek, LKV 2006, 503.

III. PUBLIC PRIVATE PARTNERSHIPS

Los procesos de privatización no están limitados a los tipos de privatización mencionados *at supra*.[119] "La consecuencia es una multiplicidad incalculable (y dependiendo de las tareas realizadas) de manifestaciones de trabajo conjunto entre el Estado y los particulares que no se puede reducir a los institutos dogmáticos jurídicos tradicionales: el encargo a particulares de funciones públicas (Beleihung), ayudante de la administración (Verwaltungshelfer) y llamado legal a los particulares al servicio (Indienstnahme Privater); por otra parte, permite soluciones muy diferenciadas dependiendo de la actividad para el ejercicio de la función con consecuencias también para la protección jurídica judicial".[120]

La legislación, la jurisprudencia, la doctrina y la práctica diferencian diversas alternativas de privatización.[121] Debido a que no hay una posición unívoca sobre la definición de sus manifestaciones, se traslapan unas a otras en sus rasgos generales y sus criterios diferenciadores pueden ser combinados, de tal forma, que surgen formas mixtas.[122] Ejemplos de estas modalidades son la privatización de formas de actuación (Handlungsformprivatisierung)[123], privatización de financiación (Finanzierungsprivatisierung)[124], privatización del procedimiento (Verfahrensprivatisierung)[125], privatización social (soziale Privatisierung),[126] privatización del personal (Personalprivatisierung)[127], privatización

119 Schulze-Fielitz, en Hoffmann-Riem/ Schmidt-Assmann/ Vosskuhle, Grundlagen des Verwaltungsrechts, p. 875.

120 *Ibidem.*

121 Stober, Public Private Partnerships, p. 499.

122 *Ibidem.*

123 La privatización de formas de actuación (Handlungsformprivatisierung) "(...) es otra formulación de actuación administrativa privada, en la que el sector público en parte se sirve de particulares para cumplir sus tareas" (*Ibidem*, p. 501).

124 Con la privatización de financiación (Finanzierungsprivatisierung) se trata de "la provisión de capital privado para la realización de tareas públicas" (*Ibidem*, p. 502).

125 La privatización del procedimiento (Verfahrensprivatisierung) se trata "(...) de la participación de los particulares en el procedimiento administrativo o del traslado de algunos o de todos los pasos del procedimiento administrativo a personas privadas" (*Ibidem*, p. 502).

126 La privatización social (Soziale Privatizierung) se refiere "(...) al traslado de funciones públicas a organizaciones sin ánimo de lucro que trabajan por la consecución del interés general" (*Ibidem* p. 502).

127 La privatización del personal (Personalprivatisierung) existe "(...) cuando el retiro del Estado consiste en emplear menos trabajadores que estén en una relación de derecho público de servicio y de confianza" (*Ibidem*, p. 502).

interna de la administración (verwaltungsintern wirkende Privatisierung[128]), privatización externa de la administración (verwaltungsextern wirkende Privatisierung), la privatización total[129] o parcial, etc.[130]

Para Schulze-Fielitz, las modalidades de privatización se agrupan de forma descriptiva bajo el término de Public Private Partnerships.[131]

A. PUBLIC PRIVATE PARTNERSHIPS COMO CONCEPTO JURÍDICO INDETERMINADO

El término Public Private Partnerships es usado ampliamente por la doctrina. En Alemania, el término "Öffentlich-Privaten Partnerschaften" (en inglés: Public Private Partnership) es un concepto indeterminado previsto en el artículo 90, inc. 2, frase 5 LF (Ley Fundamental, constitución alemana).

De acuerdo con el artículo 90, inc. 2, frase 1 LF, "la administración de las autopistas federales se lleva a cabo mediante administración federal. El Estado federal se puede servir de una sociedad de derecho privado para llevar a cabo sus tareas. Esta sociedad es propiedad inalienable del Estado federal. Una participación mediata o inmediata de terceros en la sociedad y sus filiales está excluida. Una participación de privados en el marco de Öffentlich-Privaten Partnerschaften está excluida para partes de la red de carreteras que comprenden la totalidad de la red vial federal o partes esenciales de esta".

Manifestaciones de Public Private Partnerhisps son las asociaciones para la construcción, planeación y desarrollo de ciudades.[132] Ejemplos de las asociaciones para construir, planear y desarrollar ciudades son los contratos urbanísticos previstos en el artículo 11 BauGB, el plan del proyecto y el plan de urbanización establecidos en el artículo 12 BauGB, el contrato de urbanización (artículo 124 BauGB), el contrato de saneamiento urbano (artículo 157 BauGB) y el contrato sobre medidas de desarrollo urbano (artículo 167 BauGB).[133] Estas son formas

---

128 La privatización interna de la administración (verwaltungsintern wirkende Privatisierung) se da "(...) cuando la responsabilidad de las tareas y de decisión permanece en el sujeto de derecho público" (*Ibidem*, p. 503).

129 La privatización parcial "se agota como una variante de la privatización funcional en la realización de una contribución parcial para el cumplimiento de funciones públicas" (*Ibidem*, p. 503).

130 *Ibidem*, p. 499 ff.

131 Schulze-Fielitz, en Hoffmann-Riem / Schmidt-Assmann / Vosskuhle, Grundlagen des Verwaltungsrechts, p. 875 s.

132 Stober, Kooperation mit Privaten, p. 614.

133 *Ibidem*.

contractuales de Public Private Partnerships (PPP).[134] Específicamente estas están incluidas dentro de las PPP de financiación configuradas contractualmente en las que se diferencian subgrupos como la financiación crediticia, la Private Finance Initiative (PFI) –que inspiró en Alemania el modelo de explotación (Betreibermodell)–, los fondos, los modelos de *factoring* y modelos mixtos de esos tipos.[135]

Formas de Public Private Partnerships son, por ejemplo, los contratos públicos para la provisión de servicios de la administración (*outsourcing*), el traslado de la realización de prestaciones a particulares (*contracting out*), las comisiones normativas privadas para el desarrollo del derecho de seguridad técnica (*Technikrecht*, como la seguridad de instrumentos de trabajo laboral), el trabajo conjunto de las partes de un convenio colectivo celebrado con el sector público, comunidades de trabajo (*Arbeitsgemeinschaft*) entre administraciones y ciudadanos (como las constituidas entre administraciones municipales y organizaciones sin ánimo de lucro en el campo del trabajo con jóvenes, niños o para la ayuda de personas de la tercera edad).[136] Estas comunidades de trabajo conjunto también se llaman sociedades municipales. Tienen como campo de acción, adicionalmente, por ejemplo, el suministro de agua, el transporte de personas, la eliminación de basuras, el deporte y la energía (Energiepartnershaften).[137]

Otras manifestaciones de Public Private Partnerships son las sociedades conformadas en el campo del medio ambiente –por ejemplo, las sociedades para la recolección de basuras conforme al artículo 16 ss. KrW-/AbfG–, las sociedades de derecho administrativo económico para la participación de sociedades en ferias y exposiciones con fundamento en el artículo 1, inc. 2, de la ley sobre regulación provisional del derecho de las cámaras de industria y comercio (IHKG)–, sociedades en el campo de la educación y la formación académica –como las sociedades con el objeto de realizar investigaciones con financiación de recursos de terceros, las sociedades entre institutos de investigación, entre cátedras de fundaciones, las sociedades para patrocinar universidades, parques de tecnología, sociedades de organismos de investigación y sociedades para construir y para financiar universidades–. También podemos mencionar las sociedades de seguridad incluyendo Police-Private-Partnerships, porque no hay monopolio de seguridad del Estado; sociedades de ejecución de

134 Battis/Kersten LKV 2006, 442, 443.
135 *Ibidem*.
136 Stober, Public Private Partnerships, p. 611 s.
137 *Ibidem*, p. 615.

penas (Penal-Private-Partnerships) porque no hay monopolio del Estado en este ámbito; sociedades militares (*outsourcing* de parque móvil de vehículos -Fuhrpark–, de indumentaria militar y de reparación de prestaciones de técnicas de información -IT–); sociedades con objeto cultural (como aquellas en la política cultural exterior); sociedades de administración de trabajo (acuerdos entre empresas de trabajo temporal, la entidad administrativa para el trabajo y empresas de intermediación laboral), sociedades de financiación (conformadas por empresas patrocinadoras de la autopista 31 entre Ochtrup y Geeste); sociedades de transporte (con el objeto de crear una nueva concepción de terminales de transporte férreo y para la asistencia en tierra de los aviones en el aeropuerto) y sociedades sociales.[138]

Se suelen distinguir Public Private Partnerships contractuales e institucionales. Las cooperaciones público-privadas contractuales designan "(...) el trabajo conjunto entre los particulares y la administración como resultado de procesos de compra pública"[139]. Las cooperaciones público-privadas institucionales corresponden a las sociedades de economía mixta.[140] Las sociedades de economía mixta se conocen en la terminología de la Unión Europea (por ejemplo, en el libro verde[141] sobre la colaboración público-privada y la comunicación[142] de la Comisión europea sobre colaboración público-privada) como Public Private Partnerships institucionalizadas.

No existe una definición legal en el ordenamiento jurídico alemán del término Öffentlich-Privaten Partnerschaft (ÖPP) o de su término en inglés Public Private Partnership. Tampoco la ley de aceleración de ÖPP (ÖPP-Beschleunigungsgesetz) que es una ley marco para facilitar dichas iniciativas contiene tal definición.

Ya en vigencia del antiguo artículo 90, inc. 2 LF, el Estado se servía en la construcción, mantenimiento y operación de autopistas y de otras carreteras (federales) de la ayuda de empresas privadas, también con planes preparatorios.[143] Desde 1994, el artículo 15, inc. 2, de la ley de carreteras nacionales (FStrG) posibilitó la transferencia a terceros de la construcción de servicios asociados (Nebenbetriebe) en el sentido del artículo 15, inc. 1 FStrG (como estaciones de

138 *Ibidem*, p. 615 ss.
139 Brehme, Privatisierung und Regulierung, p. 38.
140 *Ibidem*.
141 Comisión Europea, *Libro verde sobre la colaboración público-privada y el derecho comunitario en materia de contratación pública y concesiones.*
142 *Ibidem*.
143 Ibler, en Mangoldt/ Klein/ Starck, GG artículo 90, párrafo 97.

servicio y parqueaderos vigilados). La construcción, mantenimiento y operación de los servicios asociados se cuentan como tarea pública y son efectuadas por los particulares como ayudantes de la administración (Verwaltungshelfer).[144] Los poderes de intervención soberanos permanecen en la autoridad competente de la conservación de las carreteras (artículo 15, inc. 2, frase 6 FStrG). La interacción entre el Estado y los particulares en la construcción y operación de servicios asociados de las autopistas es un tipo de Öffentlich-Private Partnerschaft y un caso de privatización funcional.[145]

También desde 1994, el artículo 1 de la ley de financiación privada de la construcción de carreteras nacionales (FStrPrivFinG) posibilitó la transferencia de tareas públicas de los particulares para la construcción, mantenimiento y operación de carreteras nacionales. Estos no recibían facultades soberanas, a menos que la ley previera algo distinto (artículo 1, inc. 4 FStrPrivFinG). En este sentido, son, en principio, ayudantes de la administración (Verwaltungshelfer).[146] La FStrPrivFinG les atribuyó algunas facultades soberanas particulares, como el recaudo de peajes y la operación de señales de tránsito e instalaciones de transporte (artículo 2, inc. 1, frase 1). También la interacción entre el Estado y los particulares con fundamento en la FStrPrivFinG es un tipo de Öffentlich-Private Partnerschaft y un caso de privatización funcional.[147]

La VIFGG (ley de financiación de infraestructura de transporte) autorizó al Ministerio federal de transporte e infraestructura digital a transferir ***i)*** tareas de financiación para la construcción, ampliación, mantenimiento y operación de carreras federales en una sociedad de responsabilidad limitada en propiedad del Estado federado (artículo 1, inc. 1, frase 1) y ***ii)*** tareas del Estado federal en relación con la preparación, ejecución y desarrollo de proyectos conforme a la FStrPrivFinG y otros proyectos económico-privados similares de la infraestructura de transporte de carreteras (artículo 1, inc. 2 VIFGG). No está permitido transferirle al particular facultades soberanas (artículo 1, inc. 1, frase 2, inc. 2, frase 2 VIFGG). El único propietario de la sociedad de financiación de infraestructura de carreteras es el Estado federal (artículo 1, inc. 1, frase 3 VIFGG).

Con base en el artículo 4 inc. 3 de la ley de peajes de carreteras federales (Bundesfernstrassenmautgesetz), la oficina federal para el transporte de mercancías

---

144 *Ibidem*, párrafo 98.
145 *Ibidem*.
146 *Ibidem* párrafo 99.
147 *Ibidem*.

(Bundesamt für Güterverkehr) encargó mediante un contrato de derecho público a la sociedad de responsabilidad limitada Toll Collect la construcción y operación de un sistema para el recaudo del peaje.[148] La sociedad Toll Collect actúa, en parte, como ayudante de la administración (Verwaltungshelfer) y, en parte, como particular al cual se le encargan funciones públicas (Beliehener).[149]

De acuerdo con el artículo 90, inc. 2, frase 1 LF, la administración de las autopistas federales es efectuada por la administración federal. El Estado federado puede servirse de una sociedad de derecho privado para realizar sus funciones. Esa sociedad permanece en propiedad inajenable del Estado federado. Una participación mediata o inmediata de terceros en la sociedad o sus filiales está excluida. Una participación de particulares en el marco de Öffentlich-Privaten Partnerschaften (ÖPP) está excluida para redes de transporte que comprendan toda la red de autopistas federales o toda la red de algunas carreteras federales en un Estado federado o partes esenciales de ellas.

El nuevo artículo 90, inc. 2 LF, posibilita, más allá de las formas de una cooperación público-privada permitidas por la legislación ordinaria y utilizadas en la práctica, por vía constitucional y de tal forma que aclaró su alcance, la administración federal de las autopistas con la ayuda de una sociedad de derecho privado y sus filiales.[150]

El artículo 90, inc. 2, frase 2 LF, permite una privatización formal parcial de la administración federal de las autopistas en la medida que permite la constitución de una sociedad propia.[151] De acuerdo con el artículo 1 InfrGG, a partir de enero de 2021 la sociedad "Autobahn GmbH des Bundes" y sus filiales son competentes para la planeación, construcción, operación, mantenimiento, financiación y la administración patrimonial de las autopistas en Alemania. El control parlamentario también se extiende, de forma ilimitada, a la actividad de esa sociedad.[152] El inciso 3 de la misma disposición prohíbe una privatización material de la sociedad.[153] El inciso 4 concretiza y amplía el límite de privatización al instituir que está prohibida la participación de terceros en la sociedad.[154] Aún con estos límites de la privatización, la configuración de la sociedad en

---

148 *Ibidem*, párrafo 101.

149 *Ibidem*.

150 *Ibidem*, párrafo 103.

151 Bickenbach, von Münch/ Kunig, GG, artículo 90, p. 582, párrafo 65.

152 Wolff, GG artículo 90, párrafo 6.

153 Bickenbach, von Münch/ Kunig, GG, artículo 90, p. 583, párrafo 68.

154 *Ibidem*, párrafo 69.

materia de infraestructura puede considerarse como un caso de administración en forma de derecho privado.[155]

El artículo 90, inc. 2, frase 5 LF es fruto del intento de concretizar la responsabilidad de garantía del Estado federal en materia de infraestructura.[156] De acuerdo con la frase 4, el Estado federal no puede despojarse de su responsabilidad de administración de las autopistas; pero puede, de acuerdo con la frase 5, trasladar dicha responsabilidad en un particular, siempre y cuando él garantice que efectúa la ejecución debida y eficiente económicamente de las funciones autorizadas por la misma disposición.[157] La responsabilidad de ejecución se transforma en una responsabilidad de garantía, aun cuando el particular es más que un ayudante de la administración (Verwaltungshelfer).[158]

El artículo 90, inc. 2, frase 5 LF posibilita una privatización funcional pero al mismo tiempo la limita, en la medida que la excluye para redes de transporte que comprendan toda la red de autopistas federales o toda la red de algunas carreteras federales en un Estado federado o partes esenciales de ellas.[159] Resulta de lo anterior, que la privatización es admisible solo como ÖPP, en el marco de la frase 5 y excluye otras formas de privatización.[160] Consecuentemente, el artículo 5, inc. 2, frase 3, de la InfrGG permite integrar a los particulares en la planeación, construcción, operación y mantenimiento de autopistas cuando el contrato se extienda a proyectos individuales con un alcance de hasta 100 kilómetros.

La doctrina ha concluido que el artículo 90, inc. 2, frase 5 LF, constituye un límite a la privatización y excluye una ÖPP de amplio alcance en el sector de transporte.[161] De acuerdo con Wolff, por ÖPP, en el sentido del artículo 90, inc. 2, frase 5 LF, se entiende la ejecución conjunta, con fundamento contractual, de tareas públicas por parte del sector público y los particulares.[162] Con esta norma solo son compatibles Öffentlich-Privaten Partnerschaften en relación con proyectos de contratos específicos.[163] La participación de los particulares

155 Hermes, en Dreier, GG artículo 90, p. 382, párrafo 47.
156 Bickenbach, von Münch/ Kunig, GG, artículo 90, p. 584, párrafo 72.
157 *Ibidem*. Sobre la limitación a proyectos específicos cfr. Hermes, en Dreier, GG artículo 90, p. 378, párrafos 36 ss.
158 Bickenbach, von Münch/ Kunig, GG, artículo 90, p. 584, párrafo 74.
159 *Ibidem*, párrafo 72.
160 Maiwald, LF, en Shmidt-Bleibtreu/Klein GG artículo 90, p. 2313, párrafo 7.
161 Sachs, GG artículo 90, párrafo 18.
162 Wolff, GG artículo 90, párrafo 7.
163 Remmert, en Epping/ Hillgruber, GG artículo 90, párrafo 18.

se extiende a la de derecho societario y comprende también otras formas de cooperación entre el Estado federal y los particulares.[164]

La ciencia y la práctica han intentado sistematizar y valorar las múltiples formas de Öffentlich-Privaten Partnerschaften -por ejemplo entre los modelos de contratos de Public Private Partnerships se cuentan el modelo de dirección de la empresa (Betriebsführungsmodell)[165], el modelo empresarial (Betreibermodell[166]), el modelo concesional (Konzessionsmodell), el modelo de *leasing* (Leasingsmodell[167]) y el modelo de participación o de cooperación (Beteiligungsmodell o Kooperationsmodell)[168] –como variantes que permite excepcionalmente el artículo 90, inc. 2, frase 5 LF–, pero el texto normativo no es claro sobre en qué consiste la cconfiguración contractual de las cooperaciones público-privadas de esa norma.[169]

B. PUBLIC PRIVATE PARTNERSHIPS *STRICTO SENSU*

Desde un punto de vista restringido, las Public Private Partnerships (PPP) como nivel de innovación intermedio, son definidas, a nivel de la Unión Europea, por el libro verde[170] sobre "colaboración público-privada", como "(...) las diferentes formas de cooperación entre las autoridades públicas y el mundo empresarial,

---

164 Gröpl, en Maunz/ Dürig, GG artículo 90, párrafo 66.

165 Stober, Public Private Partnerships, 617

166 El modelo empresarial (Betreibermodell) también es conocido como Modelo BOT (Build, Operate, Transfer). En este modelo, el particular, que también es elegido en el marco de un proceso de selección, asume actividades como planeación, desarrollo, financiación, construcción u operación de una instalación a cambio de una suma de dinero (*Ibidem*).

167 En el modelo de *leasing* (*Leasingsmodell*), un titular administrativo de derecho público le encarga a una sociedad de *leasing* la planeación, construcción y financiación de un proyecto, que permanece o se vuelve propietaria, mediante transferencia de la propiedad, de los objetos construidos y que le confía al titular administrativo el uso a cambio del pago de una cuota de arrendamiento (*Ibidem*, p. 618).

168 En el modelo de participación o de cooperación (Beteiligungsmodell o Kooperationsmodell), la entidad pública constituye una sociedad de participación, en la que la entidad tiene la mayoría de la participación en el capital para el cumplimiento conjunto de tareas públicas con el particular y que les confiere su efectiva realización a los socios o a terceros (*Ibidem*).

169 Remmert, en Epping/ Hillgruber, GG artículo 90, párrafo 19.

170 Comisión Europea, Libro verde sobre la colaboración público-privada y el derecho comunitario en materia de contratación pública y concesiones.

cuyo objetivo es garantizar la financiación, construcción, renovación, gestión o el mantenimiento de una infraestructura o la prestación de un servicio"[171].

En la exposición de motivos de la ley para la agilización de la aplicación de Öffentlich Privaten Partnerschaften y para la mejora de condiciones del marco legal para Asociaciones Público-Privadas (ÖPPBeschlG) se resaltan elementos de su definición: "(...) con Öffentlich Privaten Partnerschaften se pretende una cooperación duradera en interés de las dos partes que sirve al interés general entre el sector público y la economía privada (...)" para "proyectar, planear, construir, financiar, gestionar, operar, utilizar prestaciones públicas que hasta el momento han sido realizadas o cumplidas en responsabilidad estatal"[172]

A los elementos descriptivos del entendimiento del nivel de innovación intermedio de la garantía de financiación, construcción, renovación, gestión o mantenimiento de infraestructura o la prestación de un servicio, se unen otros 2 rasgos distintivos: la transferencia de riesgos y la concepción del proyecto de trabajo conjunto a largo plazo.[173] Se trata de sociedades o negocios de adquisición en las que las partes transfieren los riesgos propios de los proyectos a la parte que esté en mejores condiciones de gestionarlo y que está estructurado a largo plazo, porque solo así se pueden justificar los altos costos de transacción.[174]

Según Christen, las Public Private Partnerships (PPP) tienen como objetivo "(...) la realización de proyectos de infraestructura pública mediante un trabajo conjunto a largo plazo entre el sector público y la economía privada de forma más eficiente que hasta ahora"[175]. Las Public Private Partnerships van más allá de modelos contractuales "como el Contracting o el Outsourcing, como también de puros modelos de prefinanciación como contratos de compra a cuotas (...) o leasing"[176]. En el caso de las Public Private Partnerships, al sector público "no se le ofrece simplemente un objeto, sino un paquete completo de prestaciones"[177].

---

171 *Ibidem*, apartado 1.1.

172 Deutscher Bundestag, Gesetzesentwurf der Fraktionen SPD und BÜNDNIS 90/ DIE GRÜNEN, Drucksache 15/ 5668, 14 de junio de 2005, p. 10. Disponible en http://dip21.bundestag.de/dip21/btd/15/056/1505668.pdf (consultado el 16 de marzo de 2021).

173 Ziekow, VerwArch 2006, 626, p. 631.

174 *Ibidem*.

175 Christen/ Bergmann, PPP-Handbuch, p. 9.

176 *Ibidem*, p. 73

177 *Ibidem*.

La importancia de la concepción de las Public Private Partnerships en el nivel de innovación intermedio (si se tiene en cuenta la estructura procedimental de las PPP en fases o ciclos), es el desarrollo de un concepto de estimación y valoración de las consecuencias de las Public Private Partnerships (PPP-Folgenabschätzung).[178] Atención especial merece, desde este punto de vista, la primera fase de identificación del proyecto que sirve a la valoración preliminar de las alternativas para su realización que desarrolla la administración, en el marco de su formulación de fines y estrategias, para ejecutar las tareas públicas concretas y está dirigido a la preselección de los escenarios particulares.[179]

Los escenarios particulares incluyen el análisis de las condiciones marco, el test de idoneidad, la valoración de los parámetros provisionales, el examen del estado de los recursos financieros, la factibilidad del proyecto, la distribución de los riesgos, las responsabilidades y tareas, la comparación económica entre la compra pública convencional y la ejecución de un proyecto de Public Private Partnerships (para el cual la administración se sirve del comparador público-privado) la previsión de instrumentos de control necesarios para el ejercicio de la responsabilidad propia del Estado garante.[180]

Mientras la primera etapa tiene como objeto las alternativas de realización del proyecto; la segunda, la fase de acompañamiento, sirve a la especificación de valoración de las propuestas concretas del proyecto realizadas por los potenciales socios o contratistas; al tercer momento del proceso pertenece la valoración de las consecuencias o el control una vez que el proyecto ha terminado su ejecución.[181]

La aplicación y ejecución de Public Private Partnerships en su acepción *stricto sensu* ha sido objeto de críticas. Así por ejemplo[182], el Tribunal de cuentas de la Unión Europea consideró en informe especial de 2018 que ***i)*** la contratación de grandes proyectos de APP aumentó el riesgo de una competencia insuficiente y en algunos casos sufrió demoras considerables; ***ii)*** la mayoría de los proyectos fiscalizados sufrieron retrasos de construcción importantes y excesos de costes y ***iii)*** las APP no han protegido al socio del sector público del

178 Ziekow, VerwArch 2006, 626, p. 635.

179 *Ibidem.*

180 *Ibidem*, p. 635 s.

181 *Ibidem*, p. 636.

182 Otras críticas: Michele, Efectos de la corrupción en los contratos de asociaciones público-privadas.

optimismo excesivo en lo que respecta a la demanda y utilización futuras de la infraestructura prevista.[183]

C. PUBLIC PRIVATE PARTNERSHIPS *LATO SENSU*

De acuerdo con Tettinger, las Public Private Partnerships se "(...) circunscriben las distintas formas de trabajo conjunto de sujetos revestidos de autoridad y sujetos económicos privados cuya intervención en la ejecución de una función pública está basada en la motivación de la administración (Estado federal, Estado federado, municipio, corporación, Universidad, empresa pública, etc.) en su específica competencia técnica y/o en la fortaleza económica"[184].

Como lo señala Borchert, el término Public Private Partnerships comprende las múltiples posibilidades de cooperación y coordinación entre el Estado y los particulares, en los diferentes ámbitos de las tareas a cargo de él, y designa toda forma de trabajo conjunto público-privado.[185]

Los elementos que estructuran las Public Private Partnerships son, como lo afirma Schoch, la interacción entre el sector público y agentes del sector privado, la orientación al cumplimiento de fines complementarios, el uso de potenciales de sinergias en el trabajo conjunto y el guardar cada identidad y responsabilidad de las partes.[186]

Para Schulze-Fielitz, bajo el término de Public Private Partnerships se agrupan de forma descriptiva las modalidades de privatización.[187]

En este mismo orden de ideas, según Wolff, las Public Private Partnerships son cooperaciones entre sujetos públicos y privados en los que ambas partes hacen inversiones, esto no quiere decir que solo sean monetarias, sino también otras contribuciones que pueden ser objeto del proceso conjunto de intercambio de prestaciones.[188]

Como lo indica Ibler, "el uso jurídico del término (no consolidado) ve en la Öffentlich-Private Partnerschaft formas de privatización funcional y describe

183 Unión Europea, Tribunal de Cuentas Europeo, Informe Especial, Asociaciones público-privadas en la UE: Deficiencias generalizadas y beneficios limitados, ES 2018 N.º 09. Disponible en: https://www.eca.europa.eu/es/Pages/DocItem.aspx?did=45153 (consultado el 20.03.2021).

184 Tettinger, DÖV 1996, 764.

185 Borchert, Bauleitplanung, p. 67

186 Schoch, en Erichsen, Kommunale Verwaltungs im Wandel, p. 104.

187 Schulze-Fielitz, en Hoffmann-Riem/ Schmidt-Assmann/ Vosskuhle, Grundlagen des Verwaltungsrechts, p. 875 s.

188 Wolff, Public-Private Partnerships, p. 243 ss.

una Öffentlich-Private Partnerschaft como el trabajo conjunto económico de largo plazo y, por regla general, contractual entre el poder público y los particulares para la **realización conjunta** de tareas públicas".[189] Un caso de Public Private Partnership es, entonces, la privatización funcional.[190] La privatización funcional es un término genérico heurístico que comprende las distintas formas de manifestación de la vinculación de particulares en la realización de tareas públicas.[191] En la privatización funcional, la titularidad de la función y la responsabilidad de la prestación (Leistungsverantwortung) permanece en el Estado y al particular se le transfieren la ejecución de las actividades especializadas.[192]

La doctrina considera que el caso de aplicación más importante de las Public Private Partnerships es la privatización funcional.[193] Una privatización funcional es aquella en la que el Estado continúa garantizando que una tarea que él hasta ese momento ejecutaba, es transferida y cumplida (total o parcialmente) por parte de un particular (controlado y vigilado por el Estado)[194].

Las modalidades de privatización se agrupan de forma descriptiva bajo el término de Public Private Partnerships *latu sensu*.[195] En ese orden de ideas, también el encargo a particulares de funciones públicas (Beleihung)[196] o, la ayuda a la administración (Verwaltungshilfe[197]) y el llamado legal de los particulares al

189 Ibler, en Mangoldt/ Klein/ Starck, GG artículo 90, p. 548, párrafo 134. En este mismo sentido, Gröpl, en Maunz/ Dürig, GG artículo 90, párrafo 68.

190 Kaplonek, LKV 2006, 503; Gröpl, en Maunz/ Dürig, GG artículo 89 párrafo 92.

191 Gröpl, en Maunz/ Dürig, GG artículo 89 párrafo 92.

192 Stober, Kooperation mit Privaten, p. 501; Hölzer, Der Energiesektor zwischen Marktwirtschaft und öffentliche Aufgabe, p. 182; Ibler, en: Maunz/Dürig GG, artículo 86, párrafo 117.

193 *Ibidem*, párrafo 68; Bickenbach, von Münch/ Kunig, GG, artículo 90, p. 585 párrafo 76.

194 Ibler, en: Maunz/Dürig GG, artículo 86, párrafo 117 ss.

195 Schulze-Fielitz, en Hoffmann-Riem/ Schmidt-Assmann/ Vosskuhle, Grundlagen des Verwaltungsrechts, p. 875 s.

196 El encargo a particulares de funciones públicas (Beleihung) consiste en que por medio de la ley o con fundamento en ella se transfieren a los particulares no solo tareas públicas para ser ejercidas independientemente, sino también facultades soberanas de autoridad (Heintzen, VVDStRl, 2002, p. 220, 240).

197 El término ayudantes de la administración (Verwaltungshelfer) se utiliza para describir al privado que realiza actividades de ayuda a la administración en encargo y bajo las órdenes de la autoridad (Burgi, Allgemeines Verwaltungsrecht, p. 325).

servicio (Inpflichtnahme Privater[198] o Indienstnahme Privater) son formas de Public Private Partnerships pero no se agotan en estas.

El artículo 90, inc. 2, frase 5 LF, describe un modelo básico de Public Private Partnerships.[199] Las Public Private Partnerships no se limitan a la infraestructura de transporte.[200]

En este escrito se va a prescindir del intento que poco vale la pena de añadir a esos numerosos planteamientos otro adicional.[201] Existe consenso en la doctrina en que, como lo afirma Stober, el rasgo característico común de las Public Private Partnerships es que la administración y sujetos de la economía privada trabajan de forma conjunta en distintos niveles y en diferentes clases de relaciones jurídicas.[202]

De los intentos doctrinales de definición de las "Public Private Partnerships" podemos deducir la siguiente descripción con elementos que determinan su configuración: el término "Public Private Partnerships" es un "*término agrupador*" ("Sammelbegriff"[203]) de todos[204] los modelos de colaboración de sujetos económicos privados con las autoridades administrativas que unen sus "respectivas específicas racionalidades"[205] y reparten responsabilidades para la garantía, financiación y cumplimiento de funciones públicas.[206]

Este escrito parte del supuesto que el término Public Private Partnerships cumple "una función heurística y estructuradora", que comprende[207] las

198 El Estado les impone a particulares obligaciones de actuación y de ejecución de prestaciones, sin que este reciba competencias de derecho público que efectúa como asunto propio (Schulze-Fielitz, en Hoffmann-Riem/ Schmidt-Assmann/ Vosskuhle, Grundlagen des Verwaltungsrechts, p. 874).

199 *Ibidem*, párrafo 69.

200 Gröpl, en Maunz/ Dürig, GG artículo 90, párrafo 68. Otras formas de manifestaciones y de modelos de Public Private Partnerships son las descritas por Stober en la obra Verwaltungsrecht (Stober, en Wolff/ Bachof/ Stober/ Kluth, 7 ed., Múnich, Beck, p. 650 ss.).

201 De la misma manera y de forma acertada: Kopf, ZfBR 2004, p. 10; Ziekow, Verankerung verwaltungsrechtlicher Kooperationsverhältnisse (PPP) im Verwaltungsverfahrensgesetz.

202 Stober, Rolf, Public Private Partnerships, p. 611.

203 Bundestag, Public Private Partnership- Verfassungsrechtliche Einzelfragen. En este mismo sentido, Stober, Public Private Partnerships, p. 612; Battis/Kersten LKV 2006, p. 442, 443.

204 Ziekow, VerwArch 2006, p. 626, 630.

205 *Ibidem*.

206 Battis/Kersten LKV 2006, p. 442, 443.

207 Borchert, Bauleitplanung, p. 67.

múltiples posibilidades de cooperación y coordinación entre el Estado y los particulares, en los diferentes ámbitos de las tareas a su cargo; designa toda forma de trabajo conjunto público-privado e incluye tipologías de transferencia de funciones públicas a particulares que se efectúan por ministerio de la ley (como las previstas en el procedimiento de planificación de infraestructura de red de transmisión de energía eléctrica). Este entendimiento amplio del término "Public Private Partnership" es el que se adopta en este trabajo de investigación. En este sentido, el término "Public Private Partnerships" cumple "una función heurística y estructuradora"[208].

La apertura del término Public Private Partnerships, como conjunción[209] de responsabilidades, contribuye a resaltar la importancia del elemento de cooperación en el enfoque de su estudio determinado por la amplitud del campo de aplicación. Este, a causa de su combinación de responsabilidad del Estado por la tarea y su ejecución por el particular, abre múltiples alternativas de "hacer" en el sentido de una administración de fomento, de la prestación (Leistungsverwaltung[210]) y de "comprar" en el sentido de una administración garante (Gewährleistungsverwaltung[211]).[212]

---

208 Bauer, Verwaltungskooperation, p. 12.

209 Jan Ziekow, VerwArch 2006, p. 626, 629.

210 Característica de la administración de fomento es que "la administración pública actúa no solo ordenando, sino también fomentando, en la medida que ella suministre determinadas prestaciones a los ciudadanos -con el objetivo de cumplir fines económicos, sociales o culturales en interés público- o instalaciones para el público. (...) A esta pertenece, en especial, la así llamada administración de previsión (puesta a disposición de instalaciones públicas para la generalidad: por ejemplo, para transporte, de aguas residuales, educación, cultura, hospitales, cementerios, etc.) ..." (Klaus Weber, "Leistungsverwaltung", en Creifelds kompakt, Rechtswörterbuch, 1. ed., 2019).

211 No existe una definición legal del término "Estado garante" (Gewährleistungsstaat) o del término "administración garante" (Gewährleistungsstaat). Con "Estado garante" (Gewährleistungsstaat) se quieren designar determinadas formas de manifestación de aquella estatalidad referidas a la forma del ejercicio de tareas públicas sin cumplimiento estatal. Está marcada entonces por la retirada del Estado de la realización propia de las actividades, aparejada con el llamado de los particulares en el suministro de la prestación (Schoch, NVwZ 2008, 241).

212 Stober, Public Private Partnerships, p. 612.

PRIMERA PARTE

LA CONFIGURACIÓN JURÍDICA DE PUBLIC PRIVATE PARTNERSHIPS EN EL ÁMBITO DEL SUMINISTRO DE ENERGÍA EN ALEMANIA

El elemento del suministro de energía, que consiste en la generación de energía para distribuirlo a los clientes y la operación de redes de suministro de energía (artículo 32 Nr. 36 EnWG). El suministro de energía en Alemania, incluye la regulación del gas natural que no es objeto de este trabajo. El suministro de energía comprende, principalmente, las actividades de generación, transmisión y distribución de energía eléctrica. La actividad de transmisión consiste en el transporte de electricidad sobre un sistema de red de altísima tensión o un sistema de red alta tensión con el fin de entregar a los usuarios finales o distribuidores (artículo 3 Nr. 32 EnWG). Las redes de distribución (Verteilnetze) también sirven, como las redes de transmisión, al transporte de energía eléctrica, pero se distinguen de estas en que las primeras tienen como "función primordial el suministro inmediato de los usuarios de energía en un territorio determinado y específicamente en uno solamente regional o en un lugar limitado". Conforme al artículo 32 Nr. 37 EnWG, distribución (Verteilung) es "el transporte de electricidad con alta, media o baja tensión sobre redes de distribución (...) para posibilitar el suministro a los clientes, sin embargo, no la entrega al cliente mismo (...)".

El suministro de energía es un ámbito homogéneo dentro del cual tienen un papel importante el derecho de planeación económico-energético, el derecho urbanístico, el derecho de contratación pública, el derecho medio ambiental y el derecho de la economía de la energía (Energiewirtschatsrecht) que hace parte del derecho administrativo económico.

Este manuscrito tiene en cuenta que el derecho alemán del derecho de la economía de la energía ha sido objeto de reformas sucesivas en 1998, 2003, 2005, 2009 y 2011. En el campo del derecho de energía en Europa se plantean varios retos motivados por la Energiewende (transición energética) fomentada por la política de la Unión Europea consistente en reducir las emisiones de dióxido de carbono como medida para afrontar el desafío del cambio climático que obliga el uso creciente de energías renovables y que exige que sea posible transmitir energía del norte, donde es generada, hacia el sur y occidente, donde se requiere el suministro de energía eléctrica. Otro de los retos de la transición energética se presenta en la actividad de generación de energía de fuentes renovables. Por su alta volatilidad es indispensable garantizar la seguridad del suministro energético. Con este objetivo, la ley sobre la gestión de contadores y la comunicación en las redes inteligentes de energía (Gesetz über den Messstellenbetrieb und die Datenkommunikation in intelligenten Energienetzen, Messstellenbetriebsgesetz -MsbG) previó la configuración de un sistema de medición inteligente mediante el cual son transmitidos los datos. De acuerdo con el Art. 2 núm. 7 MsbG, el sistema de medición inteligente consiste en "(…) una instalación para la medición de energía eléctrica que está vinculada sobre un Smart-Meter-Gateway en una red de comunicación que refleja el uso de energía y el tiempo real de su uso (…)". Conforme al Art. 2 núm. 19 MsbG, un Smart-Meter-Gateway es una "(…) unidad de comunicación de un sistema de sistema de medición inteligente que puede unir una o más instalaciones modernas de medición y otras instalaciones técnicas, como en especial centros de generación conforme la ley de energía no renovable y la ley de cogeneración de calor y electricidad para la protección, la seguridad de los datos y la interoperatibilidad (…) y que tiene funcionalidades sobre la recopilación, procesamiento y envío de los datos". La ley establece la obligación para determinadas categorías de usuarios de tolerar la instalación de contadores digitales, llamados "Smart Meter", que posibilitan la comunicación bidireccional entre el generador de energía y el usuario. Los datos sobre el uso de la energía (datos energéticos) de cada hogar son recolectados y transmitidos al centro de gestión de datos de la empresa de energía. La digitalización también significó un cambio en el papel de los agentes del mercado y de sus funciones. La transmisión de los datos debe realizarse en el futuro por el UNB al VNB. Este sistema plantea preguntas sobre la soberanía, la seguridad y la protección de los datos y la tensión entre privacidad y su protección.

CAPITULO PRIMERO LA CONFIGURACIÓN JURÍDICA DE PUBLIC PRIVATE PARTNERSHIPS EN LA PLANEACIÓN DE REDES DE TRANSMISIÓN DE ENERGÍA ELÉCTRICA

En este primer capítulo se analizará la configuración jurídica de la Public Private Partnership, conformada por ministerio de la ley, entre el Übertragungsnetzbetreiber (Operador de red de transmisión) y la autoridad administrativa en el procedimiento para la planeación de las redes de energía eléctrica. El estudio de dicha configuración jurídica se va a efectuar mediante el análisis del rol de los participantes en el procedimiento de planeación de redes de transmisión eléctrica: los iniciadores del proyecto (I), las autoridades que dirigen el procedimiento (II) y los afectados (III).

Este trabajo de investigación tiene en cuenta que hay 3 sistemas diferenciados aplicables al procedimiento de planeación de redes de transmisión eléctrica: el primero, válido para proyectos de instalación o modificación de cables de altísima tensión que abarcan varios Estados federados y que se extienden a otros países y de redes de conexión de obras de transformación de parques de energía eólica *offshore* a puntos de conexión de red en territorio del continente que se rigen por el NABEG (ley de aceleración de construcción de la red); el segundo, para proyectos contemplados en la EnLAG y, el tercero, para otros proyectos con una tensión de mínimo 110 kV a los que no se les aplica el NABEG.[213]

Se parte aquí del supuesto que la planeación de las redes de energía eléctrica está determinada por un procedimiento multinivel. Precisamente, el rol de los participantes se analizará en cada una de las fases del procedimiento. En la primera, se determina la necesidad de la construcción (el "si" de la planeación) y se determinan los puntos iniciales y finales del proyecto en el marco de la planeación de la necesidad de la red, de acuerdo con los artículos 12a ss.[214] EnWG. En el segundo estadio se decide sobre la realización del proyecto concreto (el "cómo" de la planeación) y se traza el corredor sobre el cual se va a construir la red, de acuerdo con el procedimiento establecido en el artículo 15 ROG o de

213 Schaefer, die Koordinierte Bedarfsplanung, p. 113.
214 *Ibidem*, p. 112; Schmitz/Uibeleisen, Netzausbau, p. 9.

la planeación especializada federal (Bundesfachplanung) conforme a los artículos 4 ss. NABEG.[215] En la tercera parte del desarrollo del proceso, se toma la decisión de planificación final del trazado concreto de la red en el marco de la fijación del plan (Feststellungsplan) o de la autorización del plan de acuerdo con los artículos 2 ss. SeeAnlV (Decreto de construcciones en el mar), los artículos 43 ss. EnWG o los artículos 18 ss. NABEG.[216]

I. EL ROL DE LOS ÜBERTRAGUNGSNETZBETREIBER, ÜNB (OPERADORES DE RED DE TRANSMISIÓN) EN EL PROCEDIMIENTO DE PLANEACIÓN DE REDES DE TRANSMISIÓN ELÉCTRICA

En Alemania hay 4 Übertragungsnetzbetreiber (Operadores de Red de Transmisión) en cada una de las zonas[217] de regulación.

En el artículo 3 Nr. 10 EnWG se establece una definición legal del Betreiber von Übertragungsnetzen o Übertragungsnetzbetreiber (Operador de Red de Transmisión, en adelante ÜNB). De acuerdo con esta disposición, el ÜNB es "una persona natural o jurídica o una unidad organizacional jurídicamente independiente de una empresa de suministro de energía que realiza la tarea de transmisión de electricidad y que es responsable de la operación, el mantenimiento, así como, en caso de ser necesario, la construcción de la red de transmisión en un territorio determinado y dado el caso, de los cables de conexión con otras redes"[218]. Una obligación que menciona el artículo 3 Nr. 10 EnWG es aquella relacionada con la construcción y operación de conexiones de red *Offshore*: con arreglo al artículo 17d, inc. 1, frase 1 EnWG, "los ÜNB que deben efectuar la conexión de red de las plantas de energía eólica en el mar, tienen que construir y operar los cables de conexión *Offshore* de acuerdo con los mandatos del plan de desarrollo de red *Offshore* y, a partir del primero de enero de 2019, conforme a los preceptos del plan de desarrollo de red y del plan de uso de la superficie según el artículo 5 de la ley de energía eólica en el mar"[219].

---

215 Schaefer, die Koordinierte Bedarfsplanung, p. 112.

216 *Ibidem*, p. 112 s.

217 La zona de regulación es definida en el artículo 3 Nr. 30 EnWG como la zona de red para cuya regulación primaria, regulación secundaria y reserva en minutos es responsable el Übertragungsnetzbetreiber (Operador de Red de Transmisión) en el marco de la Unión para la coordinación del transporte de energía eléctrica.

218 Traducción libre de la autora.

219 Traducción libre de la autora.

Los ÜNB son sujetos privados en la medida que son sociedades de derecho privado: Todos están organizados en la forma de sociedad de responsabilidad limitada (GmbH).[220] Uno de los ÜNB es 50Herz Transmission GmbH activa en el occidente de Alemania. En esta, tiene participación en un 80 % Elia Group y en un 20 % el Instituto de crédito alemán para la reconstrucción (Kreditanstalt für Wiederaufbau[221], KfW).[222] Con ello, se configura un caso de Public Private Partnership institucional. Elia Group tiene, a su vez, una participación del 44.83 % de Publi-T que es una *Holding* empresarial municipal.[223] Para el occidente de Alemania es competente Amprion GmbH que es propiedad en un 25,1 % de RWE AG y en un 74,9 % de un consorcio de, en su mayoría, inversionistas financieros institucionales alemanes.[224] RWE AG se encuentra en un 15 % en propiedad municipal.[225] Para el noroccidente y el suroriente de Alemania actúa Tenne T TSO GmbH que está en propiedad de TenneT Holding B.V que es en un 100 % propiedad del Estado de Noruega. En Baden-Württemberg es competente TransnetBW GmbH que es propiedad de EnBW AG que se encuentra totalmente en dominio del sector público.[226]

La Unión Europea ha tomado medidas desde los años 90 para la desconcentración de la operación de la red sin distingo de su titularidad. Los mandatos europeos han sido transpuestos en la segunda parte de la EnWG (artículos 6 a 10e). De acuerdo con el artículo 6, inc. 1 y 2 EnWG, las empresas de suministro de energía integradas verticalmente y los operadores de redes de electricidad jurídicamente independientes que están vinculados con una empresa de suministro de energía integrada verticalmente, en el sentido del artículo 3 Nr. 38 EnWG, están obligadas a garantizar transparencia, así como una configuración y realización de la operación de la red libre de discriminación. Para alcanzar ese objetivo, deben asegurar la independencia del operador de red de otros ámbitos de actividad del suministro de energía conforme lo ordenan los artículos 6 a 10a EnWG. Las medidas prescritas son de índole contable (artículo 6b EnWG), de información (artículo 6a EnWG), de organización, así como de tipo legal

---

220 Strobel, Die Investitionsplanungs- und Investitionspflichten, p. 25.

221 El KfW es un instituto de derecho público del Estado federal alemán que fue fundado por la ley sobre la KfW.

222 50Herz, Jahresbericht 2019, p. 10.

223 Elia Group, Financial Report 2020, p. 49.

224 Strobel, Die Investitionsplanungs- und Investitionspflichten, p. 48.

225 *Ibidem.*

226 *Ibidem.*

societario.[227] Conforme al artículo 6b EnWG, la operación conjunta de la operación de redes de transmisión y de distribución por parte del mismo operador de red es admisible, siempre y cuando el operador cumpla las prescripciones de los artículos 8 a 9 o 10 a 10e EnWG.

Aunque la principal tarea de los ÜNB es la transmisión (Übertragung) consistente, de acuerdo con el artículo 3 Nr. 32 EnWG, en el "transporte de electricidad sobre un sistema de red de altísima tensión (Höchstspannungsverbundnetz) o un sistema de red alta tensión (Hochspannungsverbundnetz) incluidos los cables de conexión transnacional con el fin de entregar a los usuarios finales o distribuidores, sin embargo, no el suministro del cliente mismo"[228], el ÜNB tiene también obligaciones de inversión en la planificación y en la construcción de infraestructura de red. Estas obligaciones están marcadas por los requerimientos de implementar nuevos instrumentos de planificación para el logro de la construcción celera de redes de transmisión ante el creciente uso de energías renovables que exige el transporte de energía sobre grandes distancias, de las plantas de generación ubicadas en norte y oriente de Alemania a los centros de consumo en el sur y occidente del país.[229]

Las obligaciones de inversión y la correspondiente influencia soberana ejercida por la autoridad de regulación sobre la planeación y la ejecución de la inversión se han intensificado en el pasado reciente y han estado determinadas por normas de derecho europeo. Un hito en ese desarrollo fue la promulgación del artículo 11, inc. 1, frase 1 EnWG del año 2005, que consagró la primera obligación expresa atribuida al ÜNB de efectuar inversiones.[230] De acuerdo con esta disposición normativa, los ÜNB están "obligados a operar una red segura, eficaz y eficiente de suministro de energía, a mantenerla y a optimizarla de acuerdo con las necesidades, a fortalecerla y a construirla en la medida que ello sea económicamente razonable"[231]. La obligación de asumir los costos de la construcción de la red también está prevista en el artículo 17, ley de energía renovable (EEG). La reserva de razonabilidad económica exige, desde el punto

227 https://beck-online.beck.de/Dokument?vpath=bibdata%2Fkomm%2FKmentKoEnWG_2%2FEnWG%2Fcont%2FKmentKoEnWG.EnWG.p6.glII.gl2.htmKnauff, en Kment, EnWG, artículo 6, párrafo 8.

228 Traducción libre de la autora.

229 Schmitz/ Uibeleisen, Netzausbau, p. 5.

230 Strobel, Die Investitionsplanungs- und Investitionspflichten, p. 25.

231 Traducción libre de la autora.

de vista microeconómico, que la empresa pueda cubrir los costos de la construcción y que no vaya a poner en peligro su existencia.[232]

Con la expedición de la ley para la expansión de las líneas de conducción de energía eléctrica (EnLAG) en el año 2009, se marcó otro *quid* en la evolución: mediante esta ley se le atribuyó, por un lado, al ÜNB la responsabilidad de determinar y planear la necesidad de la construcción, que fue escindida del campo de competencia de la autoridad de regulación y por otro lado, se fijó la necesidad de construir 22 proyectos específicos de 380 kV con el objetivo de acelerar el trámite de admisión (Zulassungsverfahren).[233] La EnLAG, en su versión de 21 de diciembre de 2015, estableció 4 secciones en las cuales se podían instalar, operar o modificar proyectos piloto de cables subterráneos. Para estos proyectos se conservó, conforme al artículo 2, inc. 3 EnLAG, el sistema anterior consistente en el procedimiento de ordenación del territorio (artículo 15 ROG) y el procedimiento de fijación del plan (Planfeststellungsverfahren) establecidos en los artículos 43 ss. EnWG.

Punto culminante de la intensificación en la atribución de obligaciones de inversión y la correspondiente influencia soberana es la expedición de la ley sobre nueva regulación de los preceptos de derecho de economía de energía (Gesetz zur Neuregelung energiewirtschaftsrechtlicher Vorschriften) y de la ley NABEG, ambas del año 2011. De igual manera, el NABEG establece el procedimiento de la planeación especializada federal (Bundesfachplanung) y de la fijación del plan (Planfeststellung) de los proyectos especificados en la ley sobre el Plan Federal de Demanda Energética (Bundesbedarfsplan).

Las reformas introdujeron, en los artículos 12a ss. EnWG, un procedimiento en 3 fases en el que, mediante el trabajo conjunto entre los ÜNB y la BNetzA, se debe surtir la determinación de la necesidad de la infraestructura en el sistema aplicable para la construcción de proyectos de instalación o modificación de cables de altísima tensión que abarquen varios Estados federados y que se extiendan a otros países y de redes de conexión de obras de transformación de parques de energía eólica *offshore* a puntos de conexión de red en territorio del continente (artículo 1 NABEG). A continuación, se examinarán las obligaciones (correlatos de los derechos) propios(as) de los ÜNB en el proceso de determinación del Plan Federal de Demanda Energética (Bundesbedarfsplan) en este sistema (apartado A), diferenciadas en las 3 etapas de este proceso: (1) la elaboración del marco de escenarios, Szenariorahmen, (2) la elaboración del

232 Strobel, Die Investitionsplanungs- und Investitionspflichten, p. 258.
233 Schmitz/ Uibeleisen, Netzausbau, p. 6.

plan de desarrollo de la red, Netzentwicklungsplan, y (3) la decisión sobre el Bundesbedarfsplan, plan de necesidad federal. El plan de necesidad federal, decisión que es resultado de este procedimiento, es promulgado en la ley del Plan Federal de Demanda Energética (Bundesbedarfsplan).[234] Luego, se enunciarán las obligaciones del ÜNB en (apartado B) el procedimiento de la planeación de los trazados (Trassenplanung).

A. EL ROL DE LOS ÜNB EN EL PROCEDIMIENTO DE PLANEACIÓN PARA DETERMINAR LA NECESIDAD DE LA INFRAESTRUCTURA DE RED (BEDARFSPLANUNG), ARTÍCULO 12 ss. EnWG

Si se compara el rol del ÜNB en el proceso de planeación de la necesidad de redes de infraestructura de energía eléctrica con otros procedimientos de planeación contemplados en leyes especiales, como la de carreteras, la de vías fluviales o la de vías férreas, se pueden observar varias diferencias: mientras que en el primero, el promotor del proyecto (Vorhabenträger[235]) es una empresa económica privada; en los otros procedimientos, el promotor es una institución estatal o, en todo caso, una financiada con recursos públicos provenientes de impuestos.[236] Esto implica que el Estado está en la posición de ejecutar el plan aun cuando la empresa gestora de la red sea (formalmente) una empresa privada, como en el caso de Deutsche Bahn Netz AG (empresa alemana de ferrocarriles).[237] Por el contrario, en el sistema de construcción de redes de transmisión eléctrica, la responsabilidad de la financiación está en cabeza de los ÜNB, aunque los costos son reintegrados en el marco de la regulación de la retribución (Entgeldregulierung).[238] Otra divergencia es que mientras las redes de suministro de energía son propiedad privada, las carreteras y las vías férreas son bienes públicos.[239] Una intervención en el derecho de propiedad de los ÜNB no puede ser justificada solo por la importancia del suministro de energía eléctrica, sino

---

234 Schmitz/ Uibeleisen, Netzausbau, p. 7.

235 De acuerdo con el Reglamento (UE) Nr. 347/2013 del Parlamento Europeo y del Consejo de 17 de abril de 2013 relativo a las orientaciones sobre las infraestructuras energéticas transeuropeas, el promotor del proyecto es "un gestor de redes de transporte, un gestor de redes de distribución u otro operador o inversor que desarrolle un proyecto de interés común".

236 Becker, en Praxishandbuch, p. 230.

237 *Ibidem*.

238 *Ibidem*. p. 230 (párrafo 32), 223 (párrafo 11).

239 *Ibidem*. p. 230 (párrafo 33).

que debe tener en cuenta de forma razonable también sus intereses.[240] Esta es la razón por la cual se considera que la competencia de los ÜNB en la fijación de la necesidad de la construcción de la infraestructura es un correlato de su propia responsabilidad empresarial manifestada en la decisión de inversión en la infraestructura y determinada por criterios económicos.[241] Esta afirmación merece una precisión: la autoridad de regulación tiene, conforme a lo dispuesto por el artículo 65, inc. 2 EnWG, facultades para ordenar que el ÜNB observe sus obligaciones legales, dentro de las que se encuentran los parámetros a tener en cuenta para elaborar ***i)*** el marco de escenarios (Szenariorahmen) establecidos en el artículo 12a, inc. 1, frase 2 EnWG y ***ii)*** el plan de desarrollo de la red (Netzentwicklungsplan) previstos en el artículo 12b, inc. 1 EnWG.[242]

La EnLAG le trasladó la competencia al ÜNB para llevar a cabo la determinación y la planificación de la necesidad de la infraestructura de red de transmisión.[243] A continuación, se esbozarán las obligaciones del ÜNB en la planeación de instalaciones o modificaciones de cables de altísima tensión que abarquen varios Estados federados o que se extiendan a otros países y de redes de conexión de obras de transformación de parques de energía eólica *Offshore* a puntos de conexión de red ubicados en el continente que están señaladas en la ley federal de necesidad (Bundesfachplangesetz), de acuerdo con el artículo 12e, inc. 4, frase 1 EnWG.

La construcción de redes de transmisión eléctrica está determinado por la cooperación a nivel europeo:[244] El sistema de la comprobación de la necesidad de la infraestructura, previsto en los artículo 12a ss. EnWG, está influenciado por normas de derecho europeo, específicamente por el artículo 22 de la tercera directiva del mercado común de energía del año 2009 (Directiva 2009/72/CE)[245] que contiene amplias participaciones del público y prevé la división en el marco de escenarios (Szenariorahmen) y en Netzentwicklungsplan (plan de desarrollo de la red).

Adicionalmente, se debe destacar que un instrumento importante en relación con la planeación de redes de transmisión eléctrica es el Reglamento

---

240 *Ibidem.*

241 Kment, EnWZ 2015, 57, 60.

242 Becker, en Praxishandbuch, p. 230 (párrafo 34).

243 Schmitz/ Uibeleisen, Netzausbau, p. 6.

244 *Ibidem*, p. 23.

245 Unión Europea, Parlamento y Consejo Europeo, Directiva 2009/72/CE, en, *Diario Oficial de la Unión Europea* de 14 de agosto de 2009, L211/55 ss. (disponible en: https://www.boe.es/doue/2009/211/L00055-00093.pdf).

relativo a las orientaciones sobre las infraestructuras energéticas transeuropeas[246] (TEN-E-VO Nr. 347/2013). Este reglamento contiene en su anexo I 12 corredores y áreas prioritarias para la construcción de infraestructura de red transeuropea de las cuales 6 se refieren al campo de energía eléctrica: 4 son corredores prioritarios de energía eléctrica (red *Offshore* del mar nórdico, red norte-sur en Europa de este, red norte-sur en el sur de Europa y Europa central y el plan de conexión de energía eléctrica para el mercado de energía en el espacio báltico) y 2 son campos temáticos.[247] Dentro de estos corredores deben ser formulados proyectos de interés europeo común de líneas de transporte de alta tensión –si han sido diseñadas para una tensión de 220 kV o superior– y cables de transporte soterrados y submarinos –si han sido diseñados para una tensión de 150 kV o superior– (Anexo II núm. 1 lit. a TEN-E-VO Nr. 347/2013). El reglamento tiene supremacía sobre las disposiciones normativas nacionales y, por lo tanto, se debe tener en cuenta en el proceso de planeación nacional.[248]

1. ELABORACIÓN DEL MARCO DE ESCENARIOS (SZENARIORAHMEN), ARTÍCULO 12A ENWG

El ÜNB tiene la iniciativa en la elaboración del plan de desarrollo de necesidad (Bedarsfplan).[249] Los ÜNB con responsabilidad en la zona deben elaborar cada 2 años un marco de escenarios (Szenariorahmen) común que es el fundamento para la realización del plan de desarrollo de la red (Netzentwicklungsplan) conforme al artículo 12b EnWG y del plan de desarrollo de la red *Offshore* (*Offshore*-Netzentwicklungsplan) de acuerdo con el artículo 17b EnWG (artículo 12a, inc. 1, frase 1 EnWG).

El marco de escenarios comprende por lo menos 3 rutas de desarrollo (escenarios) que cubren por lo menos en los siguientes 10 años y máximo 20 años la extensión de los desarrollos posibles en el marco de los objetivos político-energéticos de mediano y largo plazo del gobierno (artículo 12a, inc. 1, frase 2 EnWG).

---

246 Unión Europea, Parlamento Europeo y Consejo Europeo, Reglamento (UE) N.° 347/ 2013 de 17 de abril de 2013, relativo a las orientaciones sobre las infraestructuras energéticas transeuropeas, en *Diario Oficial de la Unión Europea* de 24 de abril de 2013, L115/39 ss. (disponible en: https://eur-lex.europa.eu/legal-content/ES/TXT/PDF/?uri=CELEX:32013R0347&from=DE).

247 Leidinger, en Praxishandbuch, p. 59.

248 Schmitz/ Uibeleisen, Netzausbau, p. 22.

249 Becker, en Praxishandbuch, p. 226.

Los ÜNB se basan para hacer cada escenario en los pronósticos de generación, suministro y uso de energía, en su intercambio con otros países, en la reducción anual en un 3 % prevista en el artículo 11, inc. 2 EnWG, para la generación de energía eólica o solar y deben tener en cuenta los proyectos de inversión planeados de la infraestructura de red europea (artículo 12a, inc. 1, frase 2 EnWG). Esta norma concretiza el artículo 22, núm. 3, de la Directiva 2009/72/CE, de acuerdo con el cual, "al elaborar el plan decenal de desarrollo de red, el gestor de la red de transporte hará suposiciones razonables sobre la evolución de la generación, suministro, consumo e intercambios con otros países, teniendo en cuenta los planes de inversión en redes regionales y a escala comunitaria".

Los ÜNB deben presentar a la autoridad de regulación el proyecto de marco de escenarios a más tardar el 10 de enero de cada año; luego de lo cual, la autoridad de regulación lo debe publicar en su página de internet (artículo 12a, inc. 2 EnWG).

Como se observa, la ley sobre economía energética (EnWG) les confiere a las empresas privadas tareas importantes de planificación administrativa. Este traslado de competencia sería inofensivo siempre y cuando los particulares no tomaran decisiones que afectaran derechos de terceros.[250] No obstante, las empresas privadas no solo acopian material fáctico para el Estado que puede pesar más en su decisión de ponderación final que los intereses jurídicamente protegidos de terceros; sino que también, predicen futuros desarrollos para la toma de decisión final de la planificación.[251]

A primera vista se podría afirmar que la ley les confiere estas funciones a las empresas privadas sin atribuirles expresamente soberanía.[252] A esta conclusión se arriba cuando se interpreta el elemento "proyecto" del marco de escenarios (contenido en el artículo 12a, inc. 2, frase 1 EnWG): la teleología de la ley no era para que la participación privada en esta etapa del procedimiento detentara carácter soberano.[253] Sin embargo, de un análisis más detallado se concluye que esta hipótesis no es incuestionable, ya que la ley omite resolver la cuestión sobre si la autorización, en el sentido del artículo 12a, inc. 3, frase 1 EnWG, es otorgada con base en el pronóstico de la misma autoridad o si la autoridad solo controla el pronóstico de las empresas privadas.[254]

250 Ibler, El Estado garante en el sector energético, p. 20.
251 *Ibidem.*
252 *Ibidem.*
253 *Ibidem.*
254 *Ibidem*, p. 20 s.

2. ELABORACIÓN DEL PLAN DE DESARROLLO DE LA RED (NETZENTWICKLUNGSPLAN) POR PARTE DE LOS ÜNB, ARTÍCULO 12B, 12C Y 12D ENWG

El marco de escenarios aprobado por la autoridad de regulación, conforme al artículo 12a, inc. 2 EnWG, es el fundamento del plan de desarrollo de la red (Netzentwicklungsplan en adelante NEP) nacional (artículo 12b, inc. 1 EnWG). Los ÜNB le deben presentar a la autoridad de regulación, el NEP nacional conjunto para que este le otorgue su autorización que debe contener todas las medidas efectivas para la optimización fundada en la necesidad, el fortalecimiento y la construcción de la red que son necesarias para la operación segura y fiable de la red (artículo 12b, inc. 1 EnWG).

De acuerdo con el artículo 22 núm. 1 de la Directiva 2009/72/CE, el plan decenal de desarrollo de la red debe, además, a) indicar a los participantes en el mercado las principales infraestructuras de transporte que sean necesarias construir o modernizar durante los próximos diez años; b) contener todas las inversiones ya decididas y determinar las nuevas inversiones que haya que ejecutar en los próximos tres años, y c) facilitar un calendario de todos los proyectos de inversión. Esta norma fue transpuesta en el artículo 12b, inc. 1, frase 4 EnWG.

Conforme al artículo 12b, inc. 1, frase 4 EnWG, el NEP contiene 1) todas las medidas de construcción de red que son necesarias en los próximos 3 años a partir de la fijación del NEP por parte de la autoridad de regulación; 2) un cronograma para todas las medidas de construcción de red; 3a) medidas de construcción de red como proyectos pilotos para la transmisión con pocas pérdidas de energía sobre grandes distancias, 3b) la incorporación de conductores eléctricos de altas temperaturas (Hochtemperaturleiterseilen[255]) como proyectos piloto con una valoración de su realización técnica y su rentabilidad y 3c) el resultado del examen de la incorporación de nuevas tecnologías como proyectos piloto inclusive una valoración de su realización técnica y su rentabilidad; 4) el estado de la ejecución del anterior NEP y en caso de aplazamientos, los motivos principales de dichos aplazamientos; 5) indicaciones sobre la

255 De acuerdo con el *Atlas de energía* de Bayern, los conductores eléctricos de altas temperaturas (Hochtemperaturleiterseilen) son conductores que, con respecto a conductores convencionales de aluminio o acero, son utilizados para temperaturas más altas a causa de los materiales utilizados y con ello pueden transmitir más energía (disponible en: https://www.energieatlas.bayern.de/energieatlas/lexikon/h/hochtemperaturleiterseile.html).

tecnología de transmisión utilizada; 6) descripción de las otras posibilidades de planeación de medidas de construcción de red y 7) todas las medidas efectivas para la optimización, fortalecimiento y construcción de los cables de conexión *Offshore*. El ÜNB pueden valerse de un tercero experto idóneo calificado en la elaboración del NEP para la modelación de la red de transmisión.

Antes de presentarlo a la autoridad de regulación, el ÜNB realiza la publicación del proyecto de NEP a más tardar el 10 de diciembre de cada año en su página de internet y le debe dar oportunidad al público para que presente sus observaciones, incluyendo a los usuarios reales y potenciales de la red, a los operadores de red subordinados, así como a los titulares de intereses públicos y las autoridades de los Estados federados (artículo 12b, inc. 3, frase 1 EnWG). Esta norma es una concretización ***i)*** del artículo 22, núm. 1, de la Directiva 2009/72/CE que establece que el plan decenal de desarrollo debe tener como fundamento la oferta y la demanda existentes después de consultar a todos los interesados pertinentes y ***ii)*** del artículo 22, núm. 4, de la misma directiva, conforme a la cual: "La autoridad reguladora consultará a todos los usuarios reales o potenciales de la red sobre el plan decenal de desarrollo de la red de manera abierta y transparente. Se podrá requerir a las personas o las empresas que pretendan ser usuarios potenciales que justifiquen tales pretensiones. La autoridad reguladora publicará el resultado del proceso de consulta, en especial las posibles necesidades de inversiones".

Al NEP se le debe adjuntar una declaración resumida sobre la manera y la forma en la cual fueron tenidos en cuenta los resultados de las participaciones efectuadas, de acuerdo con el artículo 12a, inc. 2, frase 2, y artículo 12b, inc. 3, inc. 1 EnWG y los motivos por los cuales fue elegido el NEP luego de la ponderación con las otras posibilidades examinadas (artículo 12b, inc. 4 EnwG).

Los ÜNB están obligados a trabajar conjuntamente en la extensión que sea necesaria para garantizar la elaboración adecuada del NEP. Ellos están obligados, en especial, a suministrarle inmediatamente al ÜNB toda la información necesaria para la elaboración del NEP cuando este la solicite (artículo 12b, inc. 3, frase 4 EnWG).

En el caso de que la autoridad de regulación así lo exija, los ÜNB deben suministrarle toda la información necesaria (artículo 12c, inc. 1, frase 3 EnWG). En el caso de que haya dudas sobre la conformidad del proyecto de NEP con el NEP existente, la autoridad de regulación le puede consultar a la Agentur für die Zusammenarbeit der Energieregulierungsbehörden –Agencia para el trabajo conjunto de las autoridades de regulación de energía– (artículo 12c, inc. 1, frase 4 EnWG).

En el caso de que, en ejercicio de la facultad establecida en el artículo 12 c inc. 1 frase 2 EnWG, la autoridad de regulación ordene realizar cambios en el NEP, los ÜNB están obligados a presentarle de forma inmediata el NEP modificado (artículo 12c, inc. 5 EnWG). En los ajustes del NEP, la participación del público, inclusive los usuarios reales y potenciales de la red, los Netzbetreiber (operadores de red) subordinados, así como los titulares de intereses públicos pueden limitarse al marco de escenario autorizado o al NEP confirmado (artículo 12c, inc. 6 EnWG). El procedimiento completo, de acuerdo con los artículos 12a EnwG hasta 12c inc. 1 – 5 EnwG y el artículo 12e, inc. 1, frase 3 EnwG, debe ser realizado por lo menos cada 4 años (artículo 12c, inc. 6 EnWG).

El ÜNB está obligado a realizar las inversiones establecidas en el NEP. En el caso de que el ÜNB no ejecute los proyectos del NEP o tarde en su ejecución dentro de los tres años siguientes, salvo razones imperiosas que estén más allá de su control, el artículo 22 numeral 7 de la Directiva 2009/72/CE del Parlamento Europeo y del Consejo, del 13 de julio de 2009, "sobre normas comunes para el mercado interior de la electricidad", establece posibilidades de sanción que han sido transpuestas en la legislación alemana. La primera posible sanción es el requerimiento de la autoridad de regulación al ÜNB para que lleve a cabo las inversiones previstas en el NEP (esta sanción fue establecida en el artículo 65, inciso 2a, frase 1 de la Ley de Economía de Energía, EnWG) que puede ser exigida mediante una medida ejecutiva, conforme a las normas de la Ley de Procedimiento Administrativo (VwVfG). Una segunda consecuencia es que la BnetzA puede iniciar un procedimiento de licitación conforme con el artículo 65 inciso 2a frase 2 de la Ley de Economía de Energía (EnWG)[256]. La ley no prevé el procedimiento mediante el cual se debe llevar a cabo la licitación. La doctrina sostiene, que dado que quien dirige el procedimiento es una autoridad, este debe elegirse entre el procedimiento abierto mediante concurso público (offene Verfahren) o el procedimiento restringido (nicht offene Verfahren mit Teilnahmewettbewerb), artículo 119, inc. 1, 2 GWB, artículos 14 ss. VgV.[257]

La autoridad de regulación puede determinar cuál de los ÜNB es responsable de la ejecución de las medidas contenidas en el NEP (artículo 12c, inc. 8, frase 1 EnWG).

Los ÜNB conjuntamente le deben presentar a la autoridad de regulación un informe de las actividades para ejecutar el plan que este debe examinar (artículo 12d, inc. 1, frase 1 EnWG).

256 Schmitz/ Uibeleisen. Netzausbau, p. 47.

257 Turiaux, en Kment, EnWG, artículo 65, párrafo 31.

3. ELABORACIÓN DEL PLAN FEDERAL DE DEMANDA ENERGÉTICA (BUNDESBEDARFSPLAN) CONFORME AL ARTÍCULO 12E ENWG

Las declaraciones contenidas en el Plan Federal de Demanda Energética (Bundesbedarfsplan) – cuyo proyecto es el NEP – y el plan de desarrollo de la red *Offshore* (Offshore-Netzentwicklungsplan) son vinculantes para ÜNB, así como para la fijación del plan (Planfeststellung) y la autorización (Plangenehmigung) del plan (artículo 12e, inc. 4, frase 2 EnWG).

B. EL ROL DEL ÜNB, TITULAR DEL PROYECTO EN LA PLANEACIÓN DE LOS TRAZADOS (TRASSENPLANUNG)

Como se indicó *at supra*, en la planeación de los trazados (Trassenplanung), segundo estadio del proceso de planeación, se decide sobre cómo se va a realizar el proyecto concreto (el "cómo" de la planeación) y se efectúa el trazado del corredor en el cual se va a construir la red.[258] Para ello, se aplican las normas del derecho de ordenamiento del territorio (Raumordnungsrecht) para los proyectos del EnLAG o los artículos 4 ss. del NABEG (Netzausbaubeschleunigungsgesetz, ley de aceleración de construcción de la red) vigentes para los proyectos contenidos en la ley del Plan Federal de Demanda Energética (Bundesbedarfsplan), de instalación o modificación de cables de altísima tensión que abarquen varios Estados federados y que se extiendan a otros países (proyectos A) y de redes de conexión de obras de transformación de parques de energía eólica *Offshore* a puntos de conexión de red en territorio del continente (proyectos C) que se rigen por el NABEG. A continuación, se enunciará el rol del ÜNB titular del proyecto en la planeación especializada federal (Bundesfachplanung) conforme al NABEG (1) y en la ordenación del territorio (Raumordnung) fuera del NABEG (2).

1. EL ROL DEL ÜNB TITULAR DEL PROYECTO EN LA PLANEACIÓN ESPECIALIZADA FEDERAL (BUNDESFACHPLANUNG) CONFORME AL NABEG

El procedimiento de planeación especializada federal (Bundesfachplanung) se inicia a petición del titular del proyecto –Vorhabenträger– (artículo 6 frase 1 NABEG). No existe una definición legal del titular del proyecto. De acuerdo

258 Schaefer, die Koordinierte Bedarfsplanung, p. 112

con la jurisprudencia, la cuestión de la calidad de titular del proyecto (Vorhabenträger) se debe determinar teniendo en cuenta el respectivo sistema de regulación de planeación especializado.[259] El titular del proyecto (Vorhabenträger), conforme al artículo 3 Nr. 9 NABEG, es aquel ÜNB responsable de la ejecución de una medida especificada en el NEP confirmado, de acuerdo con el artículo 12c, inc. 4, frase 1 EnWG, o determinada en la EnWG según el artículo 12c, inc. 8 EnWG.

La solicitud debe ser presentada a más tardar 18 meses después de la incorporación del proyecto en el Plan Federal de Demanda Energética (Bundesbedarfsplan), sin perjuicio de la facultad que le asiste a la BNetzA de prolongar el plazo 6 meses más por 2 veces (artículo 6, frase 2 y 3 NABEG).

El artículo 6, frase 2 NABEG, establece que la solicitud "debe ser presentada". De ello se infiere, que, se trata de una obligación legal de obligatorio cumplimiento, ante cuya omisión por parte del titular del proyecto, la BNetzA puede conminarlo, mediante una orden, a su cumplimiento.[260] Esta orden es un acto administrativo, en el sentido del artículo 35 VwVfG, porque es una decisión soberana tomada por una autoridad, en este caso la BNetzA, para regular el caso concreto del ÜNB titular del proyecto que omite el cumplimiento de la obligación legal de presentar la solicitud y que está dirigida a producir el efecto externo de conminarlo a dicho cumplimiento; de tal forma que, mediante tal orden, se le quita la posibilidad de decidir libremente sobre la forma y el momento de iniciar el proyecto.[261] Esta orden puede ser ejecutada, conforme al artículo 34 NABEG, por la BNetzA por medio de una multa coercitiva que puede ir de 1000 hasta 10 millones de Euros. Esta decisión de imposición de multa puede ser objeto de recurso judicial en aplicación del artículo 44a VwGO.

La solicitud debe contener una propuesta del recorrido del corredor necesario para la realización de las medidas de construcción; una aclaración sobre la elección de las alternativas, teniendo en cuenta los efectos medioambientales reconocibles y los conflictos de ordenamiento del territorio que deben ser superados; una descripción de los requisitos necesarios para la realización de medidas de construcción, si ello se requiere conforme al artículo 11 NABEG y la marcación de los tramos de cable subterráneo y de cable aéreo para los proyectos

---

259 BVerwG, decisión de 25.7.2007 –9 VR 19/01– *Juris* sobre un procedimiento de planeación de acuerdo con el Allgemeine Eisenbahngesetz, ley general de ferrocarriles, AEG; Bayerischer Verwaltungsgerichtshof, 22 Senat, decisión de 14.10.2021, 22 A 20.40001 – *Juris*.

260 Posser/Schulze, en Praxishandbuch, p. 585, párrafo 66.

261 *Ibidem*.

en el sentido del artículo 2, inc. 5, de la ley del Plan Federal de Demanda Energética (Bundesbedarfsplansgesetz), las alternativas y los motivos por los cuales excepcionalmente en ciertas partes entrarían en consideración los cables aéreos (artículo 6, frase 6 NABEG).

Como correlato de la Inpflichtnahme Privater (llamado legal a los particulares al servicio) para la construcción de infraestructura de red de transmisión, el titular del proyecto tiene derecho exigible judicialmente a que la BNetzA ejecute, conforme al ordenamiento jurídico, y termine la planeación especializada federal (Bundesfachplanung) dentro del término legalmente establecido.[262] Este derecho, sin embargo, no está dirigido a la emisión de una decisión con un contenido específico, debido a que la BNetzA tiene una facultad de configuración discrecional, como lo demuestra el hecho de que, según el artículo 7, inc. 3, frase 4 NABEG, la BNetzA no está vinculada a la solicitud del titular del proyecto.[263]

Luego que tiene lugar la reunión (Antragskonferenz) que tiene como objeto analizar la solicitud, establecida en el artículo, 7 inc., 1 frase 1 NABEG, el titular del proyecto debe presentarle a la BNetzA, con fundamento en los resultados de esa reunión, en el término señalado para ello por al BNetzA, los documentos necesarios para la valoración de ordenación de territorio y para el examen estratégico ambiental de los corredores (artículo 8, frase 1 NABEG). Los documentos deben contener una explicación, de tal forma que terceros puedan valorar, sobre si y en que extensión pueden ser afectados por los efectos relevantes desde el punto de vista del territorio del proyecto (artículo 8, frase 4 NABEG).

En el caso de que el titular del proyecto no presente los documentos de forma correcta o los presenten de forma incompleta, se configura, conforme al artículo 33, inc. 1 Nr. 1 NABEG, una contravención sancionable mediante una multa pecuniaria, según el artículo 33, inc. 2 NABEG, por un valor de hasta de 100 000 euros.

El ÜNB titular del proyecto puede discutir en la reunión que para el efecto es organizada por la BNetzA, conforme al artículo 10 NABEG, las objeciones y posiciones sobre el proyecto que hayan sido presentadas por los titulares de intereses públicos y por el público en general (artículo 10, inc.1 NABEG).

Cuando la BNetzA toma la decisión sobre la planeación especializada federal (Bundesfachplanung), el titular del proyecto es requerido mediante un aviso a presentar la solicitud de fijación del plan, dentro de un término razonable que es determinado por la autoridad de regulación (artículo 12, inc. 2 NABEG).

---

262 Posser/Schulze, en Praxishandbuch, p. 592, párrafo 89.

263 *Ibidem.*

2. *EL ROL DEL ÜNB EN LA RAUMPLANUNG (PLANEACIÓN DEL TERRITORIO) CONFORME AL PROCEDIMIENTO DEL ROG*

Para los proyectos a los que no se les aplica el NABEG se debe realizar tradicionalmente un procedimiento de ordenación del territorio (Raumordnungsverfahren) conforme al ROG (como se indicará a continuación) y un procedimiento de fijación del plan (Planfestellungsverfahren) según los artículos 43 ss. EnWG (3).

En el procedimiento para la elaboración del plan de ordenamiento territorial federal (Raumordnungsplan), el papel del ÜNB, como titular de la planeación o de la medida relevante en materia de ordenación de territorio, se limita a la participación del público previsto en el artículo 10 ROG.

Conforme al artículo 15, inc. 2 frase 1 ROG, el titular de la planeación le presenta a la autoridad del Estado federado competente para ello, los documentos del procedimiento que son necesarios para posibilitar una valoración de los efectos del proyecto que sean relevantes para la ordenación del territorio. A diferencia de otros procedimientos de planeación, el procedimiento no solo puede comenzar por la presentación de la solicitud, sino que la autoridad tiene la facultad de iniciarlo de oficio.[264]

De gran relevancia, es el deber de colaboración que el legislador ha establecido en el artículo 14 ROG en materia de ordenamiento territorial. De acuerdo con esa disposición, para la preparación o realización de planes de ordenamiento territorial o de otras planificaciones o medidas relevantes en materia de ordenación del territorio, las autoridades competentes de la planeación territorial del Estado federado o de la Región deben colaborar con las autoridades que correspondan y con las personas de derecho privado, inclusive las organizaciones no gubernamentales.

La ROG prevé instrumentos formales e informales mediante los cuales se puede llevar a cabo el trabajo conjunto: (1) acuerdos contractuales, como aquellos destinados a la coordinación o realización de conceptos de desarrollo de ordenamiento territorial y a la preparación o realización de planes de ordenamiento territorial que también pueden tener como objeto los costos que asume la autoridad por la preparación y realización de estos planes por parte del contratista; (2) medidas como conceptos de desarrollo regional, obras de red suprarregional, regional o intermunicipal y estructuras de cooperación, programas de acción y foros regionales sobre exigencias de actuación actuales y (3) llevar a

264 Becker, en Praxishandbuch, p. 225, párrafo 28.

cabo observaciones al territorio y la puesta a disposición de los resultados para funcionarios regionales y municipales, así como para funcionarios de la planeación especializada en relación con la planificación y medidas relevantes para el territorio, así como asesoría para dichos funcionarios (artículo 14, inc. 2 ROG).

3. EL ROL DEL ÜNB TITULAR DEL PROYECTO EN LA FIJACIÓN DEL PLAN (PLANFESTSTELLUNG)

El procedimiento de la fijación del plan (Planfeststellungsverfahren) hace parte de la planeación del territorio (Raumplanung) que, a diferencia de la planeación de la necesidad de la infraestructura (Bedarfsplanung), se refiere a la fase de la autorización del trazo concreto de la línea de transmisión.[265] Para ello, se aplican los artículos 43 ss. EnWG para proyectos a los cuales no se les aplica el NABEG y los artículos 18 ss. de la NABEG (Netzausbaubeschleunigungsgesetz, ley de aceleración de construcción de la red) vigentes para los proyectos contenidos en la ley del Plan Federal de Demanda Energética (Bundesbedarfsplan), de instalación o modificación de cables de altísima tensión que abarquen varios Estados federados y que se extiendan a otros países y de redes de conexión de obras de transformación de parques de energía eólica *Offshore* a puntos de conexión de red en territorio del continente que se rigen por el NABEG. A continuación, se enunciará el rol del ÜNB titular del proyecto en el procedimiento de la fijación del plan (Planfeststellung) conforme al NABEG (3.1) y según los artículos 43 ss. EnWG (3.2).

3.1. El rol del ÜBN titular del proyecto en la fijación del plan (Planfeststellung) conforme al NABEG

Conforme al artículo 18, inc. 1 NABEG, la construcción, la operación y la modificación de líneas de altísima tensión que abarquen varios Estados federados y que se extiendan a otros países y de redes de conexión de obras de transformación de parques de energía eólica *Offshore* a puntos de conexión de red en territorio del continente requieren la fijación del plan (Planfeststellung).

La fijación del plan (Planfeststellung) empieza con la solicitud del titular del proyecto que puede restringirse a partes individuales del trazado (artículo 19 frase 1 y 2 NABEG).

La solicitud debe contener indicaciones que posibiliten la fijación del marco de investigación del cual trata el artículo 20 NABEG y por ello, debe describir

265 Fassbender/Becker, en Praxishandbuch, p. 38 párrafo 44.

de forma inteligible el proyecto planeado (artículo 19 frase 3 NABEG). En especial, debe contener: (1) una propuesta para el recorrido previsto del trazado, así como una descripción de las alternativas que entrarían en consideración; (2) una explicación de la elección entre las alternativas bajo consideración de los efectos medioambientales reconocibles; (3) la descripción de los requisitos necesarios en el caso de que se trate de cambios no esenciales en las medidas completas de construcción o en partes del trazado particulares; (4) la exposición sobre medidas adicionales necesarias, desde el punto de vista de la economía de energía, que pueden ser realizadas, por lo menos en partes dentro del corredor del trazado, en el caso de que un NEP sea confirmado, de acuerdo con el artículo 12c EnWG, luego de la solicitud de planeación especializada federal (Bundesfachplanung). Antes de la solicitud de fijación del plan (Planfeststellung) y (5) la explicación de los requisitos necesarios en el caso de que se trate de solicitudes referidas a tubos vacíos (Leerrohre) (artículo 19 frase 3 NABEG).

De acuerdo con el artículo 12, inc. 2 frase 4 NABEG, el ÜNB puede ser requerido mediante una orden por la BnetzA, una vez ha finalizado la planeación especializada federal (Bundesfachplanung) a presentar la solicitud de fijación del plan (Planfeststelltung) correspondiente dentro del término que se establezca. Este requerimiento es un acto administrativo, en el sentido del artículo 35 VwVfG, porque es una decisión soberana tomada por una autoridad, en este caso la BnetzA, para regular el caso concreto del ÜNB titular del proyecto, que omite el cumplimiento de la obligación legal de presentar la solicitud, y que está dirigida a producir el efecto externo de conminarlo a dicho cumplimiento; de tal forma que, mediante tal orden, se le quita la posibilidad de decidir libremente sobre la forma y el momento de iniciar el proyecto. Esta orden puede ser ejecutada por la BnetzA (en aplicación del artículo 34 NABEG que, según la doctrina[266] se extiende a este grupo de casos) por medio de una multa coercitiva que puede ir de 1000 hasta 10 millones de euros. Esta decisión de imposición de multa puede ser objeto de recurso judicial en aplicación del artículo 44 a VwGO.

Una vez el titular del proyecto ha presentado la solicitud, se ha llevado a cabo la audiencia (Antragskonferenz) y la BnetzA, con fundamento en sus resultados, ha determinado el marco de investigación (Untersuchungsrahmen) para la fijación del plan (Planfestellung) y ha precisado el contenido necesario de los documentos a ser allegados, el titular del proyecto está obligado a presentar

---

266 Ante todo Cfr. Becker, en Praxishandbuch, p. 229, párrafo 29; Posser/Schulze, en Praxishandbuch, p. 585, párrafo 66.

el plan (artículo 21, inc. 1 NABEG). El plan está compuesto por las representaciones gráficas y las explicaciones mediante las cuales se puede identificar el proyecto, sus motivaciones y los inmuebles y las construcciones que se ven afectadas con el proyecto (artículo 21, inc. 2 NABEG). La BnetzA puede exigirle al titular del proyecto que presente también conceptos de expertos o puede pedirles a expertos dichos conceptos (artículo 21, inc. 3 frase 1 NABEG).

Luego que el titular del proyecto haya presentado el plan del que trata el artículo 21, inc. 2 NABEG y haya verificado que los documentos están completos, la BnetzA deberá instruir el procedimiento de audiencia (Anhörungsverfahren) que termina con la interpretación del plan.

3.2. El rol del titular del proyecto en la Planfeststellung (fijación del plan) conforme al procedimiento de los artículos 43 ss. EnWG

En el procedimiento de fijación del plan (Planfeststellung) previsto en el derecho de la economía de energía, el titular del proyecto tiene el rol de iniciador del procedimiento.[267] El procedimiento de fijación del plan se inicia mediante la presentación de la solicitud con los documentos ante el funcionario competente para realizar la audiencia (artículo 73, inc. 1 frase 1 VwVfG). El plan consta de los diseños y explicaciones que permiten reconocer el proyecto, sus motivaciones y los inmuebles e instalaciones afectadas por el proyecto (artículo 73, inc. 1 frase 2 VwVfG). Estos documentos deben indicar los aspectos esenciales tecnológicos, ecológicos, de construcción y otros adicionales.[268]

Una vez que se haya convocado a la audiencia pública, el titular del proyecto debe participar y en ella puede discutir las objeciones y posiciones presentadas con los funcionarios, los afectados y con aquellos que las hayan presentado (artículo 73, inc. 6 frase 1 EnWG).

Se ha analizado el rol de los Übertragungsnetzbetreiber, UNB (operadores de red de transmisión) en la configuración jurídica de la Public Private Partnership en el procedimiento de planeación de redes de transmisión eléctrica. A continuación, haremos lo propio con el rol de las autoridades que dirigen el procedimiento de planeación de redes de transmisión eléctrica.

267 Becker, en Praxishandbuch, p. 225, párrafo 19.
268 *Ibidem.*

II. EL ROL DE LAS AUTORIDADES QUE DIRIGEN EL PROCEDIMIENTO DE PLANEACIÓN DE REDES DE TRANSMISIÓN ELÉCTRICA

La autoridad que dirige el procedimiento para determinar la necesidad de la infraestructura (Bedarfsplanung) es la autoridad de regulación. A esta, que de acuerdo con el artículo 54, inc. 1 EnWG es la BnetzA, le corresponden facultades de intervención soberana que son correlatos de las obligaciones impuestas al ÜNB en materia de planeación (A). También la BnetzA es la autoridad competente para dirigir el procedimiento de planeación especializada federal (Bundesfachplanung) conforme al NABEG (B. 1.) y el procedimiento de fijación del plan (Planfeststellungsverfahren) (C). En el caso de la elaboración del plan de ordenamiento del territorio (Raumordnungsplan), los encargados son las autoridades que de acuerdo con el derecho de cada Estado federado sean las competentes para realizar el ordenamiento del territorio (B. 2).

A. EL ROL DE LA BNETZA EN EL PROCEDIMIENTO DE PLANEACIÓN PARA DETERMINAR LA NECESIDAD DE LA INFRAESTRUCTURA DE RED (BEDARFSPLANUNG), ARTÍCULOS 12 SS. ENWG

A continuación, se referirá el procedimiento de elaboración del marco de escenarios (Szenariorahmen) según el artículo 12a EnWG (1), de elaboración del plan de desarrollo de la red (Netzentwicklungsplan) de acuerdo con los artículos 12b a 12d EnWG (2) y de elaboración del Plan Federal de Demanda Energética (Bundesbedarfsplan) conforme al artículo 12e EnWG (3).

1. ELABORACIÓN DEL MARCO DE ESCENARIOS (SZENARIORAHMEN), ARTÍCULO 12A ENWG

A la BnetzA le corresponde, en el proceso de elaboración del marco de escenarios (Szenariorahmen), la responsabilidad de publicar el proyecto, elaborado por los ÜNB en su página de internet y le debe dar la posibilidad al público para que presente observaciones, incluyendo a los usuarios reales y potenciales de la red, a los operadores de red subordinados, así como a los titulares de intereses públicos (artículo 12a, inc. 2 EnWG).

Luego que los ÜNB le presentan el marco de escenarios a la BnetzA, esta decide sobre su autorización tomando en consideración, los resultados de la participación del público (artículo 12a, inc. 3 EnWG).

En contra de las decisiones u omisiones de la BnetzA procede recurso de queja (artículo 75, inc. 1, 3 EnWG), que puede ser presentado por cualquier participante (en el sentido del artículo 66, inc. 2 EnWG) en el proceso de planeación y que debe resolver exclusivamente el Tribunal superior de Düsseldorf:[269] El artículo 75, inc. 4 EnWG establece que la queja debe ser resuelta por el Tribunal superior competente en el domicilio de la autoridad de regulación. Aunque Bonn, que es el domicilio de la BnetzA, está en la jurisdicción del Tribunal de Colonia, de acuerdo con el artículo 2 Kartellsachen-Konzentrations-VO (Reglamento de concentración de asuntos antimonopolio) es competente para resolver estas controversias el Tribunal de Düsseldorf.

Objeto del recurso de queja, de acuerdo con el artículo 75, inc. 1 EnWG, son las "decisiones" de la autoridad de regulación. El término "decisión" es amplio y comprende todo tipo de actuación de la autoridad de regulación, dirigida hacia el exterior de la administración, por medio de la cual, se dé por terminado un procedimiento, incluso actos administrativos.[270]

La autorización del marco de escenarios es un acto administrativo en el sentido del artículo 35 VwVfG: La autorización tiene eficacia inmediata hacia el exterior ("unmittelbare Rechtswirkung nach aussen"), como lo exige el artículo 35 VwVfG; esto es, sobrepasa la mera esfera interna de la administración, en la medida que solo el marco de escenarios autorizado puede servir de fundamento para el NEP.[271] La autorización del marco de escenarios también tiene carácter de regulación ("zur Regelung eines Einzelfalls"), elemento esencial de todo acto administrativo, según lo ordena el artículo 35 VwVfG, ya que la autorización es una decisión destinada a producir una consecuencia jurídica concreta: conforme al artículo 12b inc. 1 frase 1 EnWG, la autorización hace que el marco de escenarios sea vinculante para la elaboración y presentación del NEP por parte del ÜNB.[272] En especial, la autorización tiene carácter definitivo debido a que todos los otros escenarios diferentes al autorizado son excluidos.[273] En este caso, se trata, no de un acto administrativo referido a una persona (*personenbezogener Verwaltungsakt*), sino de un acto administrativo agrupador

269 Sobre referencias sobre este tema cfr. Posser/Schulze, en Praxishandbuch, p. 567 s.
270 Britz/Heller/Hermes, EnWG artículo 75, párrafo 3.
271 Posser/Schulze, en Praxishandbuch, p. 568, párrafo 11.
272 *Ibidem.*
273 *Ibidem.*

("Sammelverwaltungsakt"), ya que está dirigido a un número determinado de destinatarios: los 4 ÜNB que operan en Alemania.[274]

Debido a que, conforme al tenor literal del artículo 12a, inc. 3 EnWG, la autoridad de regulación debe autorizar ("genehmigt"), esta no tiene una potestad discrecional con respecto al "si" de la autorización, sino que esta tiene que emitir obligatoriamente una autorización bajo consideración de los resultados de la participación del público, como lo manda el artículo 12a, inc. 3 frase 2 EnWG.[275] Esto significa que los ÜNB tienen derecho, que es exigible judicialmente, a que la autorización sea proferida.[276] Cláusulas accesorias les pueden ser incluidas solo, según lo dispone el artículo 36, inc. 1 VwVfG, cuando esto esté autorizado por una disposición normativa o cuando estas quieran asegurar el cumplimiento de los requisitos legales del acto administrativo. Debido a que la autorización debe ser emitida teniendo en consideración la participación del público, las cláusulas accesorias deben tener origen y derivar de las observaciones realizadas por el público.[277] La BnetzA puede tomar, por lo demás, otras determinaciones sobre el contenido y el procedimiento de elaboración del marco de escenarios como lo prevé el artículo 29, inc. 1 EnWG (artículo 12a inc. 3 EnWG).

2. ELABORACIÓN DEL PLAN DE DESARROLLO DE LA RED (NETZENTWICKLUNGSPLAN)

Una vez el marco de escenarios haya sido autorizado, los ÜNB deben elaborar, sobre su base, el proyecto de NEP nacional conjunto y lo deben someter a consideración de la BnetzA para que este le otorgue su autorización (artículo 12b inc. 1 EnWG).

La BnetzA debe analizar la conformidad del NEP con los requisitos establecidos en el artículo 12b inc. 1, 2 y 4 EnWG (artículo 12c inc. 1 EnWG). El artículo 22 núm. e de la Directiva 2009/72/CE obliga a la autoridad reguladora a examinar adicionalmente si el plan decenal de desarrollo de la red cubre todas las necesidades de inversión determinadas durante el proceso de consulta y si es coherente con el plan decenal de desarrollo de la red de ámbito comunitario

274 *Ibidem.* Sobre el término "Sammelverwaltungsakt" Cfr. Hofmann-Hoeppel, en Verwaltungsrecht, p. 216, párrafo 56.

275 Posser/Schulze, en Praxishandbuch, p. 569, párrafo 12.

276 Ibidem.

277 Ibidem.

mencionado en el artículo 8 apartado 3 ordinal b del Reglamento (CE) Nr. 714/2009.

Para preparar el Plan Federal de Demanda Energética (Bundesbedarfsplan) conforme a lo dispuesto por el artículo 12e EnWG, la BnetzA realiza un informe ambiental, mientras se desarrolla el procedimiento para elaborar el NEP, conforme al artículo 12b EnWG y el plan de desarrollo de la red *offshore* (Offshore-Netzentwicklungsplans), según el artículo 17b EnWG, que debe cumplir los requisitos del artículo 40 UVPG (Gesetz über die Umweltverträglichkeitsprüfung, ley sobre examen medio ambiental) (artículo 12c inc. 2 frase 1 EnWG).

Al concluir el análisis medioambiental, la autoridad de regulación hace participar al público y a las autoridades cuyo ámbito de funciones se ve afectado, para que se pronuncien sobre i) el proyecto de NEP y ii) en los casos del artículo 12e EnWG, también sobre el informe medioambiental (artículo 12c inc. 3 frase 1 y 3 EnWG).

Los documentos para el examen estratégico medioambiental, así como el proyecto de NEP, deben ser interpretados por parte de la BnetzA en un término de 6 semanas y adicionalmente, deben ser publicados en su página de internet (artículo 12c inc. 3 frase 4 EnWG).

La autoridad de regulación debe confirmar el NEP teniendo en consideración los resultados de la participación del público y de las autoridades, con efectos para el ÜNB a más tardar el 31 de diciembre de cada año (artículo 12c inc. 4 frase 1 EnWG). Esta confirmación no es impugnable por terceros (artículo 12c inc. 4 frase 2 EnWG).

Mediante el NEP que es confirmado se concretiza la obligación general establecida en el artículo 11, inc. 1 frase 1 EnWG a cargo de los ÜNB de construir una red de transmisión de energía eléctrica de acuerdo con la necesidad.[278]

La confirmación del NEP es un acto administrativo en el sentido del artículo 35 VwVfG: la confirmación tiene eficacia inmediata hacia el exterior, elemento sustancial de todo acto administrativo como lo exige el artículo 35 VwVfG, ya que sobrepasa la mera esfera interna de la administración, al servir de fundamento para el proyecto de Plan Federal de Demanda Energética (Bundesbedarfsplan). La confirmación también tiene carácter de regulación, criterio esencial de los actos administrativos según las voces del artículo 35 VwVfG, ya que la confirmación es una decisión destinada a producir una consecuencia jurídica concreta: la confirmación hace que el NEP sea vinculante para que este, conforme al artículo 12e inc. 1 frases 1 y 2 EnWG, sea presentado por parte de la

278 Posser/Schulze, en Praxishandbuch, p. 576, párrafo 37.

autoridad de regulación como proyecto de Plan Federal de Demanda Energética (Bundesbedarfsplan) al gobierno federal para que este, a su vez, lo presente al Congreso.

En el caso de que la BnetzA no esté de acuerdo con el proyecto de NEP presentado por los ÜNB, puede exigirles que le introduzcan cambios (artículo 12c inc. 1 frases 1 y 2 EnWG).

Como se indicó *at supra*, la autoridad de regulación puede determinar cuál de los ÜNB es responsable de la ejecución de las medidas contenidas en el NEP (artículo 12c inc. 8 frase 1 EnWG). Para ello, la autoridad de regulación tiene en cuenta exclusivamente los intereses que hagan esperar una ejecución de las medidas de forma celera, eficiente y sostenible con el medio ambiente (artículo 12c inc. 8 frase 2 EnWG).

La BnetzA debe publicar el informe de las actividades que los ÜBN van a ejecutar (artículo 12d inc. 1 frase 1 EnWG) y le debe dar oportunidad a todos los usuarios reales y potenciales de la red de expresar sus opiniones (artículo 12d inc. 1 frase 3 EnWG). Luego de esto, la BnetzA lo debe examinar (artículo 12d inc. 1 frase 1 EnWG).

La BnetzA debe efectuar un monitoreo sobre la planeación y sobre el estado de la realización de las medidas para optimizar, fortalecer y construir la red de transmisión e informar al público (artículo 12d inc. 2 frase 1 EnWG).

3. ELABORACIÓN DEL PLAN FEDERAL DE DEMANDA ENERGÉTICA (BUNDESBEDARFSPLAN) CONFORME AL ARTÍCULO 12E ENWG

La autoridad de regulación la debe transmitir el NEP y el plan de desarrollo de la red *offshore* (Offshore-Netzentwicklungsplan) como proyecto de Plan Federal de Demanda Energética (Bundesbedarfsplan), por lo menos cada 4 años, al gobierno federal para que este a su vez lo presente al Congreso (artículo 12e inc. 1 frases 1 y 2 EnWG).

En contra de la presentación del NEP por parte de la BnetzA al Parlamento no existe una protección judicial, ya que se trata solo de un paso intermedio entre la confirmación del NEP y la presentación del proyecto de Plan Federal de Demanda Energética (Bundesbedarfsplan).[279] Caso contrario, es la omisión de la BnetzA en presentar el NEP. En este supuesto de hecho, se podría exigir judicialmente que la autoridad de regulación presente el NEP en el término

---

279 *Ibidem* p. 581, párrafo 54.

legal establecido. El artículo 12e inc. 1 frase 1 EnWG habla de mínimo cada tres años.[280]

Con la expedición del Plan Federal de Demanda Energética (Bundesbedarfsplan) por parte del Parlamento se fija la necesariedad económica energética para los proyectos allí contenidos y su necesidad apremiante (artículo 12e inc. 4 frase 1 EnWG). Las declaraciones allí contenidas son, como se indicó *at supra*, vinculantes para ÜNB, así como para la fijación del plan (Planfeststellung) y la autorización del plan (Plangenehmigung) (artículo 12e inc. 4 frase 2 EnWG).

B. EL ROL DE LAS AUTORIDADES QUE DIRIGEN EL PROCEDIMIENTO DE LA PLANEACIÓN DE LOS TRAZADOS (TRASSENPLANUNG)

Como se indicó *at supra*, en la planeación de los trazados (Trassenplanung), segunda fase del proceso de planeación, se toma la decisión de cómo se va a realizar el proyecto concreto (el "cómo" de la planeación) y se realiza el trazado del corredor en el cual se va a construir la red.[281] Para ello, se aplican las normas del derecho de ordenamiento del territorio (Raumordnungsrecht) para los proyectos del EnLAG o los artículos 4 ss. Del NABEG (Netzausbaubeschleunigungsgesetz, ley de aceleración de construcción de la red) vigentes para los proyectos contenidos en la ley del Plan Federal de Demanda Energética (Bundesbedarfsplangesetz), de instalación o modificación de cables de altísima tensión que abarquen varios Estados federados y que se extiendan a otros países (proyectos A) y de redes de conexión de obras de transformación de parques de energía eólica *offshore* a puntos de conexión de red en territorio del continente (proyectos C) que se rigen por el NABEG. A continuación, se enunciará el rol de la autoridad que dirige el procedimiento en la planeación especializada federal (Bundesfachplanung) conforme al NABEG (1) y en el procedimiento de ordenación del territorio (Raumordnung) fuera del NABEG (2).

1. EL ROL DE LA BNETZA EN EL PROCEDIMIENTO DE PLANEACIÓN ESPECIALIZADA FEDERAL (BUNDESFACHPLANUNG) CONFORME AL NABEG

La planeación especializada federal (Bundesfachplanung) debe transcurrir en un plazo máximo de 6 meses luego de que se le han presentado a la BnetzA la

280 *Ibidem.*
281 Schaefer, die Koordinierte Bedarfsplanung, p. 112.

totalidad de los documentos a los que se refiere el artículo 8 NABEG (artículo 12, inc. 1 NABEG).

Inmediatamente el titular del proyecto presenta la solicitud, de la que trata el artículo 6 NABEG, la BnetzA debe convocar la realización de una reunión pública (Antragskonferenz) en la que se deben debatir (a) el objeto y la extensión de la planeación especializada federal (Bundesfachplanung) en la que se van a realizar los trazados de los corredores (Trassenkorridore); (b) en qué medida los corredores contenidos en la solicitud coinciden con los requisitos de la ordenación del territorio del Estado federal afectado y en el caso de que no, cómo se puede lograr esta armonización; (c) en qué extensión y grado de detalle se deben incorporar indicaciones en el informe ambiental establecido en el artículo 40 UVPG y (d) la fijación del marco de la investigación (Untersuchungsrahmen) del examen del impacto medioambiental como lo especifica el artículo 39 UVPG (artículo 7, inc. 1 NABEG).

A la reunión sobre la solicitud del titular del proyecto (Antragskonferenz) se debe invitar al titular del proyecto, a los titulares de intereses públicos cuyo campo de actuación es afectado, en especial, las autoridades de los Estados federados competentes para la planeación en el respectivo Estado; así como, asociaciones (artículo 7, inc. 2 frase 1 NABEG). Para el logro de la participación del público en general, se debe informar de la fecha de la reunión en la página de internet de la BnetzA y en periódicos de circulación en los lugares en los que previsiblemente va a tener efectos el trazado del corredor (artículo 7, inc. 2 frase 2 NABEG).

La BnetzA no está vinculada en su proceso de toma de decisión ni por la solicitud presentada por el titular del proyecto ni por las propuestas de los Estados Federados previstas en el artículo 7, inc. 3 frases 1 y 2 NABEG (artículo 7, inc. 3 frases 3 NABEG).

Con los resultados de la reunión (Antragskonferenz), se debe fijar, en el término de 2 meses contados a partir de la presentación de la solicitud, el marco de investigación para la planeación especializada federal (Bundesfachplanung) conforme a la facultad discrecional ejercida conforme a las obligaciones establecidas, y se debe determinar el contenido necesario de los documentos que deben ser presentados según el artículo 8 NABEG (artículo 7, inc. 4 y 5 NABEG).

Tanto la decisión de fijación del marco de investigación como la determinación del contenido de los documentos que el titular del proyecto debe presentar son actos administrativos en el sentido del artículo 35 VwVfG. El carácter de regulación y la eficacia inmediata hacia el exterior se infiere del hecho que estas tienen efecto vinculante para el ÜNB titular del proyecto, de tal forma que este tiene que acatarlas en las fases siguientes del procedimiento (Cfr. Artículo 8

NABEG).[282] Estas medidas pueden ser controvertidas judicialmente conforme al artículo 40, inc.1 frase 1 VwGO.

A más tardar 2 semanas después de la presentación de los documentos de los que trata el artículo 8 NABEG, la BnetzA vincula al procedimiento a las otras autoridades, indicadas en el artículo 41 UVPG, cuyo campo de tareas relacionado con el medio ambiente o a la salud se vea afectado (artículo 9, inc. 1 NABEG) y al público en general conforme el artículo 42 UVPG.

La BnetzA debe interpretar los documentos durante 1 mes y publicar la interpretación en internet y en los periódicos de las zonas en los que va a tener efectos el proyecto (artículo 9, inc. 3 frases 2 – 4 NABEG). Dentro de 1 mes siguiente a la expiración del plazo de interpretación, toda persona, incluyendo las asociaciones, cuyos intereses sean afectados por el proyecto pueden formular objeciones y opiniones (artículo 9, inc. 6 NABEG).

La BnetzA debe discutir en una reunión las objeciones y las posiciones con el titular del proyecto, los titulares de intereses públicos y con aquellos que hayan presentado las objeciones (artículo 10 NABEG).

Luego de esta reunión, la BnetzA debe tomar una decisión sobre la planeación especializada federal (Bundesfachplanung). Esta decisión debe contener, conforme el artículo 12, inc. 2 NABEG, la siguiente información: (1) el recorrido de un corredor compatible con la ordenación del territorio que será parte del plan de red federal (Bundesnetzplan), así como los puntos de cruce ubicados en las fronteras de los Estados federados; las franjas, dentro de las cuales se traza el recorrido de un cable de energía eléctrica (Trassenkorridor), y los puntos de cruce entre los Estados federados deben ser identificados de forma idónea en un mapa; (2) una valoración, así como una declaración resumida de los efectos ambientales, según los artículos 43 y 44 UVPG, de los corredores acogidos en el plan de red federal (Bundesnetzplan); (3) cuando se trate de proyectos de transmisión de altísima tensión de corriente continua (Höchstspannungs-Gleichstrom-Übertragung), en el sentido del artículo 3, inc. 6 Bundesbedarfsplangesetz (ley del plan de demanda energética, en adelante, BBPlG), se debe incluir una caracterización sobre la consideración de la medida en que el corredor reúne las cualidades necesarias para la construcción y operación de cables subterráneos y (4) el resultado del examen de corredores alternativos (artículo 12, inc. 2 NABEG).

282 Posser/Schulze, en Praxishandbuch, p. 588, párrafo 77.

A la decisión sobre la planeación especializada federal (Bundesfachplanung) se le debe adjuntar una motivación en la que se exponga, en particular, la conformidad con el ordenamiento territorial (artículo 12, inc. 2 NABEG).

La decisión tomada por la BnetzA sobre la planeación especializada federal (Bundesfachplanung) tiene efectos vinculantes para el procedimiento de fijación del plan (Planfeststellungsverfahren) y tiene primacía sobre las planificaciones federales posteriores y sobre la planificación urbanística (Bauleitplanung) (artículo 15, inc. 1 NABEG). La decisión no tiene eficacia inmediata hacia el exterior y no remplaza la decisión sobre la admisibilidad de la medida de construcción (artículo 15, inc. 3 frase 1 NABEG). Esta solo puede ser examinada en el marco de un procedimiento de apelación (Rechtsbehelfsverfahren), al cual se aplica el artículo 75, inc. 1a VwVfG, contra la decisión de admisión de la medida de construcción correspondiente (artículo 15, inc. 3 frase 2 y 3 NABEG).

Los corredores de transporte determinados en la planeación especializada federal (Bundesfachplanung) son incorporados en el plan de red federal (Bundesnetzplan) que es llevado por la BnetzA (artículo 17 NABEG).

2. *ROL DE LA AUTORIDAD QUE DIRIGE EL PROCEDIMIENTO DE LA RAUMPLANUNG (PLANEACIÓN DEL TERRITORIO) CONFORME AL PROCEDIMIENTO DEL ROG*

En el caso de la elaboración del plan de ordenamiento del territorio (Raumordnungsplan), como se indicó *at supra*, los encargados son, conforme al ROG, las autoridades que, de acuerdo con el derecho de cada Estado federado, son las competentes para realizar el ordenamiento del territorio.

De acuerdo con el artículo 15, inc. 1 frase 1 ROG, la autoridad competente en el Estado federado para ello debe estudiar, en un procedimiento especial, la conformidad de las planificaciones y las medidas relevantes para el ordenamiento del territorio con la ordenación del territorio. Para ello, debe examinar los efectos que puedan ser importantes para el territorio teniendo en cuenta consideraciones supralocales; en especial, debe considerar la armonización con los requisitos del derecho de ordenamiento territorial y la coincidencia con otras planificaciones y medidas significativas en materia de ordenación territorial (artículo 15, inc. 1 frase 2 ROG). También deben ser objeto de análisis, las alternativas de lugares y de trazados que de forma seria entran en consideración (artículo 15, inc. 1 frase 3 ROG).

En el procedimiento de elaboración del plan de ordenamiento del territorio (Raumordnungsplan), la autoridad del Estado federado competente debe convocar a las autoridades cuyos intereses (que defienden) se vean afectados y el público en general debe ser informado para que participen en el procedimiento (artículo 15, inc. 3 frase 1 ROG). Los documentos que presente el ÜNB deben ser interpretados por la autoridad de forma pública. El lugar y la duración de la interpretación deben hacerse públicos por lo menos una semana antes de que tenga lugar el inicio de la interpretación (artículo 15, inc. 3 frase 2 y 3 ROG).

La autoridad del Estado federado competente, en el término de 4 semanas a la presentación de los documentos necesarios para ello, debe decidir sobre la necesidad de realizar un procedimiento de ordenamiento del territorio (artículo 15, inc. 4 frase 1 ROG). Este debe ser concluido en el término de 1 a 6 meses después de que se han presentado los documentos correspondientes (artículo 15, inc. 4 frase 2 ROG).

C. EL ROL DE LA AUTORIDAD EN LA FIJACIÓN DEL PLAN (PLANFESTSTELLUNG)

Como se indicó *at supra*, el procedimiento de la fijación del plan (Planfeststellungsverfahren) se refiere a la fase de la autorización del trazo concreto de la línea de transmisión.[283] Para ello, se aplican los artículos 43 ss. EnWG, para proyectos a los cuales no se les aplica el NABEG y los artículos 18 ss. NABEG, vigentes para los proyectos contenidos en la ley del Plan Federal de Demanda Energética (Bundesbedarfsplan) en la instalación o modificación de cables de altísima tensión que abarquen varios Estados federados y que se extiendan a otros países y de redes de conexión de obras de transformación de parques de energía eólica *offshore* a puntos de conexión de red en territorio del continente que se rigen por el NABEG.

La admisión del proyecto está regulada, en principio de forma completa, en una única decisión: la decisión de fijación del plan (Planfeststellungsbeschluss).[284] De acuerdo con el artículo 75 VwVfG, "otras decisiones proferidas por funcionarios públicos, en especial autorizaciones de derecho público, concesiones, permisos, validaciones, aprobaciones y fijaciones de planes (Planfeststellungen) [...] no son necesarias". Este es el denominado efecto de concentración (Konzentrationswirkung).[285]

283 Fassbender/Becker, en Praxishandbuch, p. 38 párrafo 44.
284 Herrmann, en Praxishandbuch, p. 200, párrafo 7.
285 *Ibidem*, p. 217, párrafo 103.

También la protección jurídica es, con ello en consecuencia, concentrada en un procedimiento.[286]

Para la toma de decisión de la fijación del plan, el ordenamiento jurídico obliga a realizar una ponderación de los intereses públicos y privados (artículo 43 frase 3 EnWG y artículo 18, inc. 3 NABEG). Esa obligación abre un margen de configuración en materia de planeación cuya configuración y límites han sido desarrollados por la jurisprudencia ya desde el año 1975.[287] De acuerdo con esta jurisprudencia, ***i)*** existe una vinculación a las decisiones de etapas de planeación precedentes, en la medida que ello sea así reglado por el derecho correspondiente; ***ii)*** existe una vinculación a los así denominados principios de planeación; esto es, determinadas normas de derecho público que deben ser observadas dentro y fuera del respectivo derecho especial; ***iii)*** las decisiones de planeación especializada requieren una justificación jurídica del plan y ***iv)*** el cumplimiento del mandato de ponderación es una exigencia de legalidad.[288] Este último exige que ***a)*** una ponderación debe tener lugar; ***b)*** en la ponderación son considerados intereses que, de acuerdo con el estado de las cosas, deben ser considerados; ***c)*** no debe ser desconocida la importancia de los intereses públicos y privados afectados y ***d)*** la compensación entre ellos no debe ser realizada de manera tal que la importancia objetiva de cada uno esté fuera de proporción.[289]

A continuación, se enunciará el rol de la autoridad en la fijación del plan (Planfeststellung) según al NABEG (1) y conforme a los artículos 43 ss. EnWG (2).

1. EL ROL DE LA BNETZA EN LA FIJACIÓN DEL PLAN (PLANFESTSTELLUNG) CONFORME AL NABEG

Como se indicó *at supra*, conforme al artículo 18, inc. 1 NABEG; la construcción, la operación y la modificación de líneas de altísima tensión que abarquen varios Estados federados y que se extiendan a otros países y de redes de conexión de obras de transformación de parques de energía eólica *offshore* a puntos

286 Cfr. sobre las posibilidades jurídicas de demanda contra una decisión de fijación del plan (Planfeststelltungsbeschluss): BVerWG, decisión de 31.7.2012 – 4 A 7001/11 – NVwZ 2013, 297 ss; BVerwG, decisión de 23.06.2020 – 9 A 22.19 – *Juris*.

287 Fundamentalmente BVerwG, decisión de 14.2.1975 – IV C 21/74 – NJW 1974, 1294 ss.

288 *Ibidem*.

289 *Ibidem*.

de conexión de red en territorio del continente requieren la fijación del plan (Planfeststellung) conforme al NABEG.

En el proceso de fijación del plan, la BNetzA debe ponderar los intereses públicos y privados (artículo 18, inc. 4 frase 1 NABEG). En ello, se deben tener en cuenta los intereses del urbanismo (artículo 18, inc. 4 frase 7 NABEG). En este proceso, la BNetzA está vinculada a los objetivos del ordenamiento del territorio; solo si, esta autoridad de regulación participó en la elaboración, modificación o complementación del plan de ordenamiento del territorio conforme al artículo 9 EOG y si ella no presentó objeciones en el término de 2 meses contados a partir de la notificación de las finalidades (artículo 18, inc. 4 frase 2 NABEG).

Luego que el titular del proyecto ha presentado la solicitud, la BNetzA convoca a una audiencia (Antragskonferenz) con el titular del proyecto, los titulares de los intereses públicos afectados y las asociaciones (artículo 20, inc. 1 frase 1 NABEG). La audiencia es pública y para ello se debe informar al público mediante publicación en la página de internet de la BNetzA y en periódicos de circulación en la zona en la que previsiblemente va a tener efectos el proyecto (artículo 20, inc. 2 frase 2 NABEG). La audiencia debe referirse al objeto, extensión, y métodos de los documentos de que trata el artículo 16 UVPG, así como a las preguntas adicionales relevantes para la fijación del plan (Planfeststellung) (artículo 20, inc. 1 frase 2 NABEG).

Con base en los resultados de la audiencia (Antragskonferenz), la BNetzA fija el marco de investigación (Untersuchungsrahmen) para la fijación del plan (Planfeststellung) y determina el contenido necesario de los documentos que deben ser allegados por el titular del proyecto conforme lo manda el artículo 21 NABEG (artículo 20, inc. 3 frase 1 NABEG). Estas determinaciones deben haber concluido en el término de 2 meses luego de que el titular del proyecto ha presentado la solicitud (artículo 20, inc. 3 frase 2 NABEG).

Una vez que el titular del proyecto haya presentado el plan del que trata el artículo 21, inc. 2 NABEG y haya verificado que los documentos están completos, la BNetzA deberá instruir el procedimiento de audiencia (Anhörungsverfahren). Para tal efecto, la BNetzA debe exigirles a los titulares de intereses públicos, inclusive a las autoridades de ordenamiento territorial de los Estados federados que se vean afectados por el proyecto, que presenten su posición sobre el proyecto dentro de un término que en todo caso no puede sobrepasar los 3 meses (artículo 22, inc. 2 frase 1 NABEG).

Con el objeto del logro de la participación pública, la BNetzA dispone de un mes para realizar la interpretación de los documentos (artículo 22, inc. 3 frase 1 NABEG). El examen de la compatibilidad con el medio ambiente

(Umweltverträglichkeitsprüfung) puede realizarse y limitarse a efectos medioambientales adicionales u otros relevantes que no hayan sido objeto de examen en la planificación especializada federal (Bundesfachplanung) (artículo 23 NABEG). Luego de la interpretación, la BNetzA fija el plan conforme a lo establecido por el artículo 24, inc. 1 NABEG.

Se debe tener en cuenta que el margen de configuración de la BNetzA en la fijación del plan (Planfeststellung) es limitado, ya que tanto la necesidad de la planeación de la infraestructura, así como las zonas que son atravesadas por los corredores, ya están establecidas.[290] Por consiguiente, el artículo 22, inc. 2 frase 2 NABEG establece que los asuntos relacionados con la planificación especializada federal (Bundesfachplanung) sobre los cuales ya se ha fijado posición no pueden ser objeto de opinión en el marco del Planfeststellungsverfahren.[291]

2. EL ROL DE LA AUTORIDAD EN LA PLANFESTSTELLUNG (FIJACIÓN DEL PLAN) CONFORME AL PROCEDIMIENTO DE LOS ARTÍCULOS 43 SS. ENWG

La ley parte de una separación entre la autoridad que realiza la audiencia (Anhörungsbehörde) y la autoridad que fija el plan (Planfestellungsbehörde).

El artículo 73 VwVfG establece las reglas del procedimiento de la audiencia (Anhörung) de la cual es competente la autoridad del Estado Federado.[292] La autoridad lleva a cabo la audiencia (Anhörung) como asunto propio (eigene Angelegenheit) del Estado federado.[293]

Una vez el titular del proyecto presenta la solicitud, se lleva a cabo el procedimiento de audiencia (artículo 43b inc. 1 EnWG).

Dentro del mes siguiente a la presentación del plan, la autoridad que dirige el procedimiento de audiencia conmina a las autoridades que se ven afectadas en su campo de competencias por el proyecto, para que presenten su posición al respecto y dispone que el plan sea interpretado en los municipios en los que él va a tener efecto (artículo 73 Nr. 2 VwVfG).

Cuando haya finalizado el término para presentar objeciones y posiciones, la autoridad que dirige el procedimiento debe discutir dichas objeciones y posiciones, presentadas dentro del término establecido por la ley, con el titular del

290 Becker, en Praxishandbuch, p. 257, párrafo 138.

291 *Ibidem.*

292 *Ibidem*, p. 242, párrafo 78.

293 BVerwG, decisión de 19.1.2000 – 11 C 6/99 – *Juris*; OVG Magdeburg (1. Senat), decisión de 24.11.2021 – 1 K 48/19 – Beck.

proyecto, los funcionarios, los afectados y con aquellos que las hayan presentado (artículo 73, inc. 6 frase 1 VwVfG). La discusión debe cerrarse dentro de los 3 meses siguientes al vencimiento del plazo para presentar objeciones (artículo 73, inc. 6 frase 5 VwVfG).

La audiencia no tiene lugar cuando a) las objeciones contra el proyecto no son presentadas a tiempo o no son presentadas, b) las objeciones presentadas a tiempo son retiradas, c) las objeciones presentadas se basan exclusivamente en títulos de derecho privado o d) todas las personas que presentaron objeciones renuncian a la audiencia (artículo 43a Nr. 3 EnWG). Con ello, el legislador aplicó a este procedimiento una regla que ya estaba prevista en la InFraStr-PlanVBeschlG para la construcción de ferrocarriles, carreteras, vías fluviales y espectro electromagnético.[294]

La autoridad que dirige el procedimiento debe entregar su posición como resultado del procedimiento de audiencia y se la debe enviar a la autoridad que fija el plan (artículo 73, inc. 9 VwVfG). En esta posición, la autoridad debe realizar una ponderación de los diferentes intereses públicos y privados y debe fijar finalmente el plan.[295]

Contra la decisión de fijación del plan (Planfestellungsbeschluss), que tiene la naturaleza de acto administrativo, se puede interponer una acción de anulación (Anfechtungsklage) conforme al artículo 42, inc. 1 variante 1 VwGO.[296]

Se ha analizado el rol de las autoridades que dirigen el procedimiento en la configuración jurídica de la Public Private Partnership en el procedimiento de planeación de redes de transmisión eléctrica. A continuación, haremos lo propio con la posición de los afectados.

III. LA POSICIÓN DE LOS AFECTADOS POR EL PROCEDIMIENTO DE PLANEACIÓN DE REDES DE TRANSMISIÓN ELÉCTRICA

Afectados por el procedimiento pueden ser autoridades administrativas, municipios, asociaciones ambientales, personas privadas y otros titulares de intereses públicos.[297] La participación de los afectados ocurre, por regla general, en el

294 Becker, en Praxishandbuch, p. 244, párrafo 87.

295 *Ibidem*, p. 226, párrafo 19.

296 Posser/Schulze, en Praxishandbuch, p. 611, párrafo 145. Sobre este tema cfr. *at infra* tercera parte del capítulo segundo.

297 Becker, en Praxishandbuch, p. 248, párrafo 100.

marco de procedimientos de audiencia y/o en el término establecido para que el público presente observaciones.[298]

A continuación, se describirá la posición de los afectados en el procedimiento de planeación para determinar la necesidad de la infraestructura de red (Bedarfsplanung), artículo 12 ss. EnWG (A), la posición de los afectados en la planeación de los trazados (Trassenplanung) (B) y la posición de los afectados en la fijación del plan (Planfeststellung) (C).

A. LA POSICIÓN DE LOS AFECTADOS EN EL PROCEDIMIENTO DE PLANEACIÓN PARA DETERMINAR LA NECESIDAD DE LA INFRAESTRUCTURA DE RED (BEDARFSPLANUNG), ARTÍCULO 12 SS. ENWG

Para asegurar la aceptación pública están previstas, en el procedimiento, tres oportunidades de participaciones de terceros.[299]

En la etapa de elaboración del marco de escenarios (Szenariorahmen), se publica por parte de la autoridad de regulación el proyecto de marco de escenarios (Szenariorahmen) (artículo 12a inc. 2 EnWG). En esta instancia, como se mencionó *at supra*, se le debe dar la posibilidad al público para que presente observaciones, incluyendo a los usuarios reales y potenciales de la red, a los operadores de red subordinados, así como a los titulares de intereses públicos (artículo 12a inc. 2 EnWG).

El proyecto de NEP debe ser puesto a consideración del público (incluyendo a los usuarios reales y potenciales de la red, a los operadores de red subordinados, así como a los titulares de intereses públicos y las autoridades de los Estados federados) en dos oportunidades: ***i)*** Al público se le da oportunidad, en un primer momento, para que presente sus observaciones al proyecto de NEP antes de que los ÜNB lo presenten a la BNetzA (artículo 12b inc. 3, frase 1 EnWG) mediante publicación en su página de internet (artículo 12b inc. 3 frase 1 EnWG). ***ii)*** Adicionalmente, luego que la BNetzA ha realizado un examen sobre el contenido del proyecto de NEP y una vez ha concluido el análisis medioambiental, la autoridad de regulación vuelve a hacer participar al público y a las autoridades, cuyo ámbito de funciones se ve afectado, para que se pronuncien sobre el proyecto de NEP y en los casos del artículo 12e EnWG, también sobre el informe medioambiental (artículo 12c inc. 3 frase 1 y 3 EnWG).

---

298 *Ibidem.*

299 Schmitz/ Uibeleisen, Netzausbau, p. 7, párrafo 16; Becker, en Praxishandbuch, p. 250, párrafo 109.

Una vez que haya finalizado la interpretación, el público afectado puede pronunciarse, hasta por el término de un mes, sobre el concepto medioambiental y sobre el proyecto de plan de desarrollo de la red (Netzentwicklungsplan) (artículo 12c inc. 3 frase 5 EnWG).

Los resultados de la participación del público y de las autoridades deben, como se indicó *at supra*, ser considerados por la BNetzA al tomar su decisión de confirmación del NEP (artículo 12c inc. 4 frase 1 EnWG).

B. LA POSICIÓN DE LOS AFECTADOS POR LA PLANEACIÓN DE LOS TRAZADOS (TRASSENPLANUNG)

Como se afirmó *at supra*, en la planeación de los trazados (Trassenplanung), segunda etapa del proceso de planeación de las redes de transmisión, se decide cómo se va a efectuar el proyecto específico (el "cómo" de la planeación) y se realiza el trazado del corredor en el cual se va a construir la red.[300] Para ello, se aplican las normas del derecho de ordenamiento del territorio (Raumordnungsrecht) para los proyectos del EnLAG o los artículos 4 ss. NABEG (ley de aceleración de construcción de la red) vigentes para los proyectos contenidos en la ley del Plan Federal de Demanda Energética (Bundesbedarfsplangesetz), de instalación o modificación de cables de altísima tensión que abarquen varios Estados federados y que se extiendan a otros países (proyectos A) y de redes de conexión de obras de transformación de parques de energía eólica *offshore* a puntos de conexión de red en territorio del continente (proyectos C) que se rigen por el NABEG. A continuación, se enunciará la posición de los afectados en la planeación especializada federal (Bundesfachplanung) conforme al NABEG (1) y en la ordenación del territorio (Raumordnung) fuera del NABEG (2).

1. LA POSICIÓN DE LOS AFECTADOS EN LA PLANEACIÓN ESPECIALIZADA FEDERAL (BUNDESFACHPLANUNG) CONFORME AL NABEG

Una vez que se ha autorizado el NEP y el ÜNB, titular del proyecto, presenta la solicitud, de la que trata el artículo 6 NABEG, la BNetzA debe convocar la realización de una reunión pública (Antragskonferenz).

En la Antragskonferenz (reunión sobre la solicitud del titular del proyecto) pueden participar, además del titular del proyecto, los titulares de intereses públicos cuyo campo de actuación es afectado (en especial, las autoridades de

300 Schaefer, die Koordinierte Bedarfsplanung, p. 112.

los Estados federados competentes para la planeación en el Estado); así como, asociaciones (artículo 7, inc. 2 frase 1 NABEG) y el público general que sea informado de la realización de la reunión (artículo 7, inc. 2 frase 2 NABEG).

Los Estados federados en los que previsiblemente va a transcurrir el corredor pueden, en acuerdo con otros Estados afectados, presentar propuestas, en el sentido del artículo 6 frase 7 núm. 1 NABEG, presencialmente en la reunión o por escrito (artículo 7, inc. 3 NABEG).

Los terceros participantes en la reunión que tiene como objeto la discusión de la solicitud (Antragskonferenz) no tienen derecho a exigir a la BNetzA que a su vez conmine al ÜNB, titular del proyecto, para que presente los documentos necesarios establecidos en el artículo 8 NABEG.[301]

En el procedimiento también participan las otras autoridades, indicadas en el artículo 41 UVPG, cuyo campo de tareas, relacionado con el medio ambiente o a la salud, se vea afectado (artículo 9, inc. 1 NABEG).

Los titulares de los intereses públicos deben presentar, por escrito y de forma electrónica, su opinión dentro del término establecido por la BNetzA. En el caso que la opinión sea transmitida fuera del término fijado, está ya no será tenida en cuenta por la autoridad de regulación, a menos que los intereses que sean alegados sean importantes para la legalidad de la planeación especializada federal (Bundesfachplanung) (artículo 9, inc. 2 NABEG).

Como se indicó *at supra*, a más tardar 2 semanas después de la presentación de los documentos de los que trata el artículo 8 NABEG, la BNetzA vincula al público en general, conforme el artículo 42 UVPG, para que participe y manifieste su opinión (artículo 9, inc. 3 NABEG).

Dentro de 1 mes siguiente a la expiración del plazo de interpretación de los documentos, toda persona, incluyendo las asociaciones, cuyos intereses sean afectados por el proyecto puede formular objeciones y presentar sus opiniones (artículo 9, inc. 6 NABEG).

Los titulares de intereses públicos y aquellos que hayan presentado las objeciones y opiniones pueden discutirlas con la autoridad de regulación y con el titular del proyecto en una reunión que, para tal efecto, es convocada por la BNetzA (artículo 10 NABEG).

Una vez la BNetzA haya tomado la decisión sobre la planeación especializada federal (Bundesfachplanung), los Estados afectados pueden formular objeciones dentro del mes siguiente a la comunicación de la decisión. Estas objeciones deben ser resueltas por la BNetzA en el término de un mes (artículo 14 NABEG).

---

301 Posser/Schulze, en Praxishandbuch, p. 591 s. párrafo 88.

2. LA POSICIÓN DE LOS AFECTADOS EN LA PLANEACIÓN DEL TERRITORIO (RAUMPLANUNG) CONFORME AL PROCEDIMIENTO DE LA ROG

En el procedimiento de elaboración del plan de ordenamiento del territorio (Raumordnungsplan), las autoridades cuyos intereses (que defienden) se vean afectados y el público en general deben ser informados para que puedan participar en el procedimiento (artículo 15, inc. 3 frase 1 ROG). Ellos pueden presentar opiniones sobre los documentos presentados por el ÜNB durante un término razonable, que generalmente corresponde al de 1 mes, en el que tales documentos son interpretados por la autoridad (artículo 15, inc. 3 frase 3 ROG).

C. LA POSICIÓN DE LOS AFECTADOS EN LA FIJACIÓN DEL PLAN (PLANFESTSTELLUNG)

Como se señaló *at supra*, el procedimiento de la fijación del plan (Planfeststellungsverfahren) parte de la planeación del territorio (Raumplanung) y se refiere a la fase de la autorización del trazo concreto de la línea de transmisión.[302] Para ello, se aplican los artículos 43 ss. EnWG para proyectos a los cuales no se les aplica el NABEG y los artículos 18 ss. NABEG (Netzausbaubeschleunigungsgesetz, ley de aceleración de construcción de la red) vigentes para los proyectos contenidos en la ley del Plan Federal de Demanda Energética (Bundesbedarfsplangesetz), de instalación o modificación de cables de altísima tensión que abarquen varios Estados federados y que se extiendan a otros países y de redes de conexión de obras de transformación de parques de energía eólica *offshore* a puntos de conexión de red en territorio del continente que se rigen por el NABEG. A continuación, se enunciará la posición de los afectados en la fijación del plan (Planfeststellung) conforme al NABEG (1) y según los artículos 43 ss. EnWG (2).

1. LA POSICIÓN DE LOS AFECTADOS EN LA PLANFESTSTELLUNG (FIJACIÓN DEL PLAN) CONFORME AL NABEG

Luego que el titular del proyecto ha presentado la solicitud, la BNetzA invita a los titulares de los intereses públicos afectados y a las asociaciones (artículo 20, inc. 1 frase 1 NABEG) para que participen en la audiencia pública (Antragskonferenz) en la que pueden presentar sus opiniones sobre el objeto, la extensión, y los métodos de los documentos de los que trata el artículo 16 UVPG, así como

302 Fassbender/Becker, en Praxishandbuch, p. 38 párrafo 44.

sobre las preguntas adicionales relevantes para la fijación del plan (Planfestellung) (artículo 20, inc. 2 NABEG).

Una vez que el titular del proyecto haya presentado el plan con base en los resultados de la audiencia pública (Antragskonferenz), la BneztA les envía tales documentos a los titulares de intereses, inclusive a las autoridades de ordenamiento territorial de los Estados federados que se vean afectados por el proyecto y a las asociaciones (artículo 22, inc. 1 NABEG). Estos pueden presentar su posición sobre el proyecto dentro de un término que en todo caso no puede sobrepasar los 3 meses en el marco del procedimiento de audiencia (Anhörungsverfahren) (artículo 22, inc. 2 frase 1 NABEG).

El procedimiento de audiencia (Anhörungsverfahren) termina con la interpretación de los documentos. Toda persona cuyos intereses se vean afectados con la interpretación, puede presentar objeciones contra el plan ante la BNetzA dentro de término de 1 mes contado a partir de la consumación del término de interpretación (artículo 22, inc. 6 frase 1 NABEG).

2. LA POSICIÓN DE LOS AFECTADOS EN LA FIJACIÓN DEL PLAN (PLANFESTSTELLUNG) CONFORME AL PROCEDIMIENTO DE LOS ARTÍCULOS 43 SS. ENWG

Como se indicó *at supra*, dentro del mes siguiente a la presentación del plan, la autoridad que dirige el procedimiento de audiencia les exige a las autoridades que se vean afectadas en su campo de competencias por el proyecto que presenten, su posición al respecto, dentro del mes siguiente a la presentación de la solicitud y deben tomar las medidas para que el plan sea interpretado en los municipios en los que él va a tener efecto (artículo 73 Nr. 2 VwVfG).

Las autoridades afectadas por el proyecto deben presentar su posición dentro del término establecido que, en todo caso, no puede superar 3 meses (artículo 73, inc. 3a frase 1 EnWGa). Si la posición de la autoridad es presentada fuera del término, solo puede ser considerada si los intereses que son aducidos son conocidos por la autoridad que dirige el procedimiento o debían ser conocidos por él o si son importantes para la legalidad de la decisión (artículo 73, inc. 3a frase 2 EnWG).

Los municipios tienen 3 semanas, luego que se ha presentado la solicitud, para interpretar el plan (artículo 73, inc. 3 frase 1 EnWG). Los municipios, que deben interpretar el plan, deben hacer pública la interpretación (artículo 73, inc. 4 EnWG).

Las objeciones y las posiciones de estas autoridades deben ser puestas a disposición del titular para posibilitar la réplica (artículo 43a Nr. 2 frase 1 EnWG).

El público, inclusive las asociaciones, en el sentido del artículo 73, inc. 4 frase 5 VwVfG, pueden ser parte del procedimiento, pero exclusivamente, de acuerdo con el artículo 18, inc. 2 UVPG, con la condición de que solo se les garantiza oportunidad para expresar objeciones y su posición dentro de un mes luego que ha sido presentado el plan por el término de 6 semanas (artículo 43b inc. 1 Nr. 1 lit. b EnWG).

En el caso que el procedimiento se adelante para fijación de planes que tengan efectos en un Estado federado, debe haber acuerdo con el respectivo Estado federado (artículo 43b inc. 1 Nr. 2 EnWG).

En la decisión de fijación del plan (Planfeststellungsbeschluss) se deben imponer las medidas de protección necesarias para amparar los intereses generales y de los vecinos (artículo 74, inc. 2 frase 2 VwVfG). Una disposición de protección es necesaria cuando se parte de perjuicios jurídicos considerables y por ello, razonablemente, que no sean aceptables por parte del proyecto.[303] En el caso de que no se ordene la medida de protección conforme al artículo 74, inc. 2 frase 2 VwVfG, el perjudicado tiene una pretensión de complementación del plan.[304]

CONSIDERACIONES FINALES

En este primer capítulo se analizó la configuración jurídica de la Public Private Partnership, conformada por ministerio de la ley, entre el Übertragungsnetzbetreiber (Operador de red de transmisión) y la autoridad administrativa en el procedimiento para la planeación de las redes de energía eléctrica. El estudio de dicha configuración jurídica se efectúo mediante el análisis del rol de los participantes en el procedimiento de planeación de redes de transmisión eléctrica: los iniciadores del proyecto, las autoridades que dirigen el procedimiento y los afectados.

Se tuvo en cuenta que hay 3 sistemas diferenciados aplicables al procedimiento de planeación de redes de transmisión eléctrica: el primero, válido para proyectos de instalación o modificación de cables de altísima tensión que abarcan varios Estados federados y que se extienden a otros países y de redes de conexión de obras de transformación de parques de energía eólica *offshore* a puntos de conexión de red en territorio del continente que se rigen por el NABEG; el segundo, para proyectos contemplados en la EnLAG, y el tercero,

303 Stüer, Bau- und Fachplanungsrecht, párrafo 5068.

304 *Ibidem*, párrafo 5071

para otros proyectos con una tensión de mínimo 110 kV a los que no se les aplica el NABEG.[305]

El rol de los participantes se analizó en cada una de las tres fases del procedimiento. En la primera, donde se establece la necesidad de la construcción (el "si" de la planeación) y se determinan los puntos iniciales y finales del proyecto en el marco de la planeación de la necesidad de la red, de acuerdo con los artículos 12a ss.[306] EnWG. En el segundo estadio se decide sobre la realización del proyecto concreto (el "cómo" de la planeación) y se traza el corredor sobre el cual se va a construir la red, de acuerdo con el procedimiento establecido en el artículo 15 ROG o de la planeación especializada federal (Bundesfachplanung) conforme a los artículos 4 ss. NABEG (Netzausbaubeschleunigungsgesetz, ley de aceleración de construcción de la red).[307] En la tercera parte del desarrollo del proceso, se toma la decisión de planificación final del trazado concreto de la red en el marco de la fijación del plan (Feststellungsplan) o de la autorización del plan de acuerdo con los artículos 2 ss. SeeAnlV (Seeanlagenverodnung, Decreto de construcciones en el mar), los artículos 43 ss. EnWG o los artículos 18 ss. NABEG.[308]

Se mostró que la ley sobre economía energética (EnWG) les confiere a las empresas privadas tareas importantes de planificación administrativa.

El catálogo de obligaciones del ÜNB previsto en los artículos 11 ss. EnWG es interpretado como un llamado legal de los particulares al servicio (Inpflichtnahme Privater[309] o Indienstnahme Privater).[310] De acuerdo con el artículo 11, inc. 1 EnWG, los operadores de redes de suministro de energía están obligados a construir, operar, mantener y optimizar una red de suministro de energía de forma segura, confiable, eficiente y no discriminatoria de acuerdo con las necesidades, en la medida que ello sea económicamente razonable.

Como lo sostiene Fehling, algunas de las facultades que los ÜNB poseen con respecto de los operadores de plantas de energía nuclear (Kraftwerksbetreibern)

---

305 Schaefer, die Koordinierte Bedarfsplanung, p. 113.

306 *Ibidem*, p. 112; Schmitz/ Uibeleisen, Netzausbau, p. 9.

307 Schaefer, die Koordinierte Bedarfsplanung, p. 112.

308 *Ibidem*, p. 112 s.

309 El Estado les impone a particulares obligaciones de actuación y de ejecución de prestaciones, sin que este reciba competencias de derecho público que efectúa como asunto propio (Schulze-Fielitz, en Hoffmann-Riem/ Schmidt-Assmann/ Vosskuhle, Grundlagen des Verwaltungsrechts, p. 874).

310 Fehling, 341. Tobias Strobel, Die Investitionsplanungs- und Investitionspflichten der Übertragungsnetzbetreiber. Baden-Baden, Nomos, 2017, p. 31

en el marco de la gestión de la generación y el almacenamiento harían pensar que se acercan materialmente a la figura del Beliehener.[311]

La planeación es una tarea del Estado garante (Gewährleistungsstaat).[312] Cuando se debe garantizar el suministro de bienes y servicios, se debe planear, qué bienes, en qué cantidad y en qué lugar deben ser ofrecidos.[313] Las facultades de planeación de los ÜNB y de la BNetzA en el sentido de los artículos 12a, 12b y 12c EnWG se llevan a cabo en el marco de un modelo de Estado garante (Gewährleistungsstaat).[314] Las funciones de planeación se efectúan en cooperación y entrelazamiento (Verpflechtung) entre los ÜNB y de la BNetzA. Planteamientos del ordenamiento de entrelazamiento, en lugar de división o de separación, se encuentran en la Constitución, especialmente en el mandato de realización de las tareas de forma ajustada a las funciones (funktionsgerechte Aufgabenwahrnehmung) y en el mandato de consideración hacia el otro (Gebot der Rücksichtnahme).[315]

Como se indicó *at supra*, el traslado de la competencia a las empresas privadas de elaborar el proyecto de marco de escenarios en el sentido del artículo 12a EnWG sería innocuo si los particulares no tomaran decisiones que puedan afectar derechos de terceros.[316] No obstante, las empresas privadas no solo compilan material fáctico para el Estado que puede tener más peso en su decisión de ponderación final que los intereses jurídicamente protegidos de terceros; sino que también, realizan un pronóstico de futuros desarrollos para la toma de decisión final de la planificación.[317] Como se mostró *at supra*, se podría afirmar que la ley les confiere estas funciones a las empresas privadas sin atribuirles expresamente soberanía.[318] Ello se concluye cuando se interpreta el supuesto "proyecto" (del marco de escenarios contenido en el artículo 12a inc. 2 frase 1 EnWG). El *telos* de la ley no era que la participación privada en esta etapa del procedimiento tuviera carácter soberano.[319] Sin embargo, esta hipótesis es

---

311 Fehling, Energieversorgung, p. 341.

312 Para Franzius todas las tareas estatales se pueden definir como funciones de garantía (Franzius, Gewährleistung im Recht, p. 78).

313 Waechter, Verwaltungsrecht im Gewährleistungstaat, p. 146.

314 Ibler, El Estado garante en el sector energético.

315 Sobre estos planteamientos cfr. Ariane Berger, Die Ordnung der Aufgaben im Staat, p. 77 ss.

316 Ibler, El Estado garante en el sector energético, p. 20.

317 *Ibidem.*

318 *Ibidem.*

319 *Ibidem.*

problemática, ya que la ley no resuelve la cuestión sobre si la autorización, en el sentido del artículo 12a inc. 3 frase 1 EnWG, es otorgada con base en el pronóstico de la misma autoridad o si la autoridad solo controla el pronóstico de las empresas privadas.[320]

Bourwieg sostiene que la forma y el contenido del Neztentwicklungsplan mantienen la tendencia de *quasi beliehen* (cuasi concesión) al gestor de la red de energía eléctrica, en especial tareas públicas al ÜNB".[321] El encargo de las funciones públicas se lleva a cabo por ministerio de la ley. Para Bourwieg, ejemplo de dichas tareas públicas es el proceso de ponderación previsto en el artículo 12b inc. 4 EnWG.[322] Otro es el caso de la planeación en la fase de la Bundesfachplanung (planeación federal técnico especializada), en la que es la BNetzA quien tiene la competencia de ponderar los intereses públicos y privados en las alternativas de los corredores de transporte (artículo 5, inc. 1 frase 3 NABEG). Aunque el titular del proyecto realiza una propuesta del trazado del corredor, la BNetzA no está vinculada con dicha propuesta (artículo 7, inc. 3 frase 4 NABEG).

El argumento de Bourwieg se vería fortalecido por la posición en la doctrina, según el cual, aunque la autoridad de regulación conserva la posibilidad de exigir ajustes si el NEP no está en conformidad con los requisitos del artículo 12b inc. 1, 2 y 4 EnWG, esta facultad no debe ser el resultado de una ponderación que vaya más allá y pretenda substituirla.[323]

Se ha discutido si los ÜNB tienen un poder de tomar la última decisión (también llamado margen de apreciación discrecional, Beurteilungsspielraum) que en parte ha sido admitido[324] por un sector doctrina, pero por otros autores ha sido rechazado[325]. Esta facultad se admite en casos de ***i)*** reconocimiento expreso de la ley, ***ii)*** cuando la ley abre varias posibilidades de actuación y el particular se tiene como destinatario de obligaciones de decisión para todo individuo en el

---

320 *Ibidem.*

321 Bourwieg, en Britz/Heller/Hermes, EnWG, artículo 12b párrafo 6.

322 *Ibidem.*

323 Posser/Schulze, en Praxishandbuch, p. 508.

324 Scherer, NVwZ 2010, 1321, 1324; Bourwieg, en Britz/Heller/Hermes, EnWG, artículo 12c, párrafo 11; Ruge, Berliner Kommentar zum Energierecht, artículo 12 c, párrafo 17; Höppner, Die Regulierung der Netzstruktur, p. 98; Salje, EnWG artículo 11, párrafo 28 y artículo 12, párrafo 11.

325 Wendt, Kapazitätsengpässe, p. 159 s; Bourwieg, en Britz/Heller/Hermes, EnWG artículo 11, párrafo 37, Strobel, Die Investitionsplanungs- und Investitionspflichten, p. 167 ss.

marco de la ley y *iii)* una regulación legal incompleta o cuando esta regulación deja espacios intercisos necesarios de ser llenados, en la medida que no haya una habilitación en favor del ejecutivo para concretizar o llenar los vacíos.[326]

Falta un reconocimiento expreso de la ley sobre el objeto a favor del ÜNB, por ello, un margen de apreciación discrecional, (Beurteilungsspielraum) en cabeza del ÜNB debería ser negado.[327] Este argumento se ve fortalecido con otro, argüido por Wendt quien considera que la regulación sería ineficiente, si le diera la potestad al ÜNB, como obligado por la norma, de determinar por sí mismo qué estado de la construcción se ajusta a la demanda y qué es razonable.[328] En el capítulo segundo de la tercera parte (control judicial en procesos de planificación de infraestructura con participación privada) retomaremos este tema para referirnos al margen de actuación de la autoridad de regulación frente a los jueces.

A la tesis de Bourwieg se opone aquella que postula que la BNetzA está obligada, antes de confirmar el NEP, a efectuar una ponderación de los diferentes intereses públicos y privados.[329] Ello, porque, aunque esto no está normado expresamente en la EnWG, se deriva del mandato de la justa ponderación– conforme al cual todos los intereses públicos y privados que estén a favor y en contra de un proyecto de planeación deben ser ponderados justamente– que vale para todos los ámbitos de la planeación territorial, con independencia de si está normado en una ley de derecho administrativo general o en una que pertenezca a un campo de referencia del derecho administrativo.[330] A favor de esta argumentación habla la postura de Fehling quien sostiene que un encargo de funciones públicas a particulares (Beleihung) no está prevista jurídicamente.[331] De acuerdo con Ibler, el hecho de que el NEP confirmado solo prepare decisiones estatales subsiguientes hablaría en contra de un encargo de funciones públicas a empresas privadas con soberanía (Beleihung):

> "Al menos hablaría en contra de un encargo de funciones públicas a empresas privadas con soberanía el hecho de que el plan de desarrollo de la red confirmado solo prepare decisiones estatales subsiguientes. El plan se convierte en la base del Plan Federal de Demanda Energética para las líneas eléctricas, que luego se remite al gobierno federal, el cual a su vez lo remite al Parlamento para que este finalmente lo adopte como ley.

---

326 Strobel, Die Investitionsplanungs- und Investitionspflichten, p. 167 s.

327 *Ibidem*, p. 159 s. En este mismo sentido: Wendt, Kapazitätsengpässe, p. 159.

328 Wendt, Kapazitätsengpässe, p. 159.

329 Antweiler, NZBau 2013, 337, 340.

330 *Ibidem*.

331 Fehling, Energieversorgung, p. 341.

> Esta Ley sobre el Plan Federal de Demanda Energética también identifica las líneas de muy alta tensión, para las cuales un trazado de ruta ha de determinarse en el siguiente paso de planificación mediante una "planificación federal técnica", en la que luego, en el último paso de planificación, el procedimiento administrativo especial de la Planfeststellung, se determina el curso exacto de una línea eléctrica"[332].

Sobre esta discusión volveremos a hacer referencia en el capítulo correspondiente al control judicial (primer capítulo de la tercera parte) y en el acápite relativo al modelo normativo descrito en el capítulo tercero de la tercera parte.

332 Ibler, El Estado garante en el sector energético, p. 21.

CAPÍTULO SEGUNDO LA CONFIGURACIÓN JURÍDICA DE LA PUBLIC PRIVATE PARTNERSHIPS EN EL DERECHO DE PLANEACIÓN URBANA (ARTÍCULO 4B BAUGB)

Para la planeación en la economía de la energía son de gran relevancia los principios de la planeación urbanística (Bauleitplanung).[333] El derecho de planeación urbana es un determinante para la construcción de plantas de generación de energía eléctrica.

La planeación de las plantas de generación de energía eléctrica se sigue por el régimen general del derecho de planeación urbana. Plantas que generen energías renovables pueden ser presentadas en el plan de uso del suelo (Flächennutzungsplan) por el municipio (artículo 5, inc. 2 Nr. 2 lit. b BauGB). De la misma manera, el municipio puede fijar áreas de suministro (Versorgungsflächen), inclusive áreas para plantas o instalaciones para la generación central o descentral de energía eléctrica de energías renovables (artículo 9, inc. 1 Nr. 12 BauGB). Si el Bebauungsplan (plan de urbanismo) no contiene estas previsiones, las plantas de suministro son admisibles en zonas comerciales o industriales.[334]

El derecho urbanístico establece que las plantas o centrales de generación de energía eólica que sirven a la investigación, desarrollo o uso de la energía eólica o hidroeléctrica (artículo 35, inc.1 Nr. 5 BauGB), el uso de biomasa para la generación de energía eléctrica (cuando se reúnen los elementos establecidos en el artículo 35, inc. 1 Nr. 6 BauGB) y el uso de energía solar (en las condiciones del artículo 35, inc. 1 Nr. 8 BauGB) requieren de autorización como proyectos del área exterior del municipio (Aussenbereich). La autorización solo puede ser emitida cuando no hay intereses públicos en contra y la urbanización esté suficientemente asegurada. Con la ayuda de esta, así llamada, reserva de plan (Planvorbehalt), la construcción de plantas de generación de energía puede ser controlada y dirigida.[335] De acuerdo con ello, la autoridad competente para realizar la planeación urbanística en planes de ordenamiento del territorio

333 Büdenbender/Heintschel/ Rosin, Energierecht, p. 235.

334 *Ibidem.*

335 Blessing, Planung und Genehmigung von Windenergieanlagen, p. 4

(Raumordnungsplänen) o en planes de uso del suelo (Flächennutzungspläne) puede establecer, en dichos planes, aquellas zonas en las cuales son admisibles o inadmisibles la construcción de plantas de generación de energía eléctrica.[336]

El derecho de planeación urbana también es determinante en las actividades de transmisión y de distribución de energía eléctrica. La ejecución de medidas de construcción para la realización de proyectos exige generalmente una decisión de fijación del plan y una autorización del plan.[337] Desde el punto de vista del titular del proyecto, la fase de ejecución o de realización empieza antes de la terminación del trámite de fijación del plan (Planfeststellungsverfahren).[338] Se debe preparar la planeación de la ejecución y los contratos de obra con los empresarios, de tal forma que en lo posible, se pueda empezar con la realización del proyecto en el momento de la entrada en vigor de la licencia de construcción.[339]

La función del derecho de planeación urbanística es preparar y dirigir el uso constructivo u otros usos de los inmuebles en el municipio conforme a los mandatos del BauGB (artículo 1, inc. 1 BauGB). Esa tarea comprende la preparación y la dirección de toda la construcción de la zona rural y de la zona urbana, de las instalaciones constructivas que pertenecen a estas zonas y del uso del suelo que está relacionado con la construcción.[340]

Los planes urbanísticos deben garantizar un desarrollo constructivo del municipio de forma ordenada y sostenible que armonice con los requisitos sociales, económicos y medioambientales también en responsabilidad frente a las generaciones futuras y un uso del suelo que sirva al bien del interés general y que esté de acuerdo con los mandatos de justicia social bajo consideración de las necesidades de vivienda de la población (artículo 1, inc. 5 frase 1 BauGB). Los planes urbanísticos deben contribuir a asegurar un ambiente digno de los seres humanos, proteger y desarrollar los fundamentos de vida natural, así como fomentar la protección del clima y la capacidad de adaptación al clima, en especial también en el desarrollo del municipio, así como la forma de las construcciones, conservar y desarrollar el paisaje natural y urbano (artículo 1, inc. 5 frase 2 BauGB). Para ello, el desarrollo constructivo de municipio debe tener

336 *Ibidem.*
337 Rappen/ Schiffer, en Praxishandbuch, p. 531.
338 *Ibidem.*
339 *Ibidem.*
340 Krautzberger, BauGB, prefacio a los artículos 1 a 13b, párrafo 6.

lugar de forma prioritaria mediante medidas del desarrollo interno (artículo 1, inc. 5 frase 3 BauGB).

El artículo 1, inc. 2 BauGB establece los dos tipos de planes urbanísticos: el plan de uso del suelo (Flächennutzungsplan) como plan urbanístico preparatorio y el plan de urbanismo (Bebauungsplan) como plan urbanístico vinculante. Otros planes constructivos del municipio, como, por ejemplo, conceptos generales de construcción, planes marco, planes de desarrollo y otros, así denominados, planes informales son importantes para el desarrollo ordenado y sostenible del municipio, pero no son planes urbanísticos.[341] Los dos tipos de planeación urbanística mencionados son los únicos que la ley ha señalado para que, mediante ellos, se cumpla la tarea legal de la planeación urbanística.[342]

En el plan de uso del suelo se debe indicar, en sus rasgos fundamentales, la forma del uso del suelo producto del desarrollo constructivo del municipio proyectado de acuerdo con las necesidades previsibles del municipio (artículo 5, inc. 1 frase 1 BauGB). El plan de uso del suelo no tiene efectos jurídicos inmediatos para el proyecto ubicado en zonas a las cuales se aplica el plan urbanístico y en la zona interna del municipio que no ha sido objeto de planeación; esto quiere decir que, en estos casos, él no establece por sí mismo la admisibilidad del proyecto, sino que requiere, para ello, ser transpuesto en el plan de urbanismo.[343] Conforme al artículo 8, inc. 2 BauGB, el plan de urbanismo debe ser desarrollado, en principio, del plan de uso del suelo. Una excepción la constituye el artículo 13a inc. 2 frase 2 BauGB que establece que un plan de urbanismo puede discordar del plan de uso del suelo. En ese caso, el plan de uso del suelo debe ser corregido. En la zona exterior del municipio; esto es, en el territorio al que no se le aplica el plan urbanístico y que no pertenece a la zona interna que no ha sido objeto de planeación, el plan de uso del suelo es considerado, por el contrario, un interés público para la admisibilidad del proyecto.[344]

El plan de urbanismo es un acuerdo municipal (artículo 10, inc.1 BauGB) que regula, como plan urbanístico vinculante, las determinaciones o fijaciones (Festsetzungen) sobre la forma y la medida del uso constructivo, los espacios de terreno susceptibles de ser construidos y las vías de transporte (artículo 30, inc.1 BauGB).

---

341 *Ibidem*, párrafo 10.
342 *Ibidem*, párrafos 12 s.
343 *Ibidem*, párrafos 9 ss.
344 *Ibidem*, párrafo 13.

En el derecho de planeación urbana existe la posibilidad de que los municipios transfieran a un particular las tareas de preparación y de realización de algunos pasos procedimentales. Junto a los instrumentos soberanos de planeación urbanística del plan de uso del suelo y del plan de urbanismo, han ganado importancia, a partir de 1998, instrumentos de planeación cooperativos y consensuales, como la previsión del artículo 4b BauGB.[345]

De acuerdo con el artículo 4b BauGB, el municipio puede, en especial, para hacer expedito el procedimiento de planeación urbanístico, transferir a un tercero las funciones de preparación y ejecución de las etapas del procedimiento establecidas en los artículos 2a – 4a BauGB.

La doctrina ha reconocido que la cooperación entre el municipio y los ciudadanos en el derecho de planeación urbanístico es un caso de Public Private Partnerships.[346] De esta cooperación también hacen parte los contratos celebrados para el desarrollo y ordenamiento urbanístico.[347] En este sentido, el BauGB regula bajo el título "trabajo conjunto con particulares" el contrato urbanístico ("städtebaulicher Vertrag") del artículo 11 BauGB.

Se parte del supuesto que, en el caso del artículo 4b inc. 1 BauGB, se trata de una privatización procedimental parcial (partielle Verfahrensprivatisierung[348]). Como se mostró *at supra*, las modalidades de privatización se agrupan de forma descriptiva bajo el término de Public Private Partnerships.[349] Por ello, las asociaciones para la construcción, planeación y desarrollo de ciudades, en las que se recurre a un tercero para agilizar el procedimiento de planeación urbana, son una manifestación, como se mencionó, de Public Private Partnerhips.[350] Si se parte de la clasificación de Public Private Partnerships (PPP) efectuada por el libro verde de la comisión de la Comunidad Europea sobre Öffentlich-Private Partnerschaften[351] y los preceptos jurídicos de la Unión Europea de contratos

345 Borchert, Bauleitplanung durch Beliehener, p. 15.
346 Kersten, Baurecht, p. 521.
347 *Ibidem*, p. 521.
348 Borchert, Bauleitplanung durch Beliehener, p. 29.
349 Schulze-Fielitz, en Hoffmann-Riem/Schmidt-Assmann/Vosskuhle, Grundlagen des Verwaltungsrechts, p. 875 s.
350 Stober, Public Private Partnerships, p. 614.
351 Comisión Europea, *Libro verde sobre la colaboración público-privada y el derecho comunitario en materia de contratación pública y concesiones*, Bruselas, 30.04.2004, COM (2004), 327 final, p. 19 ss. Disponible en: https://eur-https://op.europa.eu/en/publication-detail/-/publication/94a3f02f-ab6a-47ed-b6b2-7de60830625e/language-es (consultado el 24.03.2021).

públicos y concesiones del 30 de abril de 2004, que las diferencia en PPP contractuales y PPP institucionales, la colaboración del particular en el proceso de planeación urbana se integra dentro del grupo de las PPP contractuales.[352]

En este capítulo se analizará la configuración jurídica de la Public Private Partnership en la que un tercero particular y la autoridad administrativa cooperan en el procedimiento de planeación urbanística conforme a lo dispuesto por el artículo 4b inc. 1 BauGB. Este texto normativo plantea varias preguntas, en especial, sobre la naturaleza jurídica del contrato que el municipio celebra con el tercero, así como la posición jurídica que recibe el tercero con esta transferencia de actividades. El estudio de la configuración jurídica -y la correspondiente resolución de estas cuestiones jurídicas- se va a efectuar mediante el análisis del rol de los participantes en el procedimiento de planeación urbanística: El "tercero" (I), el municipio (II) y los afectados (III).

I. EL ROL DEL "TERCERO" EN EL PROCEDIMIENTO DE PLANEACIÓN URBANÍSTICA, ARTÍCULO 4B INC. 1 BAUGB

El artículo 4b inc. 1 BauGB permite que puedan ser transferidas a un tercero las funciones de realización y/o de preparación de algunos pasos procedimentales que, en el caso de ser transferidas al tercero, harán parte de sus cargas obligacionales: la elaboración de la fundamentación del proyecto de plan urbanístico (Bauleitplan), inclusive el informe medioambiental, artículo 2a BauGB (A), la participación del público, artículo 3 BauGB y la participación de las autoridades administrativas municipales y de autoridades de otros municipios, artículos 4 y 4a BauGB (B). El análisis de las tareas que puede realizar el tercero plantea también la cuestión de la posición jurídica que recibe el tercero con esta transferencia de actividades (C).

352 Battis/Kersten LKV 2006, 442, 443.

A. EL ROL DEL "TERCERO" EN LA PREPARACIÓN Y REALIZACIÓN DE LA ETAPA DE FUNDAMENTACIÓN DEL PROYECTO DE PLAN URBANÍSTICO (BAULEITPLAN) Y DEL INFORME MEDIOAMBIENTAL, ARTÍCULOS 2A Y 4B BAUGB

Al tercero se le pueden transferir tareas de preparación y realización de la etapa de fundamentación del proyecto de plan urbanístico (Bauleitplan) y del informe medioambiental (artículos 2a y 4b BauGB).

De la interpretación exegética de la norma se colige que una transferencia de la realización de todo el procedimiento no es admisible.[353] La transferencia de actividades que constituyan preparación de etapas procedimentales específicas no representa problema alguno.[354] Dentro de las actividades de preparación están comprendidas todas las actuaciones que están dirigidas a que el municipio realice por sí mismo los pasos previstos por la ley para el trámite administrativo, como por ejemplo, la preparación de la fundamentación, inclusive del informe medioambiental, el proyecto de documentos para la interpretación, la interpretación del proyecto de plan, la asesoría especializada y la compilación de conceptos del público y de las autoridades.[355] Al realizar esta actividad, el tercero no actúa de forma independiente, sino que la responsabilidad por las etapas del procedimiento es del municipio.[356]

El informe medioambiental[357] debe ser incluido en la justificación del proyecto de plan urbanístico conforme al artículo 2a inc. 2 Nr. 2 BauGB. Esta disposición fue introducida por la EAG-Bau que transpone en el derecho interno la directiva de la Unión Europea Plan-UP.[358]

Para la elaboración de los planes urbanísticos se deben identificar los intereses que tienen importancia para la ponderación (artículo 2, inc. 3 BauGB). Esta obligación existe para todos los intereses públicos y privados.[359] Para asegurar la protección de los intereses medioambientales, que deben ser determinados y ponderados en el proceso de planeación urbana, se realiza el examen

353 Uechtritz, BeckOK, artículo 4b, párrafo 6.
354 *Ibidem*, párrafo 6 s.
355 *Ibidem*.
356 *Ibidem*.
357 Sobre los pasos en los que se debe llevar a cabo el examen medioambiental cfr. Dolde, en NVwZ 2003, 297, 298.
358 Söfker, BauGB, artículo 2a, párrafo 1.
359 Remmert, Private Dienstleistungen, p. 251.

medioambiental en el que se deben averiguar los efectos medioambientales y se deben describir y valorar en un informe medioambiental (artículo 2, inc. 4 frase 1 BauGB) determinado en su contenido por el anexo 1 BauGB.

El anexo 1 BauGB establece que a la descripción y valoración de los efectos medioambientales pertenecen los siguientes aspectos: ***(a)*** un inventario de los aspectos relevantes del estado ambiental actual (escenario base), inclusive las características ambientales de la zona que previsiblemente va a ser influenciada y un resumen del desarrollo previsto del estado medioambiental, en el caso de que no se lleve a cabo la planeación; si ese desarrollo puede ser estimado frente al escenario base con fundamento de la información medioambiental disponible y los conocimientos científicos con un esfuerzo razonable (Nr. 1 lit. a anexo 1 BauGB).

Conforme al Nr. 1 lit. b del anexo 1 BauGB, el informe debe contener también ***(b)*** un pronóstico sobre el desarrollo del estado medioambiental en el desarrollo de la planeación y, en la medida de lo posible, la descripción de los posibles efectos relevantes que puede tener la fase de construcción y de operación del proyecto planeado en los intereses del artículo 1, inc. 6 Nr. 7 lit. a-i BauGB, entre otros los siguientes: ***aa)*** de la construcción y la existencia del proyecto planeado si son relevantes, inclusive los trabajos de demolición; ***bb)*** el uso de recursos naturales, en especial, superficie, suelo, agua, animales, plantas y variedad biológica, en la que se debe tener en cuenta la disponibilidad sostenible de esas fuentes; ***cc)*** la forma y cantidad de emisiones de sustancias tóxicas, ruidos, sacudimientos, luz, calor y radiación, así como la producción de molestias; ***dd)*** la forma y cantidad de las basuras producidas y su eliminación y uso; ***ee)*** los riesgos de la salud humana, el patrimonio cultural o el medioambiente (por ejemplo mediante accidentes o catástrofes); ***ff)*** la acumulación de los efectos del proyecto causados a zonas de plan vecinas, teniendo en cuenta problemas existentes en relación con zonas posiblemente afectadas con especial relevancia medioambiental o en relación con el uso de recursos naturales; ***gg)*** los efectos de proyectos planeados en el clima (por ejemplo en la forma y medida de las emisiones de efecto invernadero) y ***hh)*** la técnica y materiales a emplear.

El informe, adicionalmente, debe contener los siguientes aspectos como parte de la valoración de los efectos ambientales: ***c)*** una descripción de las medidas planeadas con las que se pretende impedir, aminorar o, si es posible, compensar los efectos ambientales desventajosos, así como las medidas de control y vigilancia que se planean incorporar; ***d)*** las posibilidades de planeación en las cuales se deben tener en cuenta el ámbito de validez territorial del plan urbanístico, y la indicación de los motivos esenciales de la elección tomada y ***e)*** una descripción de los efectos relevantes desventajosos a los intereses del medio ambiente inclusive a la protección de la naturaleza y el cuidado del paisaje previstos en el artículo 1, inc. 6 Nr. 7 BauGB (Nr. 1 lit. c, d y e del anexo 1 BauGB).

La finalidad del artículo 2a inc. 2 Nr. 2 BauGB es brindar la oportunidad de que los efectos reconocidos de los planes urbanísticos en el medio ambiente y su valoración puedan ser tenidos en cuenta por el público en general y por las autoridades como objeto de su participación dentro del proceso de planeación.[360]

El precepto del artículo 2a BauGB también tiene importancia para la validez de los planes urbanísticos: según el artículo 214, inc. 1 frase 1 Nr. 3 BauGB, una infracción del artículo 2a BauGB es considerado como un error procedimental que, conforme al artículo 215, inc. 1 frase 1 BauGB, puede afectar la validez del plan urbanístico si se presenta la reclamación ante el municipio dentro del año siguiente a la publicación del plan de uso del suelo (Flächennutzungsplan) o del acuerdo que aprueba el plan de urbanismo (Bebauungsplan).

B. EL ROL DEL "TERCERO" EN LA PREPARACIÓN Y EN LA DIRECCIÓN DE LA PARTICIPACIÓN DEL PÚBLICO Y EN LA DIRECCIÓN DE LA PARTICIPACIÓN DE LAS AUTORIDADES

El artículo 3 BauGB prevé la obligación de participación del público en general en el proceso. El público son todas las personas naturales o jurídicas que no necesariamente tienen que ser ciudadanos o habitantes del municipio.[361] También con el objeto de garantizar que otros intereses sean considerados en el procedimiento de planeación urbanística, los artículos 4 y 4a BauGB contemplan la participación de otras autoridades y de otros titulares de intereses públicos que se puedan ver afectados con la planeación.

El artículo 4a inc. 1 BauGB establece que los preceptos sobre la participación del público y sobre la participación de las autoridades sirven en especial a la indagación completa y a la valoración acertada de los intereses afectados con la planeación y a la información del público. Esta previsión tiene el objeto de garantizar que otros intereses sean tenidos en cuenta en el procedimiento de planeación urbanística.

El tercero debe informar al público lo más pronto posible sobre las finalidades generales y los objetivos de la planeación, sobre las diferentes soluciones esenciales que entran en consideración para la nueva configuración o el desarrollo de una zona y sobre los efectos previsibles de la planeación (artículo 3, inc. 1 frase 1 BauGB). Al público se le debe dar oportunidad de presentar

---

360 Söfker, BauGB, artículo 2a, párrafo 1.

361 Remmert, Private Dienstleistungen, p. 252.

observaciones y de debatir (artículo 3, inc. 1 frase 1 BauGB). Las autoridades deben ser informadas y se debe requerir a aquellas que sean competentes para que presenten el examen medioambiental en la extensión y grado de detalle que exige el artículo 2, inc. 4 BauGB (artículo 3, inc. 1 frase 1 BauGB).

Es posible que los resultados de la participación temprana en el procedimiento conduzcan a que el proyecto de plan sea modificado o este pueda permanecer inalterado.[362] En ambos casos, se debe continuar con la segunda etapa del procedimiento consistente en la participación formal del público (artículo 3, inc. 1 frase 4 BauGB) y de las autoridades (artículo 4, inc. 1 frase 2 BauGB).

Mínimo una semana luego de la publicación, empieza a correr el término de interpretación del proyecto de plan (artículo 3, inc. 2 frase 2 BauGB). Esta etapa dura mínimo un mes. El tercero, a quien se le han transferido las funciones de dirigir la participación del público, debe vigilar que se cumpla el plazo, de mínimo un mes, establecido para la interpretación del proyecto del plan.[363] En esta etapa, el público puede presentar sus posiciones frente al proyecto de plan (artículo 3, inc. 2 frase 1 BauGB).

De forma paralela a la etapa en la que se le da la oportunidad al público para que participe o con posterioridad al cierre de esta etapa (artículo 4a inc. 2 BauGB), las autoridades disponen del término de (mínimo) un mes para que presenten sus posiciones en relación con el proyecto de plan (artículo 4, inc. 2 frase 2 BauGB). El tercero, a quien se le han transferido las funciones de dirigir la participación de las autoridades, debe vigilar que se cumpla el plazo, de mínimo un mes, establecido para que presenten sus posiciones en relación con el proyecto del plan.[364]

Una vez que ha transcurrido el término fijado, el municipio examina las posiciones presentadas por las autoridades (artículo 3, inc. 2 frase 4 BauGB). El resultado de este examen es comunicado a las autoridades que presentaron sus posiciones (artículo 3, inc. 2 frase 4 BauGB).

De acuerdo con el artículo 4a inc. 3 BauGB, en el caso de que las objeciones hayan sido consideradas y el proyecto de plan sea modificado o complementado, se debe repetir la etapa de interpretación en el que debe pedirse de nuevo al público y a las autoridades que presenten su posición sobre el proyecto de plan.

---

362 *Ibidem*, p. 253.

363 Borchert, Bauleitplanung durch Beliehene, p. 30.

364 Ibidem.

El tercero también puede realizar actividades de preparación. Estas consisten, sobre todo, en la elaboración técnica de proyectos de plan y en actividades preparatorias de la dirección de la participación del público.[365] De las actividades preparatorias de la dirección de la participación del público, que pueden ser llevadas a cabo por un tercero, forman parte la compilación de los documentos que se requieren para la preparación de dicha participación pública, la invitación a participar y la disposición técnica de la publicación para conocimiento del público, el apoyo para que se lleve a cabo la interpretación de los proyectos de plan por parte del municipio y la disposición de lugar donde va a tener la audiencia.[366]

El tercero también puede realizar actividades preparatorias de la dirección de la participación de las autoridades. A estas pertenecen la compilación y envío de los documentos necesarios para que las autoridades puedan presentar su posición sobre el proyecto de plan.[367]

Una vez haya culminado la etapa formal de participación y el Concejo municipal (Gemeinderat) haya decidido sobre el plan de uso del suelo (Flächennutzungsplan) y sobre el plan de urbanismo (Bebauungsplan), el tercero debe procurar la publicación de la autorización del plan expedida por la autoridad (artículo 10, inc. 3 frase 1 BauGB) o en la medida que no se requiera autorización, la decisión del plan de urbanismo (Bebauungsplan) de la forma acostumbrada en el lugar.

C. LA TRANSFERENCIA DE FUNCIONES PÚBLICAS AL TERCERO

Se plantea la cuestión acerca de la posición jurídica que recibe el tercero con la transferencia de actividades en el sentido del artículo 4b inc. 1 BauGB.

La doctrina ha entendido que, a diferencia de los contratos de derecho urbano del artículo 12 BauGB, en los cuales la ley habla de parte contractual, el tercero del artículo 4b inc. 1 BauGB es un "tercero", esto es, no es parte; dicho en otras palabras: él no puede ser propietario, un inversionista, un vecino o una persona interesada en las determinaciones propias del plan urbanístico.[368]

En la doctrina no hay una posición unívoca sobre si el tercero, en el sentido del artículo 4b BauGB, actúa como ayudante de la administración

365 *Ibidem*, p. 29.
366 *Ibidem*.
367 *Ibidem*.
368 Uechtritz, BeckOK, artículo 4b, párrafo 12.

(Verwaltungshelfer) o como particular al cual se le encargan funciones públicas (Beliehener).

El ayudante de la administración (Verwaltungshelfer) es llamado a realizar tareas administrativas de forma independiente como instrumento de la autoridad administrativa.[369] El particular al cual se le encargan funciones públicas (Beliehener), a diferencia del ayudante de la administración (Verwaltungshelfer), ejerce poder público en nombre propio y bajo su propia responsabilidad, aun cuando es controlado por otra autoridad.[370] El encargo a particulares de funciones públicas (Beleihung) está sometida a reserva legal y por ello, se requiere que una ley precise la extensión y los límites del ejercicio del poder público.

Stober considera que en el caso del tercero en el sentido del artículo 4b BauGB, se trata de un particular al cual se le encargan funciones públicas (Beliehener).[371] En este mismo sentido, Reidt afirma que la trasferencia de las facultades relevantes en materia de planeación –como la dirección de la participación de los ciudadanos (artículo 3, inc. 1 BauGB) y de los titulares de intereses públicos en la que el tercero decide sobre la prolongación (o no) del plazo para que presenten su posición, que, de acuerdo con el artículo 4, inc. 2 BauGB, es de un mes– constituye un acto de Beleihung.[372] Se requiere un fundamento legal que autorice al particular a realizar las tareas públicas que, conforme a Reidt, estaría dado por el artículo 4b BauGB.[373]

Por el contrario, como lo afirma Uechtrit, representante de la doctrina mayoritaria, el artículo 4b BauGB no es un fundamento legal idóneo del encargo a particulares de funciones públicas (Beleihung) en el proceso de planeación urbanístico debido a su indeterminación.[374] Adicionalmente, ello contradice ***i)*** el artículo 2, inc. 1 frase 1 BauGB que establece que la elaboración del plan urbanístico es competencia únicamente del municipio y ***ii)*** el artículo 28, inc. 2 de la Ley Fundamental de Bonn (LF) que consagra la garantía de administración propia de los municipios, dentro de la cual se ha entendido que forma parte el poder soberano de planificación (Planungshoheit).[375] De la misma opinión son Krautzberger y Wagner.[376]

---

369 Remmert, Private Dienstleistungen, p. 39; *Ibidem*, párrafo 13.

370 Uechtritz, BeckOK, artículo 4b, párrafo 14.

371 Cfr. por ejemplo, Rolf Stober, "Grundlagen der Beleihung", en Wolff/ Bachof/ Stober,Verwaltungsrecht, tomo 3, 5 ed., München, Beck, 2004, p. 511, párrafo 11.

372 Reidt, NVwZ 1998, 592.

373 *Ibidem*.

374 Uechtritz, BeckOK, artículo 4b, párrafo 14.

375 *Ibidem*, párrafo 12 ss.

376 Krautzberger, BauGB, artículo 4b, párrafo 15.

En este mismo sentido, Erbguth, Shubert, Stollmann y Wagner consideran que el tercero en el sentido del artículo 4b BauGB actúa como un ayudante de la administración (Verwaltungshelfer) ya que ***i)*** el artículo 4b BauGB no prevé ninguna transferencia de facultades soberanas, en la medida que él se refiere a la **preparación** del procedimiento de participación de los ciudadanos y de las autoridades públicas, y ***ii)*** en el caso de la transferencia de funciones al tercero, por parte del artículo 4b BauGB, para la **realización** del procedimiento de participación, requiere obligatoriamente de un fundamento legal para respetar el principio de reserva legal, pero aun así, la última decisión – y con ello, la facultad de ponderación – permanece en el municipio.[377] Como lo sostiene Krauzberger, la responsabilidad del municipio en la relación hacia afuera con respecto al ciudadano y a los titulares de los intereses públicos permanece de forma ilimitada.[378]

De acuerdo con Uechtrit, solo algunos elementos de las etapas del procedimiento pueden ser transferidas al particular. El tercero puede realizar, en el marco del procedimiento, aquellas acciones que no presupongan poder soberano ni tampoco constituyan una injerencia en la ponderación que debe efectuar el municipio.[379] El tercero puede, por consiguiente, por ejemplo, escribirles a los funcionarios en encargo del municipio e informarles, recolectar los documentos donde consten las posiciones de dichos funcionarios o los puede invitar a la audiencia de deliberación (Erörterungstermin).[380] También es admisible que, para preparar la decisión de ponderación, el particular realice una propuesta de ponderación que el órgano competente del municipio pueda tomar como propia.[381]

Como síntesis, es posible sostener que si al gestor del proyecto (Projektmanager) se le confían solamente trabajos preparatorios, su actividad puede ser considerada como ayuda de la administración (Verwaltungshilfe).[382] Pero,

---

377 Erbguth/Schubert En: Erbguth/Schubert, Öffentliches Baurecht, 6. ed. 2014, § 5. Das Recht der Bauleitplanung, párrafo 236. En el mismo sentido Cfr. Stollmann, en Natur und Recht, 1998, 578, 579; Wagner, en Baurecht: 1997, 709, 717.

378 Krautzberger, UPR 2007, 407, 414.

379 Uechtritz, BeckOK, artículo 4b, párrafo 7.

380 *Ibidem.*

381 *Ibidem.*

382 Ibler, *El Estado garante en el sector energético*, p. 11. Estas conclusiones afirmadas para el caso del gestor del proyecto (Projektmanager), en el sentido del artículo 43g EnWG, son aplicables a este mismo tema, en el sentido del artículo 4b BauGB, con la precisión de que, en el segundo supuesto, como se afirma *at infra*, el artículo 43g

si además se le encarga lícitamente la gestión de la audiencia de deliberación (Erörterungstermin), esta tesis pierde validez.[383] Al llevar adelante la deliberación, el gestor del proyecto debe "respetar los derechos fundamentales de los particulares, la prohibición de arbitrariedad y el principio de proporcionalidad"[384]. Ello habla a favor de que el traslado de la tarea de esta gestión sea un supuesto de encargo a particulares de funciones públicas (Beleihung).[385]

Se ha analizado la configuración jurídica de la Public Private Partnership en la que un tercero particular y la autoridad administrativa cooperan en el procedimiento de planeación urbanística, conforme a lo dispuesto por el artículo 4b inc. 1 BauGB, mediante el análisis del rol del gestor del proyecto en el procedimiento de planeación urbanística. A continuación, haremos lo propio con el rol del municipio en dicho procedimiento.

II. EL ROL DEL MUNICIPIO EN EL PROCEDIMIENTO DE PLANEACIÓN URBANÍSTICA, ARTÍCULO 4B INC. 1 BAUGB

La posición jurídica del municipio frente al tercero en el sentido del artículo 4b inc. 1 BauGB está determinada por las disposiciones normativas que regulan (A) la aplicación del derecho de contratación pública en el proceso de selección de dicho tercero, (B) el proceso de planeación que termina con la publicación de las decisiones que aprueban de los planes urbanísticos y (C) la transferencia de tareas al tercero y la reserva de control jurídico en materia de planeación urbanística.

A. LA APLICACIÓN DEL DERECHO DE CONTRATACIÓN PÚBLICA

El artículo 4b inc. 1 BauGB permite que puedan ser transferidas a un tercero las funciones de realización y/o de preparación de algunos pasos procedimentales. Antes del inicio de la preparación y/o de la realización de las etapas del proceso de planeación por parte del tercero conforme al artículo 4b inc. 1 BauGB, el municipio debe designar a este tercero. Esto plantea varias preguntas: En el

---

inc. 2 frase 2 EnWG establece expresamente que la decisión sobre la fijación del plan recae exclusivamente en la autoridad competente.

383 *Ibidem.*

384 *Ibidem.*

385 *Ibidem.*

proceso de selección del tercero al que se refiere el artículo 4b inc. 1 BauGB, ¿se debe aplicar el derecho de compras públicas?, y ¿cuál es la naturaleza jurídica del contrato que el municipio celebra con el tercero?

Un sector de la doctrina ha considerado que, en el caso del artículo 4b BauGB, su "adquisición" se debe regir por el derecho de contratación pública, que debe ser adelantado por el municipio, por constituir un supuesto de privatización funcional mediante el cual se incluye a un particular en la realización de intereses públicos.[386] Como lo afirma la doctrina: "El que siembra privatización, cosecha derecho de contratación pública".[387]

Se debe poner de presente que, como regla general, se afirma que el tercero puede ser vinculado por medio de un contrato de derecho público, como el contrato urbanístico (städtebaulicher Vertrag) en el sentido del artículo 11 BauGB, o mediante un contrato regulado por el derecho privado, como un contrato de obra o labor (Werkvertrag) regulado en el artículo 631, inc. 2 BGB.[388] La diferencia entre el contrato de obra o labor y el contrato de servicios (Dienstvertrag) en el sentido de los artículos 611 ss. BGB, es que, de acuerdo con el artículo 631, inc. 2 BGB, el objeto del contrato de obra o labor puede ser tanto la realización o la transformación de una cosa como otro trabajo o prestación de servicio que conduzca a un resultado. En el contrato de obra o labor se debe la prestación del efectivo cumplimiento del resultado, mientras que este no es el caso en el contrato de servicios[389]. Esta diferenciación no juega ningún papel en la aplicación del término sobre los contratos de prestación de servicios (Dienstleistungsaufträge) en el derecho de contratación pública determinado por la Unión Europea.[390]

La aplicación de las normas de contratación pública de los artículos 97 ss. GWB y la VgV depende del valor total de la contratación, de la autoridad contratante y de la especialidad de las tareas transferidas.

Conforme con el artículo 106, inc. 2 núm. 1 GWB y el artículo 4 lit. c de la directiva 2014/24/UE, a los contratos de prestación de servicios de poderes adjudicadores subcentrales se les aplica las normas de contratación pública y el procedimiento establecido en los artículos 14 ss. VgV cuando el monto de dichos contratos sobrepase el umbral de 214 000 euros.

---

386 Burgi, NVwZ 2008, 929, 930; Uechtritz, BeckOK, artículo 4b, párrafo 32.

387 Burgi, NVwZ 2008, 929, 930.

388 Cfr. ante todo: Battis, en: Battis/Krautzberger/Löhr BauGB, artículo 4b, párrafo 6.

389 Buck, Imme, Die Vergabe sogenannter nachrangiger Dienstleistungsaufträge, p. 50 s.

390 *Ibidem*, p. 52.

Si al tercero se le confía la valoración jurídica de las posiciones o las objeciones presentadas por el público en general y por las autoridades, la actividad podría llegar a ser considerada como prestación de servicios jurídicos.[391] Para las prestaciones de servicios en el ámbito jurídico, que se encuentran dentro de las prestaciones de servicios del anexo XIV de la directiva 2014/24/UE, se les aplica, de acuerdo con el artículo 4 lit. d de la directiva, el derecho de contratación pública cuando el contrato tenga un monto por encima del umbral de 750 000 euros.

B. LA APROBACIÓN DE LOS PLANES URBANÍSTICOS

El procedimiento de planeación empieza con la decisión de elaborar un plan urbanístico que se publica de la forma acostumbrada en el lugar correspondiente (artículo 2, inc. 1 frase 2 BauGB).

El municipio está obligado, al iniciar el procedimiento de planeación, a efectuar un proyecto de plan urbanístico al que se debe incluir una justificación (artículo 2a inc. 1 BauGB) que debe cumplir con los requisitos establecidos en el artículo 2a inc. 2 BauGB: los fines, las finalidades y efectos del plan urbanístico (artículo 2a inc. 2 Nr. 1 BauGB) y el informe medioambiental (artículo 2a inc. 2 Nr. 2 BauGB).

A pesar de que el Concejo municipal (Gemeinderat) es competente para tomar decisiones sobre los planes urbanísticos, eso no quiere decir que él debe realizar por sí solo todos los pasos del proceso de elaboración del plan.[392] El artículo 43, inc. 1 GemO determina que el alcalde debe preparar las sesiones del Concejo municipal. El alcalde se sirve, para ello, de los servidores públicos del municipio;[393] aunque es posible que el alcalde haga uso de la facultad prevista en el artículo 4b inc. 1 BauGB y se sirva para ello de un tercero.

Como se indicó *at supra*, el artículo 4b inc. 1 BauGB permite que puedan ser transferidas a un tercero las funciones de realización y/o de preparación de los pasos procedimentales previstos en los artículos 2a a 4a BauGB: la preparación del informe medioambiental, que debe ser incluido en la justificación del proyecto de plan urbanístico conforme al artículo 2a inc. 2 Nr. 2 BauGB, la dirección de la participación del público en general (artículo 3 BauGB) y la dirección de la participación de las autoridades (artículo 4 BauGB).

---

391 Appel/Eding, EnWZ 2017, 392, 394.

392 Remmert, Private Dienstleistungen, p. 256.

393 *Ibidem.*

Una vez que haya culminado la etapa formal de participación del público en general y de las autoridades administrativas (artículos 3 a 4a BauGB), el Concejo municipal decide sobre el plan de uso del suelo (Flächennutzungsplan) y sobre el plan de urbanismo (Bebauungsplan).

El plan de uso del suelo requiere, con posterioridad a su adopción por parte del Concejo municipal (Gemeinderat), de una autorización (Genehmigung) por parte de la autoridad administrativa superior (artículo 6, inc. 1 BauGB). También es indispensable dicha autorización (artículo 10, inc. 2 BauGB) para los planes de urbanismo (Bebauungspläne) a los que se refiere ***i)*** el artículo 8, inc. 2 frase 2 BauGB (aquel que no requiere plan de uso del suelo, Flächennutzungsplan por considerarse que el plan de urbanismo Bebauungsplan es suficiente para ordenar el desarrollo constructivo del municipio), ***ii)*** el artículo 8, inc. 3 frase 2 BauGB (cuando este se publica antes del plan de uso del suelo, Flächennutzungsplan porque se asume que el plan de urbanismo, Bebauungsplan va a ser desarrollado de representaciones futuras del plan de uso del suelo, Flächennutzungsplan) y **iii)** el artículo 8, inc. 4 BauGB (en el caso que este se elabore antes del plan de uso del suelo, Flächennutzungsplan por mediar urgencia).

La autoridad administrativa superior es la respectiva autoridad de control (Rechtsaufsichtsbehörde). En el Estado de Baden-Württemberg, conforme al artículo 119, inc. 1 GemO, la autoridad administrativa superior en municipios pequeños es la autoridad de distrito (Landratsamt). Para los distritos urbanos (Stadtkreise) y las grandes ciudades distritales ("große Kreisstädte"), la autoridad administrativa superior es la presidencia del gobierno (Regierungspräsidium).

El artículo 246, inc. 1a frase 1 BauGB le da la posibilidad a los Estados federados que impongan a los planes de urbanismo (Bebauungspläne) que no requieren de autorización, una obligación de información (Anzeigepflicht).

Conforme al artículo 10, inc. 3 frase 1 BauGB, la autorización o, en la medida que no se requiera autorización, la decisión del plan de urbanismo (Bebauungsplan) debe ser publicada en la forma acostumbrada en el lugar correspondiente.

C. OTRAS TAREAS SOBERANAS EN MATERIA DE PLANEACIÓN URBANÍSTICA

Como lo afirma Uechtritz, el procedimiento de planeación se puede descomponer en varios elementos que están estrechamente unidos entre sí. La participación de los ciudadanos está integrada por varias partes que se diferencian en su valoración jurídica: a la decisión soberana de interpretar un proyecto de plan le sigue ***i)*** la publicación oficial de la interpretación; ***ii)*** la puesta a disposición de los documentos a interpretar y la garantía de su acceso; ***iii)*** la recepción de los documentos con la opinión; ***iv)*** dado el caso, convocar y realizar la audiencia de deliberación (Erörterungstermin); ***v)*** la compilación de las opiniones, su valoración técnica y jurídica y ***vi)*** finalmente, su decisión frente al opositor y/ o su consideración en la planeación subsiguiente.[394] Algunos de esos elementos necesariamente deben ser realizados por el municipio, como por ejemplo, la decisión[395] sobre la interpretación; ya que esta competencia tiene carácter soberano y está asignada legalmente al municipio (artículo 2, inc. 1 BauGB).[396] De igual manera, esto valdría para los elementos del procedimiento interno, como el del conocimiento de las posiciones del público y de los titulares de los intereses públicos y su valoración (ya sea para considerarlas o denegarlas).[397]

Como se indicó, para la elaboración de los planes urbanísticos, el municipio debe determinar los intereses públicos y privados que tienen importancia para la ponderación y debe valorarlos (artículo 2, inc. 3 BauGB).[398] Estas decisiones de valoración y de configuración le confieren al municipio un margen de ponderación que no puede ser transferida a un particular; de tal forma que una transferencia de la decisión sobre la elaboración del mismo plan no es posible desde el punto de vista constitucional.[399] Como lo afirma Stollmann, la valoración de los intereses afectados y de la información del público que están en relación estrecha con la ponderación en materia de planeación (artículo 1, inc. 7 BauGB) y con ello, con el núcleo esencial de la competencia, es responsabilidad del municipio.[400]

La planeación implica un campo de margen de actuación que es llenado mediante la ponderación para llegar a la decisión final de la planeación.[401] El mandato de ponderar todos los intereses públicos y privados caracteriza todo el derecho de planeación, independientemente del derecho especial de que se trate.[402] Ponderar es parte esencial de la planeación.[403] El mandato de ponderación tiene rango constitucional como elemento del Estado de derecho.[404]

394 Uechtritz, BeckOK, artículo 4b, párrafo 7.
395 BverwG, sentencia de 25 de noviembre de 2002 – 4 C 15/04, en NVwZ 2006, 336, 338.
396 Uechtritz, BeckOK, artículo 4b, párrafo 7.
397 *Ibidem.*
398 Remmert, Private Dienstleistungen, p. 251.
399 Borchert, Bauleitplanung durch Beliehener, p. 202.
400 Uechtritz, BeckOK, artículo 4b, párrafo 7.
401 Erbguth, Planerische Abwägung und Ihre Kontrolle, en, Wilfried Erbguth, p. 107 s.
402 Posser/Schulze, en Praxishandbuch, capítulo 11, párrafo 11.
403 *Ibidem*, párrafo 1.
404 *Ibidem*, párrafo 2.

Este mandato sirve al logro del equilibrio proporcional de todos los intereses afectados por el proyecto.[405] Los requisitos que se derivan de dicho mandato son contenido y, a la vez, límite de la libertad de configuración en materia de planeación.[406]

Conforme al artículo 1, inc. 5 BauGB, los planes urbanísticos deben garantizar un desarrollo sostenible urbanístico que armonice a) las exigencias sociales, económicas y de protección del medio ambiente teniendo en cuenta también la responsabilidad con las generaciones futuras y b) un uso del suelo que sirva al bien de la generalidad y a la justicia social con consideración de las necesidades de vivienda de la población. Ellas deben contribuir a asegurar un medio ambiente digno, a proteger y desarrollar los fundamentos de vida natural, así como el fomento de la protección y ajuste del clima; en especial, en el desarrollo de las ciudades y para desarrollar y mantener la apariencia del paisaje cultural arquitectónico.

En la elaboración de los planes urbanísticos se deben ponderar los intereses públicos y privados uno contra otro y entre sí de forma adecuada (artículo 1, inc. 7 BauGB). De acuerdo con el artículo 1, inc. 6 BauGB, deben ser considerados en especial:

1) Los requisitos generales de relaciones saludables de vivienda y de población trabajadora.
2) Las necesidades de vivienda de la población, en especial, también de familias con más niños, la creación y mantenimiento de estructuras de los habitantes de forma socialmente estable, la formación de propiedad de amplios sectores de la población y los requisitos de una construcción que ahorre costos, así como el desarrollo de la población.
3) Los requisitos sociales y culturales de la población, en especial las necesidades de las familias, de los jóvenes, de las personas de la tercera edad y discapacitadas, los distintos efectos a mujeres y hombres, así como los intereses de la educación y de deporte, tiempo libre y descanso.
4) El mantenimiento, renovación, desarrollo, ajuste y la reconstrucción de barrios existentes, así como el mantenimiento y desarrollo de zonas de suministro centrales.
5) Los intereses de la cultura de la construcción, la protección y conservación de monumentos, los barrios dignos de conservación, calles y parques de

405 *Ibidem.*
406 *Ibidem.*

importancia histórica, artística o urbanística y la configuración de la apariencia del lugar y del paisaje.

6) Los requisitos para los servicios religiosos y el cuidado pastoral fijados para las iglesias y sociedades religiosas de derecho público.
7) Los intereses de protección del medio ambiente, inclusive la protección de la naturaleza y la conservación del paisaje, en especial: ***a)*** los efectos en los animales, plantas, superficie, suelo, agua, aire, clima y la interacción entre estos, así como el paisaje y la variedad biológica; ***b)*** las finalidades de mantenimiento y de protección de la zona natura 2000 en el sentido de la ley federal de protección natural (Bundesnaturschutzgesetz), ***c)*** los efectos relacionados con el medio ambiente a los seres humanos y su salud, así como a la población en general; ***d)*** los efectos relacionados con el medio ambiente a los bienes culturales y a otros bienes tangibles; ***e)*** la prevención de emisiones, así como el manejo adecuado de basuras y residuos; ***f)*** el uso de energías renovables, así como el uso económico y eficiente de la energía; ***g)*** la representación de planes de paisaje, así como de algunos planes, en especial del derecho aguas, de basuras y de protección de emisiones; ***h)*** el mantenimiento de la mejor calidad posible de aire en las zonas en las cuales no pueden ser superados los límites de emisiones establecidos en los decretos expedidos para cumplir las decisiones vinculantes de la Unión Europea; ***i)*** la correlación entre los intereses particulares de la protección al medio ambiente conforme a los literales a hasta d; ***j)*** sin perjuicio del artículo 50, frase 1 Bundes-Immissionsschutzgesetz (ley federal de protección de emisiones, en adelante BImSchG), los efectos en los intereses conforme a los literales i y d que pueden ser esperados por la vulnerabilidad de los proyectos admisibles conforme al plan de urbanización (Bebauungsplan) para accidentes difíciles o catástrofes.
8) Los intereses de ***a)*** la economía, también su estructura mediana en interés de un suministro cercano al usuario; ***b)*** la agricultura y la explotación forestal; ***c)*** el mantenimiento, aseguramiento y creación de puestos de trabajo; ***d)*** el sector postal y de telecomunicaciones; ***e)*** el suministro, en especial de energía y agua, inclusive la seguridad del suministro; ***f)*** la protección de materias primas.
9) Los intereses del transporte de personas y bienes y de la movilidad de la población, inclusive del transporte público de personas y del transporte no motorizado, considerando un desarrollo urbanístico dirigido a evitar y a disminuir el transporte.
10) El interés de la defensa y la protección civil, así como el uso civil de propiedades de inmuebles militares.

11) Los resultados de un concepto de desarrollo urbanístico tomado por el municipio o una planeación urbanística tomada por ella.
12) Los intereses de la protección de las zonas costeras o de la protección y prevención frente a inundaciones, en especial, la disminución o reducción de daños por inundaciones.
13) Los intereses de los inmigrantes o solicitantes de asilo y su alojamiento.

De acuerdo con la jurisprudencia[407], de la interpretación de esta norma se concluye, por un lado, que esta enumeración no excluye que puedan tenerse en cuenta otros intereses que se consideren en la ponderación y, por otro lado, que los intereses tienen el mismo rango[408]; es decir, que no contienen una supremacía en sí o con respecto a los intereses privados.

En la decisión de ponderación, el legislador le da a la autoridad un amplio marco de decisión en la que la actuación de la administración es dirigida por su finalidad; esto es, regularmente, en la ponderación no hay una sola decisión correcta, sino una serie de métodos correctos basados en diferentes valoraciones de intereses.[409] Esto tiene como consecuencia que el control jurídico de la ponderación es limitado. Aunque se debe tener presente que la interpretación de los conceptos jurídicos indeterminados contenidos en el artículo 1, inc. 5 BauGB son controlables por la jurisdicción de lo contencioso-administrativo de forma ilimitada.[410]

Como lo afirma Borchert, la transferencia de tareas en materia de planeación urbanística a los particulares solo es posible si el municipio mantiene la dirección (Steuerung) y el control jurídico de tareas individuales.[411] De acuerdo con Lauster, de una interpretación conforme a la Constitución, con base en el artículo 33, inc. 4 LF, el artículo 4b BauGB debe ser interpretado en el sentido que la contratación del particular solo es admisible cuando las funciones, establecidas

407 BVerwG, DVBl 1993, 662 ss.; BVerwG, UPR 1994, 152 ss., BVerwG, DVBl 1997, 1112 ss.
408 Sobre el mandato de optimización (Optimierungsgebot) y la serie de principios, de mandatos, prohibiciones y directrices de derecho urbanístico como el mandato de consideración (Rücksichtnahmegebot) cfr. Borchert, Bauleitplanung durch Beliehener, p. 199 ss.
409 Dirnberger, en Spannowsky/Uechtritz, BeckOK BauGB, artículo 1, párrafo 132.
410 Bundesverwaltungsgericht, decisión de 12.12.1969 - IV C 105/66, en VerwRspr 1970, 571, 575.
411 Borchert, Bauleitplanung durch Beliehene, p. 202.

en los artículos 2 a 4a BauGB, no puedan ser realizadas por un funcionario público.[412]

La responsabilidad en el procedimiento muta en una responsabilidad de resultado, de acuerdo con la cual, el municipio debe controlar al tercero mediante obligaciones de rendir informes u otras medidas idóneas, de tal manera que él pueda en todo caso intervenir y hacerse cargo del procedimiento.[413]

En palabras de Stollmann, el Estado no debe sustraerse de la responsabilidad por las actuaciones del ayudante de la administración (Verwaltungshelfer), sino que él tiene que asegurar y controlar la correcta actuación jurídica de dicho ayudante mediante su influencia.[414] En este sentido, el particular debe estar sujeto a vigilancia y control cuya intensidad depende de las tareas que le han sido confiadas.[415] Esto exige, por ejemplo, que en los contratos se requiera realizar una reserva de posibilidades adecuadas de influencia y de injerencia por parte del municipio -por ejemplo, pactar derechos de información–; así como de vigilancia continua, de control y de medidas de intervención correctivas en casos de infracción -por ejemplo, mediante el acuerdo de derechos de control y de impartir instrucciones (Weisungsrecht)–.[416]

La ponderación debe ser realizada, en suma, por el municipio, nunca por particulares, aunque estos puedan preparar la decisión.

Se ha estudiado la configuración jurídica de la Public Private Partnership en la que un tercero particular y la autoridad administrativa cooperan en el procedimiento de planeación urbanística, conforme a lo dispuesto por el artículo 4b inc. 1 BauGB, mediante el análisis del rol del municipio en el procedimiento de planeación urbanística. A continuación, haremos lo propio con la posición de los afectados.

III. LA POSICIÓN DE LOS AFECTADOS

Los afectados tienen como mecanismos de protección jurídica contra el plan de urbanismo (Bebauungsplan) el procedimiento de control de normas (Normenkontrollverfahren), el control incidental (Inzidentkontrolle) y el recurso de amparo constitucional (Verfassungsbeschwerde).

---

412 Lauster, Die Beteiligung privater Dienstleister an der Wahrnehmung bauleitplanerischer Aufgaben, p. 93.

413 Stüer, Bau- und Fachplanungsrecht, apartado 1210.

414 Cfr. Stollmann, en Natur und Recht, 1998, 578, 581.

415 *Ibidem.*

416 Cfr. Stollmann, en Natur und Recht, 1998, 578, 581.

De acuerdo con el artículo 10, frase 1 BauGB, el plan de urbanismo (Bebauungsplan) es un acuerdo (Satzung). Como tal, es una norma jurídica.[417] De su naturaleza de norma jurídica se colige la consecuencia que está sometida al control normativo (Normenkontrollverfahren) obligatorio previsto en el artículo 47, inc. 1 Nr. 1 VwGO. El plan de uso del suelo (Flächennutzungsplan) no es un acuerdo (Satzung) y por ello no es controlado en el procedimiento establecido en el artículo 47 VwGO. Sin embargo, el artículo 35, inc. 3, frase 3 BauGB les otorga carácter normativo a las representaciones, ilustraciones del plan de uso del suelo (Flächennutzungsplan); de tal forma, que las posibilidades de protección judicial se amplían.[418]

La validez de un plan de urbanismo (Bebauungsplan) puede también ser controvertida de forma incidental en el marco de un proceso judicial iniciado por una demanda de nulidad (Anfectungsklage), de una acción de imposición de un deber (Verpflichtungsklage), de una demanda declarativa (Festellungsklage) o una acción prestacional general (allgemeine Leistungsklage) cuando, por ejemplo, un vecino impugna una licencia de construcción.[419]

También es posible[420] excepcionalmente que un recurso de amparo (Verfassungsbeschwerde) sea admisible porque el plan de urbanismo (Bebauungsplan) cambia inmediatamente el estatus jurídico de un inmueble, en aquellos casos en los que se haya agotado la posibilidad del procedimiento de control normativo (Normenkontrollverfahren) del artículo 47 VwGO.[421]

El artículo 47 VwGO parte del supuesto de la aplicación de los artículos 214 y 215 BauGB. El artículo 214, inc. 4 BauGB establece que el plan de uso del suelo (Flächennutzungsplan) puede ser puesto en vigor mediante un procedimiento complementario para eliminar los defectos de forma retroactiva. La doctrina mayoritaria sostiene que esta disposición debe ser entendida en el sentido que comprende todos los defectos formales y materiales establecidos en el artículo 214 BauGB y en las normas[422] del correspondiente Estado federado,

---

417 Stock, en: Ernst/Zinkahn/Bielenberg/Krautzberger, BaugB, artículo 10.

418 Krebs, Baurecht, p. 577.

419 *Ibidem*, p. 579. Battis, Öffentliches Baurecht, p. 216.

420 En la práctica el recurso de amparo no tiene un papel significativo (Kenntner, Öffentliches Recht, p. 208).

421 *Ibidem*, p. 207 s.; Battis, Öffentliches Baurecht, p. 216.

422 Sobre la relación con las normas de procedimiento y de forma de los Estados federados cfr. Stock, en: Ernst/Zinkahn/Bielenberg/Krautzberger, BaugB, artículo 214, párrafos 37 s.

en la medida que su retiro del ordenamiento jurídico no este excluido en procedimientos complementarios a causa de la gravedad del defecto.[423]

Los artículos 214 y 215 BauGB modifican el dogma de la nulidad, dogma que no[424] es un mandato constitucional. El objetivo de la norma es que los planes de urbanismo (Bauleitpläne) contrarios a derecho, a pesar de sus defectos sean conservados en lo posible como planes eficaces (principio de conservación del plan).[425] Los defectos pueden ser ulteriormente corregidos y el municipio puede poner en vigencia el plan de nuevo de forma retroactiva.[426] La corrección tiene lugar mediante un, así llamado, procedimiento complementario que puede consistir en ***i)*** la realización posterior de etapas procedimentales omitidas, ***ii)*** una ponderación complementaria o ***iii)*** el cambio o la complementación de descripciones, determinaciones o fijaciones.[427]

Los artículos 214 y 215 BauGB prevén consecuencias jurídicas por los defectos en el procedimiento y la expedición de planes de uso del suelo (Flächennutzungsplänen) y acuerdos del derecho de planeación urbana (Satzungen des Städtebaurechts). A continuación, se agruparán los defectos previstos por el artículo 214 BauGB siguiendo la clasificación efectuada por Walter Krebs[428] y se describirá sucintamente su contenido. Estos supuestos de hecho corresponden a defectos que siempre deben ser tenidos en cuenta, defectos que son atendidos previa reclamación (Rüge) efectuada en el término legal y defectos que siempre carecen de relevancia.

Dentro de los **defectos que siempre deben ser tenidos en cuenta** y que, en principio, son objeto de control por la jurisdicción de lo contencioso administrativo se cuentan: ***i)*** aquellos que no están comprendidos en los artículos 214 y 215 BauGB, en especial, los defectos en el resultado de la ponderación[429] y vulneraciones contra el artículos 1, inc. 3 (los municipios tienen que hacer los planes urbanísticos -Bauleitpläne–, tan pronto y en la medida que sea necesario para el orden y el desarrollo constructivo de la ciudad) y 4 (los planes urbanísticos, Bauleitpläne tienen que ajustarse a las finalidades del ordenamiento del territorio de las grandes unidades: regiones, Estados federados y territorio federal) y el artículo 9, inc. 1 BauGB que trata sobre el contenido del plan de

---

423 Battis, en: Battis/Krautzberger/Löhr BauGB, artículo 214, párrafo 23.
424 Uechtritz, BeckOK, artículo 214, párrafo 15. 4.
425 Ennuschat, Kommunalrecht, p. 302.
426 *Ibidem.*
427 *Ibidem.*
428 Krebs, Baurecht, p. 522.
429 Stelkens, UPR 2005, 81, 82.

urbanismo (Bebauungsplan); ***ii)*** los defectos de procedimiento y de forma, establecidos en el artículo 214, inc. 1, frase 1 Nr. 4 BauGB, que son relevantes para la validez de los planes de uso del suelo (Flächennutzungsplänen) y los acuerdos del derecho de planeación urbana (Satzungen des Städtebaurechts) cuando una decisión del municipio sobre estas no fue tenida en consideración, una autorización no fue emitida o los fines de publicidad de su publicación no fueron alcanzados[430] y ***iii)*** los vicios previstos en el artículo 214, inc. 2a Nr. 3 apartado 3 y Nr. 4 apartado 2 BauGB.[431]

Los **defectos que son atendidos previa reclamación (Rüge)** están previstos en el artículo 215, inc. 1 BauGB: ***i)*** aquellos que resulten de la contravención de preceptos de trámite y de forma previstos en el artículo 214, inc. 1, frase 1 Nr. 1 hasta 3 BauGB, ***ii)*** una infracción de los preceptos sobre la relación entre el plan de urbanismo (Bebauungsplan) y del plan de uso del suelo (Flächennutzungsplan) establecida en el artículo 214, inc. 2 BauGB y ***iii)*** defectos el procedimiento de ponderación conforme al artículo 214, inc. 2, frase 2 BauGB. Estos deben ser hechos valer ante el municipio dentro del año siguiente a la publicación del plan de uso del suelo (Flächennutzungsplänen) y del acuerdo (Satzung). Conforme al artículo 215, inc. 2 BauGB, cuando se ponga en vigor el plan de urbanismo (Bebauungsplan) y el plan de uso del suelo (Flächennutzungsplan) se deben indicar los requisitos para hacer valer una vulneración de preceptos, así como a sus consecuencias jurídicas. Si esta indicación es omitida, no empieza a correr el término de un año previsto en el artículo 215, inc. 1 BauGB.

Dentro de los **defectos que carecen de relevancia** –y que no son objeto de control jurisdiccional– forman parte ***i)*** los defectos que no están previstos en el artículo 214, inc. 1 BauGB contra preceptos de forma y de trámite, ***ii)*** los defectos de procedimiento y de forma previstos en el artículo 214, inc. 2a Nr. 1 y 2 BauGB, ***iii)*** los defectos de procedimiento y de forma previstos en el artículo 214, inc. 1, inc. 2a Nr. 3 BauGB que consisten principalmente en defectos en la averiguación y valoración, defectos en la participación y en defectos en la fundamentación.

Los defectos de procedimiento y de forma, previstos en el artículo 214, inc. 1, frase 1 Nr. 1 BauGB, solo son relevantes para la validez del plan de uso del suelo (Flächennutzungsplan) y del acuerdo (Satzung) cuando, en contra del artículo 2, inc. 3 BauGB, los intereses afectados por la planeación, que eran conocidos

---

430 Sobre la interpretación de los supuestos de hecho de esta norma cfr. ante todo Uechtritz, BeckOK, artículo 214, párrafos 67 ss.

431 Krebs, Baurecht, p. 522 s. Enuschat, Kommunalrecht, pp. 304 ss.

por el municipio o que debieron ser conocidos por él, **no fueron averiguados** correctamente en puntos esenciales o **no fueron valorados** y cuando el defecto es ostensible y tuvo influencia en el resultado del procedimiento.[432]

Los defectos de trámite en la **participación** son relevantes, según artículo 214, inc. 1, frase 1 Nr. 2 BauGB, cuando los preceptos sobre participación ciudadana y de las autoridades se dan en la planeación urbanística, en el procedimiento de interpretación formal (artículo 3, inc. 2 BauGB), en el nuevo procedimiento de interpretación en el caso de cambio o complementación (artículo 4a inc. 3 BauGB) y en el procedimiento del artículo 4a inc. 4, frase 1 e inc. 5, frase 2 BaugB. En esto es irrelevante si: ***i)*** en la aplicación de preceptos, personas individuales, funcionarios u otros titulares de intereses públicos no participaron, los intereses eran de poca importancia o no fueron considerados en la decisión (artículo 214, inc. 1, frase 1 Nr. 2 apartado a BauGB); ***ii)*** para ello, faltaron datos particulares sobre los tipos de información relacionada con el medio ambiente que estaban disponibles (artículo 214, inc. 1, frase 1 Nr. 2 apartado b BauGB); ***iii)*** en el caso de un motivo importante[433], el proyecto de plan de urbanismo (Bauleitpläne) no fue interpretado por un término razonablemente largo y la fundamentación para la aceptación de la no presentación de un motivo importante es comprensible (artículo 214, inc. 1, frase 1 Nr. 2 apartado d BauGB); ***iv)*** en aplicación del artículo 4a inc. 4, frase 1 BauGB, el contenido de la publicación[434] y de los documentos a interpretar es colocado en internet, pero no es puesto a disposición del público en el portal de internet del Estado federado (artículo 214, inc. 1, frase 1 Nr. 2 apartado e BauGB) o ***v)*** en aplicación del artículo 4 a inc. 3, frase 4 BauGB, los requisitos de la participación son desconocidos (artículo 214, inc. 1, frase 1 Nr. 2 apartado g BauGB).[435]

---

432 Sobre la interpretación de los supuestos de hecho de esta norma cfr. ante todo Battis, en: Battis/Krautzberger/Löhr BauGB, artículo 214, párrafos 4 s.; Uechtritz, BeckOK, artículo 214, párrafos 21 ss.

433 Como se mencionó *at supra*, de conformidad con el artículo 3 inc. 2 frase 1 BauGB, los proyectos de planes urbanísticos (Bauleitpläne) deben ser puestos a disposición del público para que sean interpretados por el término de 30 días o por un término razonable en el caso de un motivo importante.

434 El artículo 4a inc. 4 frase 1 BauGB establece que el contenido de la publicación de los documentos objeto de interpretación deben ser colocados en internet y deben ser puestos a disposición del público en el portal de internet del Estado federado.

435 Sobre la interpretación de los supuestos de hecho de esta norma cfr. ante todo Uechtritz, BeckOK, artículo 214, párrafos 34 ss.; Finkelnburg/Ortloff/Kment, Öffentliches Baurecht, p. 224 ss.

Los defectos de procedimiento y de forma son relevantes, según artículo 214, inc. 1, frase 1 Nr. 3 BauGB, cuando las disposiciones vulneradas son aquellas sobre la **fundamentación** del plan de uso del suelo (Flächennutzungsplan) y del acuerdo (Satzung); así como de sus proyectos conforme a los artículos 2 a, 3, inc. 2, 5, inc. 1, frase 2, apartado 2, y el inc. 5 BauGB. En esto es irrelevante, de acuerdo con la misma disposición, cuando ***i)*** la fundamentación del plan de uso del suelo (Flächennutzungsplan) y del acuerdo (Satzung) o de su proyecto está incompleto o ***ii)*** cuando la fundamentación en relación con el informe medioambiental está incompleta solo en puntos no esenciales.[436]

CONCLUSIONES

Para la planeación en la economía de la energía son de gran relevancia los principios de la planeación municipal (Bauleitplanung).[437] El derecho de planeación urbana es un determinante para la construcción de plantas de generación de energía eléctrica.

En el derecho de planeación urbana existe la posibilidad de que los municipios transfieran a un particular las tareas de preparación y de realización de algunos pasos procedimentales. Junto a los instrumentos soberanos de planeación urbanística del plan de uso del suelo (Flächennutzungsplan) y el plan de urbanismo (Bebauungsplan), han ganado importancia, a partir de 1998, instrumentos de planeación cooperativos y consensuales, como los contratos de derecho urbano y la previsión del artículo 4b BauGB.[438] De acuerdo con este último texto normativo, el municipio puede, en especial, para hacer expedito el procedimiento de planeación urbanístico, transferir a un tercero las funciones de preparación y ejecución de las etapas del procedimiento establecidas en los artículos 2a – 4a BauGB.

La doctrina ha reconocido que la cooperación entre el municipio y los ciudadanos en el derecho de planeación urbanístico es un caso de Public Private Partnerships.[439] La doctrina parte del supuesto que, en el caso del Artículo 4b inc. 1 BauGB, se trata de una privatización procedimental parcial (partielle Verfahrensprivatisierung[440]). Las modalidades de privatización se agrupan de

---

436 Battis, en: Battis/Krautzberger/Löhr BauGB, artículo 214, párrafo 8; Uechtritz, BeckOK, artículo 214 párrafos 51 ss.

437 Büdenbender/Heintschel/ Rosin, Energierecht, p. 235.

438 Borchert, Bauleitplanung durch Beliehener, p. 15.

439 Kersten, Baurecht, p. 521.

440 Borchert, Bauleitplanung durch Beliehener, p. 29.

forma descriptiva bajo el término de Public Private Partnerships.[441] Por ello, las asociaciones para la construcción, planeación y desarrollo de ciudades, en las que se recurre a un tercero para agilizar el procedimiento de planeación urbana, son una manifestación, como se mencionó, de Public Private Partnerhips.[442]

En este capítulo se analizó la configuración jurídica de la Public Private Partnership en la que un tercero particular y la autoridad administrativa cooperan en el procedimiento de planeación urbanística conforme a lo dispuesto por el artículo 4b inc. 1 BauGB. El estudio de la configuración jurídica –y la correspondiente resolución de estas cuestiones jurídicas– se efectúo mediante el análisis del rol de los participantes en el procedimiento de planeación urbanística: el municipio, el "tercero" y los afectados.

Se mostró que el artículo 4b BauGB no es un fundamento legal idóneo del encargo a particulares de funciones públicas (Beleihung) en el proceso de planeación urbanístico debido a su indeterminación.[443] Adicionalmente, ello contradice ***i)*** el artículo 2, inc. 1, frase 1 BauGB, que establece que la elaboración del plan urbanístico es competencia únicamente del municipio y ***ii)*** el artículo 28, inc. 2 LF que consagra la garantía de administración propia de los municipios, dentro de la cual se ha entendido que forma parte el poder soberano de planificación (Planungshoheit).[444]

Se mostró que es posible sostener la tesis, según la cual, si al gestor del proyecto (Projektmanager), en el sentido del artículo 4b BauGB, se le confían únicamente trabajos preparatorios, su actividad puede ser calificada como ayuda de la administración (Verwaltungshilfe).[445] Pero, si además se le encarga legítimamente la gestión de la audiencia de deliberación (Erörterungstermin), esta tesis pierde validez.[446] Al llevar adelante la deliberación, el gestor del proyecto debe "respetar los derechos fundamentales de los particulares, la prohibición de arbitrariedad y el principio de proporcionalidad"[447]. Ello habla a favor de la tesis, de acuerdo con la cual, el traslado de la tarea de esta gestión de la deliberación es un supuesto de encargo a particulares de funciones públicas (Beleihung).[448]

---

441 Schulze-Fielitz, en Hoffmann-Riem/ Schmidt-Assmann/ Vosskuhle, Grundlagen des Verwaltungsrechts, p. 875 s.
442 Stober, Public Private Partnerships, p. 614.
443 Uechtritz, BeckOK, artículo 4b, párrafo 14.
444 *Ibidem*, párrafo 12 ss.
445 Ibler, *El Estado garante en el sector energético*, p. 11.
446 *Ibidem*.
447 *Ibidem*.
448 *Ibidem*.

CAPÍTULO TERCERO LA CONFIGURACIÓN JURÍDICA DE PUBLIC PRIVATE PARTNERSHIPS CONFORME AL ARTÍCULO 43G ENWG

En la actividad de distribución de energía eléctrica (y en la actividad de transmisión en proyectos a los cuales no se les aplica el NABEG) se debe adelantar, primero, un procedimiento de ordenación del territorio (Raumordnungsverfahren) conforme al ROG[449]; segundo, un procedimiento de fijación del plan (Planfestellungsverfahren), de acuerdo con los artículos 43 ss. EnWG y 72 ss. VwVfG y, tercero, un procedimiento de autorización (Genehmigungsverfahren) establecido en los artículos 43 ss. EnWG.

Las redes de distribución (Verteilnetze) también sirven, como las redes de transmisión, al transporte de energía eléctrica, pero se distinguen de estas en que las primeras tienen como "función primordial el suministro inmediato de los usuarios de energía en un territorio determinado y específicamente en uno solamente regional o en un lugar limitado".[450]

Conforme al artículo 32 Nr. 37 EnWG, distribución (Verteilung) es "el transporte de electricidad con alta (60 hasta 110 KV), media (10 hasta 20 KV) o baja tensión (hasta 1,5 KV) sobre redes de distribución (...) para posibilitar el suministro a los clientes, sin embargo, no la entrega al cliente mismo (...)".

Para las redes de distribución de baja y media tensión se aplican las normas sectoriales en las que se requieren "(...) numerosas autorizaciones especiales, por ejemplo, en materia de construcción, de protección de la naturaleza, de protección del agua (...)"[451].

Las investigaciones técnicas de los estudios de red de distribución de la Agencia Alemana de Energía (DENA)[452] muestran que hasta 2030 la red de distribución de energía eléctrica tiene que ser construida y ampliada.[453]

Para el logro de la construcción celera de la infraestructura de red, el NABEG previó la figura del gestor del proyecto (Projektmanager) y la

449 *Ibidem.*
450 Pielow, Ausbaubedarf und -instrumente bei den Verteilnetze, 121, 122.
451 *Ibidem.*
452 DENA, Ausbau- und Innovationsbedarf in den Stromverteilnetzen, p. 16.
453 *Ibidem.*

introdujo en la EnWG. El artículo 29 NABEG contiene prescripciones paralelas a la del artículo 43g EnWG para el procedimiento para los proyectos de alta tensión que atraviesen 2 o más Estados federados o que sea transfronterizo y que estén contemplados en la ley del Plan Federal de Demanda Energética (Bundesbedarfsplangesetz).[454]

La expedición del artículo 43g EnWG se fundamentó en las positivas experiencias de la práctica jurídica de la aplicación del artículo 2, inc. 2 Nr. 5 de la 9. BImSchV, sobre autorizaciones de plantas industriales frente a las emisiones; de los artículos 11 ss. BauGB que regulan los contratos de derecho urbano y del artículo 4b BauGB que, como se mencionó *at supra*, determina la colaboración de un tercero en tareas de preparación y/o de realización de etapas del procedimiento de planeación urbanístico.[455]

En el procedimiento establecido en el artículo 43g EnWG la autoridad competente, conforme al derecho del Estado federado, le puede transferir al gestor del proyecto (Projektmanager) la realización de determinadas etapas del procedimiento de fijación del plan (Planfeststellungsverfahren[456]). En este capítulo nos referiremos a los elementos configuradores de este caso de Public Private Partnerships en la que un tercero particular y la autoridad administrativa cooperan en el procedimiento de planeación de redes de alta tensión de energía eléctrica conforme a lo dispuesto por el artículo 43g EnWG.

El artículo 43g EnWG plantea varios problemas jurídicos, en especial, sobre la naturaleza jurídica del contrato que la autoridad del Estado federado celebra con el tercero, los límites de la transferencia de las tareas de preparación y/o realización de las etapas procedimentales en el sentido del artículo 43g EnWG, así como la posición jurídica que recibe el tercero con esta transferencia de actividades. El estudio de dicha configuración jurídica se va a efectuar mediante el análisis del rol de los participantes en el procedimiento de planeación de redes de energía: la autoridad competente conforme al derecho del Estado federado (I), el gestor del proyecto (Projektmanager) (II) y los afectados (III). El gestor del proyecto (Projektmanager) en el sentido del artículo 43g EnWG es un caso de ayuda a la administración (Verwaltungshilfe) y de Public Private Partnership. Sobre este tema volveremos más adelante en el apartado II.

---

454 Missling, en Theobald/Kühling, Energierecht, artículo 43g párrafo 2.

455 Pielow, Ausbaubedarf und -instrumente bei den Verteilnetze, p. 137.

456 Sobre este procedimiento tuvimos oportunidad de realizar *at supra* (primera parte, capítulo 1 acápite I, apartado B 3; primera parte, capítulo 1, acápite II, apartado B 3, y primera parte, capítulo 1, acápite III, apartado B 3) algunas precisiones.

I. ROL DE LA AUTORIDAD

Conforme el artículo 43g EnWG, la autoridad competente conforme al derecho del Estado federado puede designar al gestor del proyecto (Projektmanager). Sobre el rol de la autoridad, en el trámite previsto en el artículo 43g EnWG, surgen varias cuestiones relativas a la aplicación del derecho de contratación pública (A), la autoridad competente (B) y las condiciones y límites de la transferencia (C).

A. APLICACIÓN DEL DERECHO DE CONTRATACIÓN PÚBLICA

Conforme el artículo 43g EnWG, la autoridad competente puede designar al gestor del proyecto (Projektmanager) previa propuesta o con aprobación del promotor del proyecto (Vorhabenträger). El elemento de la norma "puede" indica que se trata de una facultad discrecional de la autoridad. Por consiguiente, ella no está obligada a seguir la propuesta del promotor del proyecto (Vorhabenträger).[457] Determinante de la potestad discrecional es, de acuerdo con el artículo 40 VwVfG, la finalidad de la norma que le atribuye la potestad; en este caso, la celeridad del procedimiento de fijación del plan (Planfeststellungsverfahren).

Antes de la iniciación de la preparación y/o realización de las etapas del proceso de planeación conforme al artículo 43g EnWG, por parte del tercero, este tercero debe ser designado.

Se plantea la cuestión sobre la naturaleza jurídica del contrato que la entidad del Estado federado celebra con el tercero y sobre si ¿en la designación del tercero como gestor del proyecto (Projektmanager) se deben tener en cuenta las normas de contratación pública de los artículos 97 ss. GWB y la VgV?

La aplicación de las normas de contratación pública de los artículos 97 ss. GWB y la VgV depende también del valor total de la contratación, de la intervención de una autoridad como contratante y de la especialidad de las tareas transferidas.

De acuerdo con el artículo 106, inc. 2 núm. 1 GWB y el artículo 4 lit. c de la directiva 2014/24/UE, los contratos de prestación de servicios de poderes adjudicadores subcentrales se les aplica las normas de contratación pública y el procedimiento establecido en los artículos 14 ss. VgV, como se ha advertido

457 Missling, en Theobald/Kühling, Energierecht, artículo 43g, párrafo 11.

anteriormente, cuando el monto de dichos contratos sobrepase el umbral de 214 000 euros.[458]

Si al tercero se le confía la valoración jurídica de las posiciones o las objeciones presentadas por el público en general y por las autoridades, esta actividad podría llegar a ser considerada como prestación de servicios jurídicos.[459] Para las prestaciones de servicios en el ámbito jurídico, que se encuentran dentro de las prestaciones de servicios del anexo XIV de la directiva 2014/24/UE, se les aplica, como ya se indicó *at supra*, de acuerdo con el artículo 4 lit. d de la directiva, el derecho de contratación pública cuando el contrato tenga un monto por encima del umbral de 750 000 euros.

Una tesis contraria resulta si se sigue la posición sostenida, por ejemplo, por el Ministerio del medio ambiente de Hessen sobre la BimSchG: el derecho de contratación pública no se aplicaría si el promotor del proyecto (Vorhabenträger) es el único que propone al único gestor del proyecto (Projektmanager) o solo aprueba a uno; ya que en ese caso la autoridad no tendría que realizar ninguna elección.[460] Esta posición considera que el contratante es el promotor del proyecto (Vorhabenträger) y no la autoridad pública por el derecho que tiene el promotor del proyecto (Vorhabenträger) de proponer o de aprobar la designación del tercero; sin embargo, esta tesis, es refutada por Appel[461] y Eding con fundamento en el tenor literal del artículo 43g EnWG y en la teleología de la norma.

De acuerdo con Pielow, la finalidad de la norma, esto es, la pretensión de celeridad en el procedimiento de planeación, hablaría en contra de la aplicación de las disposiciones normativas sobre contratación pública en la elección del gestor del proyecto (Projektmanager): "(...) la realización de un procedimiento de contratación con costos de tiempo y dinero contradice diametralmente el efecto acelerador que busca la intervención del tercero en el procedimiento de planeación"[462]. Esta posición se confirma cuando se considera que el derecho de contratación pública tiene como uno de sus principios prioritarios el de economía (artículo 97 núm. 1, frase 2 GWB) cuya finalidad es que los recursos

---

458 Sobre este tema cfr. Alexander, en Pünder/Schellenberg, Vergaberecht, artículo 106, párrafo 2.

459 Appel/Eding, EnWZ 2017, 392, 394.

460 Hessisches Ministerium für Umwelt, Klimaschutz, Landwirtschaft und Verbraucherschutz, Verfahrenshandbuch zum Vollzug des BImSchG – Durchführung von Genehmigungsverfahren bei Windenergieanlagen, estado: 13.3.2017, p. 20.

461 Appel/Eding, EnWZ 2017, 392, 394 ss.

462 Pielow, en Säcker, Berliner Kommentar zum Energierecht, artículo 43g, p. 2940.

públicos sean usados en la contratación de forma moderada, ahorrativa y económica[463]. No parecería tener justificación la aplicación del derecho de compras públicas, cuando el contrato no emplea recursos públicos. En el caso del gestor del proyecto (Projektmanager), los costos de la prestación de sus servicios corren a cuenta del promotor del proyecto (Vorhabenträger) que es un particular y no con cargo al presupuesto público (artículo 43g inc. 2, frase 1 EnWG).[464]

B. AUTORIDAD COMPETENTE

La fijación del plan (Planfeststellung) forma parte de la fase de la planeación territorial concreta del proyecto. Esta decisión está determinada por requisitos materiales (sobre los formales cfr. artículo 43a EnWG) dentro de los cuales se cuenta el mandato de ponderación, derivado del principio de Estado de derecho, que debe ser efectuado por la autoridad conforme a su discrecionalidad administrativa.[465]

De acuerdo con el artículo 43, inc. 1, frase 1 EnWG, la autoridad competente para efectuar la fijación del plan (Planfeststellung) es la autoridad señalada en el derecho de cada Estado federado. En Baden Württemberg, de acuerdo con el Reglamento del Ministerio del Medio Ambiente sobre competencias del derecho de la economía de energía (EnWGZuVO), la competencia radica en la instancia periférica intermedia de las presidencias gubernativas (Regierungspräsidien). Estas presidencias gubernativas están integradas por funcionarios estatales intermedios competentes en la circunscripción territorial denominada distrito gubernativo (Regierungsbezirk) (artículo 11 EnWGZuVO).

Conforme al artículo 1 del Reglamento sobre la atribución de la fijación del plan para líneas de altísima tensión transnacionales y transfronterizas a la Agencia Federal de Redes (PlfZV), la BnetzA es competente de la fijación del plan (Planfeststellung) de los proyectos que están señalados en el Plan Federal de Demanda Energética (Bundesbedarfsplan) con A1 o con A2 y para los que no sea aplicable el Reglamento sobre instalaciones en alta mar (SeeAnlV).

---

463 Pünder/Schellenberg/Fehling, artículo 97 párrafo 72.

464 Sobre las modalidades de asunción de los costos según el artículo 43g EnWG Cfr. Appel/Eding, EnWZ 2017, 392, 393.

465 Hermes/Kupfer, en Britz/ Hellerman/ Hermes, EnWG, artículo 43, párrafo 16 y 25 ss.

C. CONDICIONES Y LÍMITES DE LA TRANSFERENCIA

Un requisito de la transferencia de funciones al gestor del proyecto (Projektmanager) en el sentido del artículo 43g EnWG, de acuerdo con el inc. 1, frase 1 de la misma norma, es que esta transferencia sea propuesta o aceptada por el promotor del proyecto (Vorhabenträger). Esto se justifica en el hecho de que, como lo mencionamos *at supra*, los costos del gestor del proyecto (Projektmanager) son asumidos por el promotor del proyecto (Vorhabenträger).

Todas las cuestiones relevantes para el caso concreto deben ser consignadas por parte de la autoridad administrativa y el promotor del proyecto en un contrato de derecho público (öffentlich-rechtlichen Vertrag) determinado por los artículos 54 ss. VwVfG.

La doctrina aconseja que en el contrato se regule expresamente que solo la autoridad administrativa, sin influencia del promotor del proyecto (Vorhabenträger) puede escoger el gestor del proyecto (Projektmanager).[466] Esto es importante si se tiene en cuenta, que del tenor literal de la norma no se colige claramente si el mandato de considerar la solicitud o la autorización del promotor del proyecto (Vorhabenträger) se limita a la contratación del gestor del proyecto (Projektmanager) como tal o si se extiende a la selección de dicho tercero.[467]

La neutralidad del gestor del proyecto (Projektmanager) en el ejercicio de las tareas encomendadas, así como frente al promotor del proyecto (Vorhabenträger), a los funcionarios públicos, a los afectados y a las asociaciones debe, de acuerdo con la doctrina, ser asegurada con un acuerdo contractual entre la autoridad administrativa y el gestor del proyecto.[468]

Aun cuando la autoridad administrativa le transfiera al tercero la ejecución de tareas en el procedimiento administrativo de planeación, ella no puede retirarse totalmente de dicho procedimiento. De acuerdo con el artículo 43g inc. 2, frase 2 EnWG, la decisión final sobre la solicitud de fijación del plan (Planfeststellung) recae exclusivamente en la autoridad administrativa. Sobre las tareas transferidas, la responsabilidad de ejecución de la autoridad se transforma en una responsabilidad de garantía.[469]

La autoridad administrativa tiene que tomar todas las medidas necesarias para que el tercero tenga en cuenta todos los hechos relevantes para la decisión

---

466 Britz/Hellermann/Hermes/Kupfer, EnWG artículo 43g párrafos 4 ss.

467 Pielow, en Säcker, Berliner Kommentar zum Energierecht, artículo 43g, párrafo 27.

468 Britz/Hellermann/Hermes/Kupfer, EnWG artículo 43g párrafos 4 ss. g

469 *Ibidem*, párrafo 8.

y que ejecute sus tareas sin errores, para evitar que se configure un error en la ponderación que ella debe efectuar.[470]

El mandato previsto en el artículo 43g inc. 2, frase 2 EnWG, de acuerdo con el cual la decisión final sobre la solicitud de fijación del plan (Planfeststellung) recae exclusivamente en la autoridad administrativa, exige que la autoridad, por sí misma, participe en la reunión pública de deliberación (Erörterungstermin).[471]

Se ha analizado el rol de las autoridades en la configuración jurídica de la Public Private Partnership en la que un tercero particular y la autoridad administrativa cooperan en el procedimiento de planeación de redes de energía eléctrica conforme a lo dispuesto por el artículo 43g EnWG. A continuación, haremos lo propio con el rol del gestor del proyecto (Projektmanager).

II. ROL DEL GESTOR DEL PROYECTO (PROJEKTMANAGER) EN EL PROCESO DE PLANEACIÓN, ARTÍCULO 43G ENWG

Para analizar el rol del gestor del proyecto (Projektmanager) en el sentido del artículo 43g EnWG en el proceso de planeación, se examinará (A) la definición del término "tercero" que emplea el artículo 43g EnWG, (B) la cuestión de la posición jurídica de dicho tercero: ¿Particular al cual se le encargan funciones públicas (Beliehener) o ayudante de la administración (Verwaltungshelfer)? y (C) el tema de las tareas transferidas al gestor del proyecto (Projektmanager).

A. EL TÉRMINO "TERCERO"

El término "Projektmanager" no está definido en el artículo 43g EnWG. La disposición parte del supuesto de que a quien se le transfieren las tareas de preparación y realización de etapas procedimentales es un "tercero".

El término "tercero" debe ser interpretado de forma amplia.[472] En este sentido, se entiende como tercero toda persona, natural o jurídica, que no pertenece al círculo de participantes del procedimiento de planeación, como lo

---

470 *Ibidem*, párrafo 8 s.

471 *Ibidem*, párrafo 7.

472 Pielow, en Säcker, Berliner Kommentar zum Energierecht, artículo 43g, párrafo 2. Otra opinión: Nebel/Riese, en Steinbach/Franke, Netzausbau, artículo 43g, párrafo 13.

son los trabajadores del titular del proyecto y de la autoridad competente que efectúa la transferencia de las tareas.[473]

El supuesto de hecho "Manager" pone de presente que no todo tercero que realiza actividad de ayuda o apoyo en el procedimiento deba ser considerada.

B. TAREAS TRANSFERIDAS AL "PROJEKTMANAGER"

El artículo 43g EnWG establece que el tercero puede ser encargado como ayudante de la administración (Verwaltungshelfer) de la preparación y realización de etapas procedimentales como las que están enlistadas a título enunciativo en los numerales 1 a 9 de la misma disposición normativa.

Con el término "preparación" quedan comprendidas todas las actividades de las etapas procedimentales por parte del tercero que se refieran a proyectar, desarrollar y/o asesorar. La "ejecución" se refiere a actividades operativas para la realización de las etapas procedimentales específicas.[474]

El artículo 43g EnWG tiene significado declarativo.[475] En los numerales 1 a 9 se establecen, como ejemplos, tareas que puede desarrollar el gestor del proyecto (Projektmanager). Ello se colige de la norma cuando indica que el tercero puede realizar tareas "como" las allí enunciadas. Al gestor del proyecto (Projektmanager) se le podría, con ello, ampliar su campo de tareas a otras relacionadas con el contexto específico de que se trate.[476]

Como se mencionó *at supra*, la configuración del artículo 43g EnWG corresponde a un caso de privatización funcional[477] cuya característica principal es que la decisión final debe ser tomada por la autoridad.[478] Esto se deriva de la interpretación del artículo 43g inc. 2 EnWG, de acuerdo con el cual, la decisión sobre la solicitud de fijación del plan (Planfeststellungsantrag) debe ser tomada exclusivamente por el funcionario público competente. Esto se confirma con una interpretación sistemática del supuesto "etapas procedimentales" del texto normativo que implica que la transferencia de funciones solo puede referirse a actos parciales que puede comprender una o varias etapas procedimentales. En

---

473 Pielow, en Säcker, Berliner Kommentar zum Energierecht, artículo 43g, párrafo 2.

474 Pielow, en Säcker, Berliner Kommentar zum Energierecht, artículo 43g, párrafo 11.

475 *Ibidem.*

476 *Ibidem.*

477 Sobre los 4 modelos de privatización (privatización organizacional, patrimonial, material y funcional) cfr. Friedrich Schoch, "Privatisierung von Verwaltungsaufgaben", en DVBl 1994, 962 s.

478 Britz/Hellermann/Hermes/Kupfer, EnWG, artículo 43g, párrafo 2.

este sentido, la privatización es parcial y excluye una transferencia de todo el procedimiento de fijación del plan (Planfeststellungsverfahren).[479] Se trata de la realización de tareas específicas como la interpretación del plan, la fijación del plan definitivo y la ponderación que no pueden ser transferidas mediante la privatización funcional y que la autoridad debe realizar por sí misma.[480]

Son excluidas de ser transferidas al gestor del proyecto (Projektmanager) aquellas tareas de tienen una relación inmediata al contenido de la decisión de cierre del procedimiento (Planfeststellungsbeschluss -la decisión de fijación del plan- o su denegación).[481] Así, conforme al artículo 43g numerales 3 y 5 EnWG, solo puede ser transferida al gestor del proyecto (Projektmanager) la realización de la primera evaluación de los dictámenes presentados y la coordinación de los dictámenes necesarios de los expertos. De acuerdo con los numerales 6 y 7 del mismo texto normativo, el gestor del proyecto puede realizar la preparación organizativa y la dirección de la audiencia de información y consulta, pero él no puede elaborar el informe de dicha audiencia, sino solo su proyecto (numeral 4). De igual manera, según el artículo 43g numerales 1 y 2 EnWG, dentro de las tareas que pueden ser transferidas al particular se enlistan las siguientes: ***i)*** la elaboración del plan director del procedimiento (Verfahrensleitplan), que consiste en un mapa de ruta[482] para el procedimiento de información y consulta (Anhörungsverfahren); ***ii)*** la fijación de plazos intermedios que sirven a la estructuración temporal del procedimiento y ***iii)*** el control de los plazos que comprende la comunicación[483] de dichos plazos a sus destinatarios.

La ley para el mejoramiento de la participación del público y la unificación del procedimiento de fijación del plan (PlVereinhG) no modificó el artículo 43g EnWG. La doctrina interpreta de este hecho que el legislador con la PIVereinhG pretendía unificar[484], ajustar el derecho del procedimiento de fijación del plan (Planfeststellungsverfahrensrecht) y no quiso generalizar una privatización parcial del procedimiento de fijación del plan (Planfeststellungsverfahren) mediante una inclusión del gestor del proyecto (Projektmanager) en los preceptos de la ley de trámite administrativo (VwVfG).[485]

---

479 Pielow, en Säcker, Berliner Kommentar zum Energierecht, artículo 43g, párrafo 13.
480 *Ibidem.*
481 Britz/Hellermann/Hermes/Kupfer, EnWG, artículo 43g, párrafo 3.
482 Pielow, en Säcker, Berliner Kommentar zum Energierecht, artículo 43g, párrafo 17.
483 Missling, en Theobald/Kühling, Energierecht, artículo 43g, párrafo 9.
484 Britz/Hellermann/Hermes/Kupfer, EnWG, artículo 43a, párrafo 2.
485 Britz/Hellermann/Hermes/Kupfer, EnWG, artículo 43g, párrafo 1.

Como un gestor del proyecto (Projektmanager),[486] "managen" implica un control y una dirección de las etapas del procedimiento de forma amplia y activa.[487] De la concepción del término "Projektmanagement" en el ámbito de la teoría organizacional económica se deriva su comprensión como la totalidad de tareas de liderazgo, organización, técnicas y medios para la iniciación definición, planeación, dirección y conclusión de un proyecto.[488]

Teniendo en cuenta la finalidad de la norma, que es la búsqueda de eficacia y celeridad en el procedimiento, no se excluye una interpretación del supuesto del artículo 43g EnWG "tercero" en el sentido que, de forma simultánea o sucesiva, hagan parte del procedimiento varios terceros independientes.[489]

A diferencia de lo que ocurre en el procedimiento de planeación urbana, de una interpretación del artículo 43g EnWG surge, como lo afirma Posser, que es necesario que el promotor del proyecto (Vorhabenträger) proponga o por lo menos esté de acuerdo con la vinculación del gestor del proyecto (Projektmanager).[490] Esto porque el promotor del proyecto debe correr con los costos del gestor del proyecto.

C. POSICIÓN JURÍDICA: ¿PARTICULAR AL CUAL SE LE ENCARGAN FUNCIONES PÚBLICAS (BELIEHENER) O AYUDANTE DE LA ADMINISTRACIÓN (VERWALTUNGSHELFER)?

Como lo indicamos en el capítulo preliminar, el legislador puede transferir el ejercicio de funciones públicas a particulares. El artículo 43g EnWG pretende el logro de la "(...) condensación y concentración del curso del procedimiento de planificación" con la colaboración de los particulares en el procedimiento.[491] Por sus consecuencias jurídicas, es importante abordar la cuestión sobre si, en el marco de esa colaboración, ¿la posición del gestor del proyecto (Projektmanager), en el sentido del artículo 43g EnWG, con respecto al servidor público

---

486 *Ibidem*. Otra opinión: Nebel/Riese, en Steinbach/Franke, Netzausbau, artículo 43g, párrafo 13.

487 Pielow, en Säcker, Berliner Kommentar zum Energierecht, artículo 43g, párrafo. 3.

488 Markus Ehrmann, Der Projektmanager – rechtliche Grundlagen, Einsaztmöglichkeiten und Erfahrungen, en Zeitschrift für Immissionesschutzrecht und Emissionshandel, 2016, p. 104, 107.

489 Pielow, en Säcker, Berliner Kommentar zum Energierecht, artículo 43g, párrafo 3.

490 Becker, en Posser/Schulze, Praxishandbuch, capítulo 6, párrafo 237 s.

491 Pielow, Ausbaubedarf und -instrumente bei den Verteilnetze, p. 121, 137.

es el encargo a particulares de funciones públicas (Beleihung) o de ayuda a la administración (Verwaltungshilfe)?

El término de Public Private Partnership agrupa las diversas formas de cooperación de autoridades soberanas con particulares.[492]

Son múltiples las razones[493] que fundamentan el cambio de paradigma que ha conducido a la privatización. Puntos centrales de las tendencias de privatización de tareas públicas en el presente están, por ejemplo, en el campo del derecho de la energía[494].

En el caso del artículo 43g EnWG, se trata de un subgrupo de privatización de procedimiento (Verfahrensprivatisierung) y específicamente de privatización funcional.[495] Una privatización funcional es aquella en la que el Estado continúa garantizando que una tarea que él hasta ese momento ejecutaba, es transferida y cumplida (total o parcialmente) por parte de un particular (controlado y vigilado por el Estado)[496]. Su característica principal es el uso por parte de la administración pública de conocimiento técnico, de la capacidad económica y de las habilidades de los particulares para la realización de tareas públicas.[497] Por otra parte, la responsabilidad de la ejecución de la tarea específica permanece en el ámbito competencial del titular administrativo.[498]

Dentro de las modalidades de realización de tareas públicas por medio de particulares se encuentran el encargo a particulares de funciones públicas (Beleihung) y la ayuda a la administración (Verwaltungshilfe). El artículo 43g EnWG plantea la cuestión sobre la posición jurídica que recibe el tercero con esta transferencia de actividades de preparación y/o realización de las etapas procedimentales en el sentido del artículo 43g EnWG.

Como se indicó *at supra*, el Estado le puede transferir la competencia de realizar tareas públicas soberanas a un particular para que este las ejecute a nombre propio de forma independiente y autorresponsable.[499] El encargo a particulares

---

492 Schulze-Fielitz, en Hoffmann-Riem/ Schmidt-Assmann/ Vosskuhle, Grundlagen des Verwaltungsrechts, § 12, párrafo 869.

493 *Ibidem.*

494 *Ibidem.*

495 Pielow, en Säcker, Berliner Kommentar zum Energierecht, artículo 43g, párrafo 7. En este mismo sentido cfr. Britz/Hellermann/Hermes/Kupfer, EnWG, artículo 43g, párrafo 2.

496 Ibler, Maunz/Dürig GG, artículo 86 (Bearbeitung 2008) Rn. 117 ff.

497 Pielow, en Säcker, Berliner Kommentar zum Energierecht, artículo 43g, párrafo 7.

498 *Ibidem.*

499 Maurer, Allgemeines Verwaltungsrecht, capítulo 21, párrafo 11.

de funciones públicas (Beleihung) requiere un fundamento legal.[500] En este sentido, el particular al cual se le encargan funciones públicas (Beliehener) es un particular a quien se le transfiere la competencia de realizar soberana e independientemente tareas públicas.[501]

El particular al cual se le encargan funciones públicas (Beliehener) actúa hacia el exterior de la administración como un titular soberano independiente.[502] Él es un funcionario público en el sentido del artículo 1, inc. 4 VwVfG.[503] Él puede expedir actos administrativos en el sentido del artículo 35 VwVfG en el marco de sus competencias.[504]

Conforme al artículo 43g frase 2 EnWG, la decisión sobre la solicitud de fijación del plan (Planfeststellungsantrag) es competencia exclusiva del funcionario público. De las tareas del gestor del proyecto (Projektmanager) enlistadas en el artículo 43g, frase 1 EnWG, no se desprende que este tenga o deba tener competencias para ejercer facultades soberanas.[505] De acuerdo con la exposición de motivos del proyecto de ley que incorporó el artículo 43g EnWG sobre el gestor del proyecto (Projektmanager), este apoya el proceso de toma de decisión de planeación, pero no debe determinar realmente la decisión.[506] Desde este punto de vista, el gestor del proyecto (Projektmanager) tiene funciones de coordinación que no penetran en el núcleo del proceso de ponderación. En este sentido, la exposición de motivos es clara en afirmar que el gestor del proyecto (Projektmanager) no debe realizar tareas soberanas.

Como se indicó arriba, la diferencia entre el encargo a particulares de funciones públicas (Beleihung) o de ayuda a la administración (Verwaltungshilfe) consiste en que en la primera de estas modalidades de realización de tareas públicas por particulares, el particular al cual se le encargan funciones públicas (Beliehener) realiza las tareas públicas soberanas a nombre propio y bajo su propia responsabilidad; mientras que en la segunda modalidad, la competencia y la responsabilidad permanece en el funcionario público que realiza la transferencia de la tarea pública.[507]

---

500 *Ibidem*, capítulo 23, párrafo 64.
501 *Ibidem*, capítulo 21, párrafo 11.
502 *Ibidem*, capítulo 23, párrafo 64.
503 *Ibidem*.
504 *Ibidem*.
505 Sobre este tema cfr. Maurer, capítulo 23, párrafo 8.
506 BT-Drs 17/6073, p. 34.
507 Maurer, Allgemeines Verwaltungsrecht, capítulo 21, párrafo 66.

El hecho de que el gestor del proyecto (Projektmanager) solo apoye el proceso de toma de decisión y no deba determinar realmente la decisión,[508] habla a favor de que el "Projektmanager" actúe como un ayudante de la administración (Verwaltungshelfer).[509] El gestor del proyecto (Projektmanager) no expide actos administrativos, sino que cumple prestaciones de servicios para el funcionario y está sometido a sus órdenes.[510] En efecto, aunque los costos de los honorarios del gestor del proyecto los cubre el titular del proyecto (artículo 43g inc. 2, frase 1 EnWG), él actúa por encargo del funcionario.[511]

El artículo 43g EnWG que expresamente instituye que el gestor del proyecto (Projektmanager) es un ayudante de la administración (Verwaltungshelfer) tiene una función de clarificación, pero no constitutiva en el sentido de ser un fundamento legal (como se exige para el caso de la Beleihung). En ese orden de ideas, al tercero se le pueden encomendar otras actividades auxiliares independientemente de las establecidas en el artículo 43g EnWG.[512]

Como síntesis, se puede afirmar que si al gestor del proyecto (Projektmanager) se le confían trabajos preparatorios, su actividad puede ser tipificada como ayuda de la administración (Verwaltungshilfe).[513] Como se indicó, el artículo 43g inc. 2, frase 2 EnWG establece que la decisión de fijación del plan recae exclusivamente en la autoridad. Por ello, la posibilidad de trasladar esta función soberana al gestor está excluida.[514] Si se le encomienda la gestión de la audiencia de deliberación (Erörterungstermin), la posición de acuerdo con la cual, el gestor del proyecto, en el sentido del artículo 43g EnWG, es un ayudante de la administración pierde validez.[515] Al llevar adelante la deliberación, el gestor del proyecto debe "respetar los derechos fundamentales de los particulares, la prohibición de arbitrariedad y el principio de proporcionalidad"[516]. Por ello, hay

508 BT-Drs 17/6073, p. 34.

509 Cfr. Pielow, en Säcker, Berliner Kommentar zum Energierecht, artículo 43g, párrafo 7; Markus Ehrmann, Der Projektmanager – rechtliche Grundlagen, Einsaztmöglichkeiten und Erfahrungen, en Zeitschrift für Immissionesschutzrecht und Emissionshandel, 2016, p. 104, 111.

510 André Turiaux, en Kment, EWG, artículo 43g, Rn 4.

511 André Turiaux, en Kment, EWG, art. 43g, Rn 4.

512 Cfr. Pielow art. 43g Rn. 10.

513 Ibler, *El Estado garante en el sector energético*, p. 11.

514 *Ibidem.*

515 *Ibidem.*

516 *Ibidem.*

una probabilidad de que el traslado de la tarea de esta gestión sea un supuesto de encargo a particulares de funciones públicas (Beleihung).[517]

Se ha analizado la configuración jurídica de la Public Private Partnership en la que un tercero particular y la autoridad administrativa cooperan en el procedimiento de planeación administrativa, conforme a lo dispuesto por el artículo 43g EnWG, mediante el análisis del rol del gestor del proyecto en el procedimiento. A continuación, haremos lo propio con la posición de los afectados.

III. LA POSICIÓN DE LOS AFECTADOS

La autoridad administrativa toma por sí sola la decisión de la contratación del gestor del proyecto (Projektmanager); de tal forma, que el promotor del proyecto (Vorhabenträger) no tiene un derecho a una decisión positiva; así como tampoco, otros participantes en el procedimiento tienen derecho a una determinada decisión.[518]

La decisión es una actuación procedimental (Verfahrenshandlung) en el sentido del artículo 44a VwGO.[519] De acuerdo con esta disposición, los recursos contra actuaciones procedimentales de los funcionarios públicos solo pueden interponerse al mismo tiempo con los recursos admisibles contra la decisión sobre el fondo real (Sachentscheidung).

La actuación procedimental (Verfahrenshandlung) en el sentido del artículo 44a VwGO no interviene en los derechos de los participantes en el procedimiento y por ello, no está sujeta a una acción revocatoria por parte de los participantes. La autoridad solo decide sobre la forma como el gestor del proyecto (Projektmanager) debe ejecutar sus funciones sin que, con ello, tome decisiones sobre el contenido material de la solicitud de fijación del plan (Planfestellungsantrag).[520]

En el caso de que el funcionario le confiera un encargo al tercero que incluya facultades que no estén previstas en la ley, por ejemplo, la realización de la ponderación de los intereses afectados, esa decisión constituye una vulneración de la ley que tiene consecuencias para la decisión sobre el fondo del asunto y con ello, también tiene o puede tener efectos en los derechos de los participantes en el procedimiento. En estos supuestos de hecho, la decisión sobre la contratación del tercero puede ser controvertida judicialmente por los participantes.[521]

---

517 *Ibidem.*

518 Turiaux, en Kment, EnWG, artículo 43 g, párrafo 8.

519 *Ibidem.*

520 *Ibidem.*

521 *Ibidem*, párrafo 9.

Las demandas contra las decisiones conforme al artículo 43g EnWG pueden ser interpuestas, en primera instancia, ante el Tribunal administrativo superior del Estado Federado (Oberverwaltungsgericht) en el sentido del artículo 48, inc. 1 Nr. 4 VwGO.

CONCLUSIONES DE LA PRIMERA PARTE

Se comprobó que no existe un único modelo de Participación Público-Privada en la planificación de infraestructura en Alemania.

Conforme el artículo 43g EnWG, la autoridad competente conforme al derecho del Estado federado puede designar al gestor del proyecto (Projektmanager). El artículo 43g EnWG establece que el tercero puede ser encargado como "Verwaltungshelfer" de la preparación y realización de etapas procedimentales como las que están enlistadas a título enunciativo en los numerales 1 a 9 de la misma disposición normativa.

Aun cuando la autoridad administrativa le transfiera al tercero la ejecución de tareas en el procedimiento administrativo de planeación, ella no puede retirarse totalmente de dicho procedimiento. De acuerdo con el artículo 43g inc. 2, frase 2 EnWG, la decisión final sobre la solicitud de fijación del plan (Planfeststellung) recae exclusivamente en la autoridad administrativa. Sobre las tareas transferidas, la responsabilidad de ejecución de la autoridad se transforma en una responsabilidad de garantía.[522]

Aún queda por verse si, en la práctica, la incorporación del gestor del proyecto (Projektmanager) en el trámite administrativo puede conducir a un alivio considerable de las obligaciones de los funcionarios. En contra de ello habla que la transferencia de funciones al particular no dispensa al funcionario de realizar los trabajos de preparación y de realizar sus propias indagaciones y, en esa medida, es dudoso si realmente la atribución de funciones al tercero exonera al funcionarios de sus cargas obligacionales o si genera, más bien, duplicidad de controles.[523] Adicionalmente, como se indicó, de acuerdo con la doctrina, la celeridad del procedimiento se vería menguada por la contratación en un procedimiento de compras públicas.

522 Britz/Hellermann/Hermes/Kupfer, EnWG, artículo 43a, párrafo 8.

523 Becker, en Posser/Schulze, Praxishandbuch, capítulo 6, p. 237.

SEGUNDA PARTE

LA CONFIGURACIÓN JURÍDICA DE PUBLIC PRIVATE PARTNERSHIPS EN EL ÁMBITO DEL SUMINISTRO DE ENERGÍA EN COLOMBIA

Las Public Private Partnerships entendidas de forma *stricto sensu*, son concebidas en Colombia en la ley 1508 de 2012 como Asociaciones Público-Privadas. El artículo 1 de esta ley las define como un instrumento de vinculación de capital privado, que se materializan en un contrato entre una entidad estatal y una persona natural o jurídica de derecho privado, para la provisión de bienes públicos y de sus servicios relacionados, que involucra la retención y transferencia de riesgos entre las partes y mecanismos de pago, relacionados con la disponibilidad y el nivel de servicio de la infraestructura y/o servicio.

La 1508 de 2012 es aplicable a todos aquellos contratos en los cuales las entidades estatales encarguen a un inversionista privado el diseño y construcción de una infraestructura y sus servicios asociados, o su construcción, reparación, mejoramiento o equipamiento, actividades todas estas que deberán involucrar la operación y mantenimiento de dicha infraestructura (artículo 3, inc. 1). En estos contratos se retribuirá la actividad con el derecho a la explotación económica de esa infraestructura o servicio, en las condiciones que se pacte, por el tiempo que se acuerde, con aportes del Estado cuando la naturaleza del proyecto lo requiera (artículo 3, inc. 3 ley 1508 de 2012).[524]

Como se refirió *at supra*, las modalidades de privatización en Alemania se agrupan de forma descriptiva bajo el término de Public Private Partnerships

524 Sobre las Asociaciones Público-Privadas en el sentido de la ley 1508 de 2012 cfr. Mónica Liliana Ibagón Ibagón, la financiación de contratos públicos. En Contratos públicos, Bogotá, Universidad Externado de Colombia, 2017, p. 159 ss.

latu sensu.[525] En ese orden de ideas, también el encargo a particulares de funciones públicas (Beleihung)[526] o la ayuda a la administración (Verwaltungshilfe[527]) y el llamado legal de los particulares al servicio (Inpflichtnahme Privater[528] o Indienstnahme Privater) son formas de Public Private Partnerships pero no se agotan en estas.

El término funciones públicas es empleado por la Constitución colombiana, por ejemplo, en los artículos 26, inc. 2, frase 3, 118, 123, inc. 4, 150 núm. 4, 227 núm. 6, 228 y 267. En el artículo 123, inc. 3 y en el artículo 26, inc. 2, frase 3 de la Constitución se menciona este término para referirse a las funciones que son ejercidas por particulares. El artículo 210 de la Constitución se refiere a funciones administrativas y establece que estas pueden ser cumplidas por particulares en las condiciones que señale la ley. La ley 489 de 1998 concretó esta categoría al dedicar su capítulo XVI al "ejercicio de funciones administrativas por parte de particulares". La ley 1437 de 2012 (Código de Procedimiento Administrativo y de lo Contencioso Administrativo) establece que dentro de su ámbito de aplicación están los particulares cuando cumplan funciones administrativas (artículo 2, inc. 1, frase 1). Adicionalmente, la misma ley instituye que la jurisdicción de lo contencioso administrativo es competente para conocer de actos, contratos, hechos, omisiones y operaciones de particulares cuando ejerzan función administrativa (artículo 104, inc. 1). La ley 1563 de 2012 (Estatuto de Arbitraje Nacional e Internacional) también contiene el supuesto "funciones administrativas" en el artículo 1, inc. 4, artículo 2, inc. 1, frase 2, artículo 8, inc. 2 y artículo 32, inc. 3. En esta primera disposición referida (artículo 1, inc. 4) se establece:

> "En los tribunales en que intervenga (...) quien desempeñe funciones administrativas, si las controversias han surgido por causa o con ocasión de la celebración, desarrollo, ejecución, interpretación, terminación y liquidación de contratos estatales,

525 Helmuth Schulze-Fielitz p. 875 s.

526 El encargo a particulares de funciones públicas (Beleihung) consiste en que por medio de la ley o con fundamento en ella se transfieren a los particulares no solo tareas públicas para ser ejercidas independientemente, sino también facultades soberanas de autoridad (Heintzen, VVDStRl, 2002, p. 220, 240).

527 El término ayudantes de la administración (Verwaltungshelfer) se utiliza para describir al privado que realiza actividades de ayuda a la administración en encargo y bajo las órdenes de la autoridad (Burgi, Allgemeines Verwaltungsrecht, p. 325).

528 El Estado les impone a particulares obligaciones de actuación y de ejecución de prestaciones, sin que este reciba competencias de derecho público que efectúa como asunto propio (Schulze-Fielitz, en Hoffmann-Riem/ Schmidt-Assmann/ Vosskuhle, Grundlagen des Verwaltungsrechts, p. 874).

incluyendo las consecuencias económicas de los actos administrativos expedidos en ejercicio de facultades excepcionales, el laudo deberá proferirse en derecho".

En derecho colombiano, como lo afirma la doctrina[529], se han constatado dificultades dogmáticas para definir el término función administrativa[530]. En derecho comparado, como lo señala Rodríguez-Rodríguez, la posibilidad de transferencia de tareas a los particulares ha sido comprendida en figuras como la descentralización por colaboración o simplemente ha sido identificada como el ejercicio de funciones públicas por particulares.[531] En el derecho colombiano, este ejercicio de funciones ha estado siempre asociado a la idea de descentralización por colaboración.[532] Como ejemplos se citan los casos del registro público de comercio por parte de las Cámaras de comercio, algunas funciones de la Federación Nacional de Cafeteros y la actividad de los notarios.[533]

En Colombia la transferencia de funciones públicas a los particulares puede llevarse a cabo mediante varios instrumentos jurídicos. Para ellos, se han establecido requisitos derivados del principio de Estado de derecho. La atribución de funciones puede efectuarse por medio de la ley.[534] En ese sentido, se ha establecido que la ley debe disponer con exactitud las funciones que van a ser encargadas al particular, "los controles y demás límites que tengas las actuaciones y decisiones de las organizaciones privadas y en general, las condiciones para el ejercicio de la función"[535].

El segundo mecanismo es la transmisión de funciones con fundamento en un convenio de descentralización por colaboración. La descentralización por colaboración es una de ellas. La Corte Constitucional, en sentencia C 909 de 2007, la definió así: "Cuando la administración pública no asume la prestación de determinados servicios, puede ocurrir que la ley autorice a los particulares para que tomen a su cargo la actividad respectiva, presentándose, entonces, la figura de la descentralización por colaboración, autorizada mediante los artículos 1.º, 2.º, 123, 209, 210 y 365 de la Constitución Política"[536]. De acuerdo con la misma decisión jurisprudencial, en "la descentralización por colaboración, un

---

529 Zapata, La función administrativa, apartado I.

530 Sobre aproximaciones conceptuales de este término cfr. Montaña, Fundamentos de Derecho Administrativo, apartado II.

531 Rodríguez-Rodríguez, Derecho administrativo general y colombiano, p. 173 s.

532 Ibidem, p. 174.

533 Ibidem.

534 Sobre este tema también cfr. Pachón-Lucas, Los servidores públicos, p. 160 ss.

535 Rodríguez-Rodríguez, Derecho administrativo general y colombiano, p. 180.

536 Corte Constitucional, Sentencia C 909 de 2007.

determinado tipo de entidad privada (...), en razón del conocimiento y la experiencia por ella acumulados, es investida por ley de determinadas funciones públicas, bajo la consideración de que su cumplimiento resulta más eficiente en cabeza suya que en cabeza de una entidad estatal"[537].

Las condiciones bajo las cuales puede realizarse el traslado de las funciones son las siguientes: ***i)*** un acto administrativo proferido por el titular de la función debe preceder el traspaso; ***ii)*** el acto administrativo debe ser aprobado por el presidente de la República (si la delegación es de autoridades del orden nacional) o por delegación del mismo, de los ministros o directores de departamentos administrativos; ***iii)*** el acto debe contener las "funciones específicas a ser encomendadas a los particulares, las calidades y requisitos que deben reunir las entidades o personas privadas, las condiciones del ejercicio de las funciones, la forma de remuneración si fuere el caso, la duración del encargo y las garantías que deben prestar los particulares"[538]; ***iv)*** debe celebrarse un convenio entre la autoridad administrativa y el particular;[539] ***v)*** el plazo del convenio debe tener plazo de 5 años; ***vi)*** para la selección del particular se deben seguir los principios establecidos en el Estatuto General de Contratación y ***vii)*** en el convenio de incluyen las cláusulas excepcionales establecidas en dicho estatuto.[540]

La tercera modalidad es el otorgamiento de funciones a personas jurídicas de naturaleza mixta.[541] La ley ha establecido la posibilidad de ***i)*** constituir sociedades de economía mixta a quienes se les pueden atribuir tareas públicas (artículo 97 de la ley 489 de 1998); ***ii)*** asociación entre entidades públicas y personas jurídicas privadas para cumplir los cometidos y funciones que les asigna a aquellas la ley (artículo 96, inc. 1 de la ley 489 de 1998) y ***iii)*** crear personas jurídicas para el desarrollo conjunto de actividades en relación con los mismos cometidos y funciones (artículo 96, inc. 1 de la ley 489 de 1998). Para los convenios de asociación, en el sentido del artículo 96, inc. 1 de la ley 489 de 1998, se deben celebrar conforme a lo dispuesto por el artículo 355 de la Constitución que establece en el inciso 2 que el gobierno (en los niveles nacional, departamental, distrital y municipal) podrá suscribir contratos con entidades privadas sin ánimo de lucro y de reconocida idoneidad con el fin de impulsar programas y actividades de interés público acordes con el Plan Nacional y los planes

537 Ibidem.
538 Rodríguez-Rodríguez, Derecho administrativo general y colombiano, p. 181.
539 Ibidem,
540 Cfr. Pachón-Lucas, Los servidores públicos, p. 164.
541 Cfr. Corte Constitucional, sentencia C 543 de 2001.

seccionales de Desarrollo. En los convenios se debe determinar con precisión su objeto, término, obligaciones de las partes, aportes, coordinación y todos aquellos aspectos que se consideren pertinentes (artículo 96, inc. 2 de la ley 489 de 1998). En el acto de creación de la persona jurídica (en el sentido del artículo 96, inc. 1 de la ley 489 de 1998) se deben indicar los objetivos y actividades a cargo, los compromisos o aportes iniciales de las entidades, la participación de las entidades asociadas en el sostenimiento y funcionamiento de la entidad, la integración de los órganos de administración y dirección y la duración de la asociación y las causales de disolución (artículo 96, inc. 4 de la ley 489 de 1998).

Como se indicó *at supra*, este escrito parte del supuesto[542] que el término Public Private Partnerships cumple "una función heurística y estructuradora",[543] que comprende[544] las múltiples posibilidades de cooperación y coordinación entre el Estado y los particulares, en los diferentes ámbitos de las tareas a su cargo.

Si se acoge el entendimiento *latu sensu* de un sector de la doctrina alemana sobre la acepción y tipos de las Public Private Partnerships en el derecho colombiano, es acertada la tesis, según la cual, en la descentralización por colaboración está contenida e implícita la noción de colaboración que es parte esencial de las Public Private Partnerships. También en la transferencia de funciones públicas a particulares está contenida e implícita la noción de cooperación, de colaboración y de trabajo conjunto entre autoridades y sujetos privados que es una de las partes indispensables de las Public Private Partnerships.

La relación jurídica entre las empresas privadas de Energía y el Estado en Colombia puede ser entendida a la luz de la tipología de las Public Private Partnerships que incluye como tal toda forma de cooperación, de colaboración y de trabajo conjunto entre autoridades y sujetos privados.

Como se sostuvo *at supra*, se parte de la premisa, para la configuración de las Public Private Partnerships, que son sujetos privados en la medida que son sociedades de derecho privado. En ese sentido, con la referencia a sujetos de derecho privado están comprendidas personas naturales y personas jurídicas de derecho privado, incluso aquellas que están en titularidad estatal. Esta presunción, como se indicó *at supra*, es independiente de ***i)*** cómo se deben valorar

---

542 Cfr. Introducción y tercera parte capítulo primero acápite I.

543 El modelo de dirección de la empresa (Betriebsführungsmodell) consiste en que el contratista, elegido en el marco de un proceso de selección objetiva, a cambio de una suma de dinero dirige una instalación de la entidad pública a su nombre y a su cuenta y riesgo (Bauer, Verwaltungskooperation, p. 9, 12).

544 Borchert, Bauleitplanung durch Beliehener, p. 67

las prestaciones que van a ser efectuadas por el sujeto privado, ***ii)*** el aseguramiento al bien común y ***iii)*** la vinculación a los derechos fundamentales.

A continuación, se examinarán las regulaciones normativas que determinan ***i)*** el procedimiento de planificación de proyectos de tendido de líneas nuevas de transmisión del sistema nacional de transmisión (SNT) en Colombia (capítulo primero), ***ii)*** el trámite de la licencia ambiental (capítulo segundo) y ***iii)*** los procedimientos de imposición de servidumbre eléctrica (capítulo tercero) – para estudiar la configuración jurídica de la participación público-privada en la planificación de infraestructura y en ella, las funciones que pueden ser transferidas a los particulares y su control administrativo. En este sentido, se considera la planificación de proyectos de tendido de líneas nuevas de transmisión del sistema nacional de transmisión (SNT), el licenciamiento ambiental y los procedimientos de imposición de servidumbre eléctrica como instrumentos de planificación administrativa con participación privada.

Adicionalmente, se analizará si estas normas otorgan una garantía de protección jurídica efectiva a los afectados o si como lo afirma Kischel[545], en su libro sobre derecho comparado sobre los sistemas latinoamericanos, existe una contradicción entre el derecho escrito y el derecho vivo. Estas conclusiones, permitirán, en la tercera parte de este escrito, realizar reflexiones, desde una perspectiva comparatista, sobre ¿qué puede aprender Colombia de Alemania? Estas incluyen la pregunta de si ¿la (re)asunción de las tareas públicas por parte del Estado podría ser una solución a la problemática planteada? Para responder a estos cuestionamientos se hará especial referencia a casos concretos.

545 Kischel, Rechtsvergleichung, p. 642 ss.

CAPITULO PRIMERO LA CONFIGURACIÓN JURÍDICA DE PUBLIC PRIVATE PARTNERSHIPS EN EL PROCEDIMIENTO DE PLANEACIÓN DE REDES DE TRANSMISIÓN

La planeación para la construcción e instalación de redes de transmisión eléctrica es un proceso que se desarrolla en fases. Cada fase finaliza con una o varias decisiones que son un punto final relativo, resultado de un proceso de elección de alternativas que está determinado por las decisiones tomadas en la fase de planeamiento precedente y por las normas legales correspondientes. Esbozaremos el procedimiento en las fases de elaboración del Plan de Expansión con el objeto de analizar la cuestión de la protección jurídica a los afectados en el procedimiento administrativo de planeación de redes de transmisión de energía eléctrica en Colombia. Se parte aquí del supuesto que la planificación de proyectos de tendido de líneas nuevas de transmisión del sistema nacional de transmisión (SNT) es un instrumento de planificación administrativa con participación privada.

En Colombia, dentro de las fases de planeamiento de las redes de trasmisión de energía eléctrica hacen parte los procesos de elaboración del Plan Nacional de Desarrollo, del Plan Estratégico Sectorial, del Plan Estratégico de la UPME, del Plan De Expansión De Referencia generación (indicativo) y transmisión (mandatorio) de energía eléctrica, del Plan Indicativo de la Expansión de la Cobertura de Energía eléctrica (PIEC), del Plan Energético Nacional (PEN), el proceso de aprobación de proyectos con fondos, el proceso de convocatorias de proyectos de infraestructura, los procedimientos de obtención de los permisos ambientales y de construcción y los procedimientos de imposición de servidumbres a que haya lugar.

Es viable, conforme a la normatividad vigente, la participación privada en los procesos de planificación de infraestructura de redes de transmisión de energía eléctrica, ya sea como miembros del Comité Asesor de Planeamiento de la Transmisión (CAPT), o como accionistas (en los casos en que estén constituidas como sociedades por acciones), determinantes de decisiones de Empresas de Servicios Públicos, operadoras de red. En los siguientes apartados vamos a analizar el rol de la Unidad de Planeación Minero-Energética, UPME (I), del

CAPT y los Operadores de Red (II) y de los afectados (III) en el procedimiento de planeación de redes de transmisión de energía eléctrica.

I. ROL DE LA UNIDAD DE PLANEACIÓN MINERO-ENERGÉTICA (UPME) EN EL PROCEDIMIENTO DE PLANEACIÓN DE REDES DE TRANSMISIÓN DE ENERGÍA ELÉCTRICA

La Unidad de Planeación Minero-Energética (en adelante, UPME) tiene como funciones, entre otras, elaborar y actualizar el Plan Energético Nacional y el Plan de Expansión del sector eléctrico en concordancia con el Proyecto del Plan Nacional de Desarrollo.[546] En este último, se definen las prioridades del Sistema de Transmisión Nacional (STN) en el corto, mediano y largo plazo con base en la información de la infraestructura eléctrica actual, los proyectos futuros y las proyecciones de demanda de energía eléctrica, además de las nuevas plantas de generación que se conectan en el sistema.[547] La UPME, al elaborar el Plan de Expansión del Sistema Interconectado Nacional, debe identificar y proponer aquellos proyectos necesarios para el cubrimiento de la demanda nacional con independencia del nivel de tensión en el cual deban ejecutarse.[548]

La fase de elaboración del Plan de Expansión comprende el procesamiento de la información indispensable para efectuar el análisis detallado, técnico y económico, que permita elaborar el Plan de Expansión de Referencia de Transmisión en el cual se establecen las obras de transmisión a ser ejecutadas.[549]

Insumos para los análisis del Plan de Expansión son las proyecciones de demanda de potencia y energía elaboradas por la UPME, a partir de las cuales, se modela el comportamiento energético y eléctrico del sistema y se precisa el estado y las necesidades de la demanda con base en la metodología de escenarios. Así mismo, el Informe Trimestral de Restricciones (ITR) que elabora XM donde se identifican los puntos específicos de la red en los que se debe reducir o eliminar restricciones para evitar sobrecostos al sistema.

La ley 143 de 1994, la resolución 025/95 CREG y la resolución MME 18–1313 de 2002 consagran determinantes para la UPME en el proceso de elaboración de

546 Artículo 16 literal c de la ley 143 de 1994.

547 Ministerio de Minas y Energía, UPME, Plan de expansión de referencia Generación – Transmisión 2015 – 2029, p. 355.

548 Parágrafo del artículo 1 de la resolución MME 18–1313.

549 Ministerio de Minas y Energía, UPME, Lineamientos para fortalecer la expansión del sistema de transmisión nacional, p. 20.

los Planes de Expansión del Sistema Interconectado Nacional. El artículo 12 de la ley 143 de 1994 dispone que la planeación de la expansión del sistema interconectado nacional se realizará a corto y largo plazo, de tal manera que los planes para atender la demanda sean lo suficientemente flexibles para que se adapten a los cambios que determinen las condiciones técnicas, económicas, financieras y ambientales; que cumplan con los requerimientos de calidad, confiabilidad y seguridad determinados por el Ministerio de Minas y Energía (MME); que los proyectos propuestos sean técnica, ambiental y económicamente viables y que la demanda sea satisfecha atendiendo a criterios de uso eficiente de los recursos energéticos.

La resolución 025 de 1995 expedida por la CREG, que contiene el Código de Redes establece, sobre los elementos de planeamiento, que, sin perjuicio de lo establecido en la ley, para efectuar el planeamiento del STN es necesario definir elementos de planeamiento aplicados tanto a los análisis de estado estacionario como transitorio y definir índices de confiabilidad con los cuales se mida si el suministro de energía eléctrica es adecuado.

La resolución MME 18-1313 de 2002, en su artículo 3, reitera los criterios definidos en el artículo 12 de la ley 143 de 1994 para la elaboración de los planes de expansión del Sistema Interconectado Nacional y agrega que el Plan de Expansión debe propender por la minimización de los costos de inversión, de los costos operativos y de las pérdidas del Sistema (literal d). Este principio es reiterado por la resolución No. 085 de 2002 (CREG) y el artículo 3 de la Resolución CREG 022 de 2001 (apartado 7.1).

Con base en las observaciones y consideraciones remitidas a la UPME antes del 15 de agosto siguiente, por parte del CAPT y de los terceros interesados, y tomando nuevamente como criterio la minimización de los costos de inversión y de los costos operativos y las pérdidas del STN, la UPME define el Plan de Expansión de Transmisión de Referencia (Artículo 3 Resolución CREG 022 de 2001 - 7.2. conc. artículo 7 de la resolución MME 18-1313 de 2002).

La metodología general complementaria al esquema de planeamiento para la definición de proyectos se contiene en los planes de expansión de transmisión.[550] En este punto se resalta que, desde junio de 2020, el Ministerio de Ciencia, Tecnología e Innovación - Minciencias y junto con la UPME realizaron una convocatoria sobre "energía sostenible y su aporte a la planeación minero-energética - 2020" (Convocatoria Minciencias-UPME No. 879). La cuarta línea temática de dicha convocatoria se denominó "Innovación tecnológica y

550 Ibidem.

transformación digital + Planificación enfocada al desarrollo sostenible" con el objeto de buscar la innovación de procesos para la gestión de proyectos de planeación minero-energética al interior de la UPME. La propuesta seleccionada está en proceso de implementación.

La Misión de Transformación Energética (MTE) desarrollada por el Ministerio de Minas y Energía (MME) adelantó estudios para identificar ajustes al marco regulatorio en 5 focos de análisis. En el primero de ellos, sobre competencia, participación y estructura del mercado eléctrico, se presentaron propuestas sobre redes y conexiones. Específicamente se propuso incluir nuevos criterios de planificación de la red, como flexibilidad y resiliencia. Como instrumento de implementación se plantea expedir una resolución MME que unifique planeación y suficiencia en el abastecimiento que abarque transmisión y distribución, y derogue las Resoluciones 181313 de 2002 y 182148 de 2007. En este sentido hay un borrador de resolución "Por la cual se definen criterios de resiliencia, seguridad y confiabilidad para el suministro de energía eléctrica"[551].

En el Plan de Expansión se establecen las obras del STN a ejecutar por medio de ampliación o mediante convocatorias públicas.[552]

Se ha analizado el rol de la Unidad de Planeación Minero-Energética (UPME) en la configuración jurídica de la Participación Público-Privada en el procedimiento de planeación administrativa de proyectos de tendido de líneas nuevas de transmisión del sistema nacional de transmisión (SNT) en Colombia. A continuación, haremos lo propio con el rol del Comité Asesor de Planeamiento de la Transmisión (CAPT) y de los operadores de red.

---

551 Colombia, Ministerio de Minas y Energía, Proyecto de resolución "Por la cual se definen los criterios de resiliencia, seguridad y confiabilidad para el suministro de energía eléctrica", disponible en: https://www.minenergia.gov.co/documents/7323/Res_Criterios_de_resiliencia_seguridad_y_confiabilidad_para_el_suministro_de_energ%C3%ADa.pdf

552 Ministerio de Minas y Energía, UPME, Lineamientos para fortalecer la expansión del sistema de transmisión nacional, p. 21. Lista de los planes de expansión en Colombia desde el 1993 en: http://www.siel.gov.co/Inicio/Generación/PlanesdeExpansiónGeneraciónTransmisión/tabid/111/Default.aspx

II. ROL DEL COMITÉ ASESOR DE PLANEAMIENTO DE LA TRANSMISIÓN (CAPT) Y DE LOS OPERADORES DE RED EN EL PROCEDIMIENTO DE PLANEACIÓN DE REDES DE TRANSMISIÓN DE ENERGÍA ELÉCTRICA

El artículo 17 de la ley 143 de 1994 dispone que el Ministerio de Minas y Energía contará con un Cuerpo Consultivo Permanente conformado por representantes de las empresas del sector energético, del orden nacional y regional y de los usuarios que deberá conceptuar previamente a la adopción de los planes, programas y de proyectos de desarrollo de cada subsector y proponer las acciones pertinentes para garantizar que estos se realicen de acuerdo con lo establecido en el Plan Energético Nacional. De acuerdo con el artículo 5 parágrafo 2 de la resolución MME 18-1313 de 2002, hasta tanto no se constituya el Cuerpo Consultivo Permanente, la UPME, contará con el Comité Asesor de Planeamiento de la Transmisión (CAPT) establecido en las normas expedidas por la CREG. El artículo 1 de la resolución[553] No. 085 de 2002 (CREG) creó el Comité Asesor de Planeamiento de la Transmisión (CAPT) con la facultad de conceptuar sobre el Plan de Expansión de Transmisión de Referencia preliminar.

El Comité Asesor de Planeamiento de la Transmisión (CAPT) está constituido de la siguiente forma: 1 representante de las empresas de generación, 1 representante de las empresas de distribución, 3 usuarios catalogados como grandes consumidores, 3 representantes de las empresas de comercialización y 3 representantes de las empresas de transmisión (Artículo 3.º de la Resolución CREG 022 de 2001, modificado por la Resolución 085 de 2002).[554] De acuerdo

---

553 Que modificó el artículo 3 de la Resolución CREG-022 de 2001, el cual a su vez modificaba el numeral 7 del Código de Planeamiento de la Expansión del STN (Resolución CREG-025 de 1995).

554 El CAPT está integrado por los siguientes miembros: 1 representante de las empresas de generación que se selecciona anualmente con el voto mayoritario de los Generadores que participen en el Mercado de Energía Mayorista al momento de la votación, de entre los cinco (5) mayores Generadores del país, en relación con su Capacidad Instalada (medida en MW al 31 de diciembre del año inmediatamente anterior); 1 representante de las empresas de distribución que se selecciona anualmente con el voto mayoritario de los Operadores de Red que participen en el Mercado de Energía Mayorista al momento de la votación, entre los cinco (5) mayores Operadores de Red del país, en relación con su distribución de energía (medida en GWh al 31 de diciembre del año inmediatamente anterior); 3 usuarios, catalogados como grandes consumidores que se seleccionan de mayor a menor, en orden decreciente en función de su demanda anual de energía (medida en MWh al 31 de diciembre del año

con esta disposición normativa, es posible que operadores privados participen como miembros del CAPT.[555]

La fase de planeamiento inicia con la recopilación de información que suministran los Operadores de Red, los generadores, los transmisores y los comercializadores sobre los parámetros de las bases de datos del SIN, los datos de demanda real a efectos de determinar la distribución de las cargas y la expansión prevista.[556]

El Operador de Red del Sistema de Transmisión STR y/o SDL (OR) es la persona encargada de la planeación de la expansión y de las inversiones, operación y mantenimiento de todo o parte de un STR o SDL; los activos pueden ser de su propiedad o de terceros. Para todos los propósitos son las empresas que tienen Cargos por Uso de los STR y/o SDL aprobados por la CREG. El OR siempre debe ser una Empresa de Servicios Públicos (Resolución CREG No. 001 de 2 de noviembre de 1994). La actividad de transmisión tiene como característica ser un monopolio natural. Aunque los propietarios y operadores de red, en principio, no compiten entre ellos en el mercado; por excepción, las empresas de transmisión pueden competir en las convocatorias públicas para expansión de la red de transmisión nacional.[557] Para garantizar que esta actividad se estructure conforme al modelo de competencia se establece, en el artículo 74 de la ley 143 de 1994, el principio de desintegración vertical de las actividades del SIN.[558]

---

inmediatamente anterior); 3 representantes de las empresas de comercialización se seleccionan de mayor a menor, en orden decreciente de la Demanda abastecida (medida en GWh al 31 de diciembre del año inmediatamente anterior) y 3 representantes de las empresas de transmisión que se seleccionan de mayor a menor, en orden decreciente de su porcentaje de participación en la propiedad de activos del STN -valorados a "Costos Unitarios" al 31 de diciembre del año inmediatamente anterior- (artículo 1 de la resolución No. 085 de 2002, CREG).

La resolución No. 085 de 2002 (CREG) dispone, como criterio adicional de selección de los miembros del CAPT que las empresas integradas verticalmente, así como las empresas que tengan vinculación económica entre las distintas actividades (generación, transmisión, distribución y comercialización), no podrán tener más de 1 representante en el Comité.

555 Sobre la conformación del CAPT, de acuerdo con el acta número 186 de 24 de julio de 2020, Cfr. Comité Asesor de Planeamiento de la Transmisión, Acta No. 186, disponible [en línea] en: http://www.siel.gov.co/Transmision_sz/Capt/Actas/2020/Acta_Capt_186.pdf (consultada el 27.10.2021).

556 Ministerio de Minas y Energía, UPME, Lineamientos para fortalecer la expansión del sistema de transmisión, p. 20.

557 Moreno, Los modelos de regulación de electricidad, p. 734.

558 Ibidem, p. 735

De acuerdo con esta norma, las empresas, que se constituyan con posterioridad a la vigencia de la ley 143 de 1994 con el objeto de prestar el servicio público de electricidad y que hagan parte del sistema interconectado nacional, no podrán tener más de una de las actividades relacionadas con el mismo con excepción de la comercialización que puede realizarse en forma combinada con una de las actividades de generación y distribución.

El sistema de Transmisión Nacional de Colombia tiene 16 agentes que operan y representan comercialmente los activos del STN, de los cuales INTERCOLOMBIA tiene el 54% del total de los activos.[559] Dentro de los primeros, se cuentan 6 Empresas de Servicios Públicos mixtas constituidas como sociedades anónimas por acciones (Distasa S.A. E.S.P, Electrificadora de Santander S. A. E.S.P., Grupo Energía Bogotá S.A. E.S.P., Interconexión Eléctrica S.A. ISA y Transelca S.A. E.S.P. y Celsia Colombia S. A. E.S.P.) y una Empresa industrial y comercial del Estado del orden municipal (Empresas Públicas de Medellín E.S.P.).[560]

El OR es responsable de elaborar el Plan de Expansión del Sistema que opera, de acuerdo con el Plan Estratégico, el Plan de Acción y el Plan Financiero de que trata la Resolución CREG 005 de 1996 (Resolución CREG 70 de 1998 3.2.2).

Para la preparación del Plan de Expansión de Transmisión de Referencia los Transmisores Nacionales, los Generadores, los Transmisores Regionales, los Distribuidores Locales y los Comercializadores, deberán entregar a la UPME la información de planeamiento estándar y la información de planeamiento detallada según la lista de los Apéndices I y II.[561] Asimismo, deberán remitir la información correspondiente a las ampliaciones requeridas, en los términos en que estas se entiendan en la reglamentación vigente. Esta información se deberá entregar a más tardar en el mes de marzo de cada año (artículo 4 parágrafo 4 Resolución CREG 022 de 2001) y deberá cubrir un horizonte de, por lo menos, 10 años.

Para los primeros 5 años del Plan de Expansión de Transmisión, cada Transmisor Nacional, deberá preparar y remitir para la misma fecha y a la misma entidad, un informe detallado donde se indiquen las oportunidades disponibles para conectarse y usar el sistema, señalando aquellas partes de dicho sistema

559 República de Colombia, Superintendencia de Servicios Públicos Domiciliarios, Diagnóstico de la actividad de transmisión de energía eléctrica 2020, p 17 (disponible en: https://www.superservicios.gov.co/sites/default/files/inline-files/Diagnostico_Transmision_Nacional_y_Regional_de_energia_2020.pdf).

560 *Ibidem.*

561 Artículo 1 inc. 5 de la resolución N.º 085 de 2002 (CREG).

con mayor factibilidad técnica para nuevas conexiones y transporte de cantidades adicionales de potencia.[562] Los propietarios de Activos de Conexión al STN o los transmisores nacionales cuyos activos tengan relación con los proyectos incluidos en el Plan de Expansión de Transmisión de Referencia, deben entregar la información solicitada por el Ministerio de Minas y Energía o la entidad que este delegue para aclarar las condiciones de conexión al STN, con el fin de garantizar el libre acceso a las redes de este sistema (artículo 1, inc. 8 de la resolución No. 085 de 2002 -CREG).

En la fase de elaboración del Plan, es de gran importancia la cooperación entre los agentes, de tal forma que se puedan dar las debidas discusiones e intercambio de información y opiniones sobre los resultados y las propuestas.[563] A nivel de los Sistemas de transmisión Regional, los análisis conjuntos con los Operadores de Red permiten definir obras óptimas que estén destinadas a dar solución de largo plazo.[564]

La UPME debe elaborar una versión preliminar del Plan de Expansión, lo hará público y lo someterá a consulta del Cuerpo Consultivo Permanente o quien haga sus veces a más tardar en el mes de junio de cada año. (Artículo 5 de la resolución MME 18-1313 de 2002 conc. Artículo 3 Resolución CREG 022 de 2001 - 7.1).

El CAPT conceptúa y propone acciones pertinentes para garantizar que el Plan de Expansión se realice de acuerdo con lo establecido en el Plan Energético Nacional. El pronunciamiento que se derive de la consulta efectuada al CAPT deberá producirse antes del 15 de agosto del año respectivo (Artículo 3 Resolución CREG 022 de 2001 - 7.1.)

El pronunciamiento que se derive de la consulta efectuada al CAPT no será obligatorio (Artículo 3 Resolución CREG 022 de 2001 - 7.1.). Como se indicó *at supra*, con base en las observaciones y consideraciones remitidas a la UPME por parte del CAPT, la UPME define el Plan de Expansión de Transmisión de Referencia.

En caso de no aceptar las recomendaciones del CAPT, la UPME deberá explicar las razones que tuvo para el efecto. Además de explicar a cada proponente las razones que fundamentan el rechazo de sus recomendaciones, los argumentos de la UPME tendrán que consignarse en documento oficial, que deberá estar disponible para consulta de todos los interesados.

---

562 Artículo 1 inc. 6 de la resolución N.º 085 de 2002 (CREG).

563 Ministerio de Minas y Energía, UPME, Lineamientos para fortalecer la expansión del sistema de transmisión nacional, p. 21.

564 Ibidem.

Aunque la planificación para la expansión de la red está concebida para ser determinada por la concertación, la puesta a disposición y la entrega de información; de acuerdo con Orozco, es factible la presión de los grupos de interés privados en el Ministerio de Minas y en el CAPT por su influencia en los grandes agentes.[565] El esquema de esta fase es el siguiente:

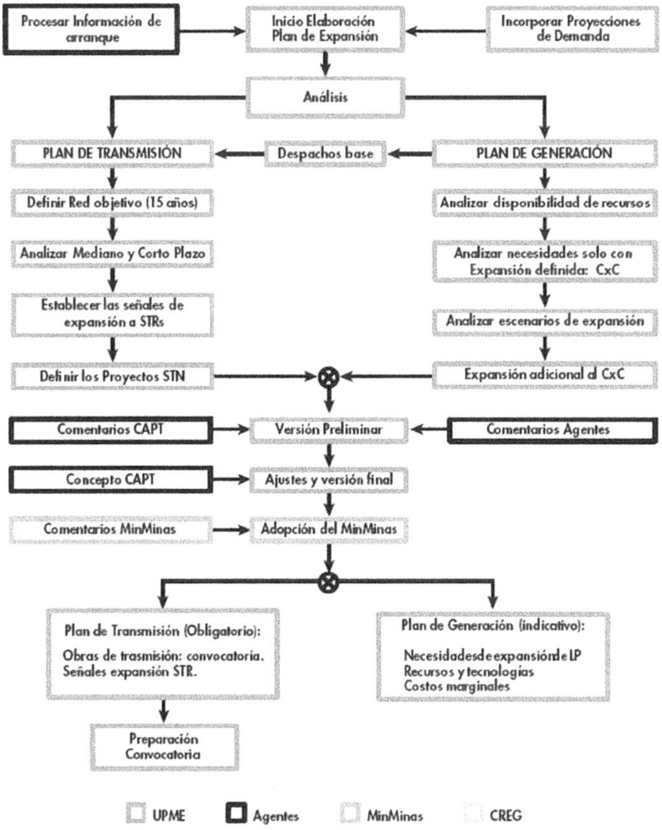

Figura 1. "Fase 1: Planeamiento, elaboración del Plan de Expansión".
Fuente: Ministerio de Minas y Energía, UPME, Lineamientos para fortalecer la expansión del sistema de transmisión nacional, p. 22

565 La regulación del sector de transmisión de electricidad colombiano, en Lecturas de Economía, No. 57, julio – diciembre 2002, p. 26. (disponible en: https://docplayer.es/9261833-Comite-asesor-de-planeamiento-de-la-transmision.html).

Se ha analizado el rol del Comité Asesor de Planeamiento de la Transmisión (CAPT) y de los operadores de red en la configuración jurídica de la Participación Público-Privada en el procedimiento de planeación administrativa de proyectos de tendido de líneas nuevas de transmisión del sistema nacional de transmisión (SNT) en Colombia. A continuación, haremos lo propio con la posición de los afectados.

III. LA POSICIÓN DE LOS AFECTADOS EN EL PROCEDIMIENTO DE PLANEACIÓN DE REDES DE TRANSMISIÓN DE ENERGÍA ELÉCTRICA

En los siguientes apartados vamos a analizar la posición de los afectados en la fase de elaboración del Plan de Expansión del Sistema Interconectado Nacional y se esbozará el caso de los afectados del municipio de San Antonio del Tequendama, representados por el Grupo de Trabajo Ambiente por San Antonio, por el proyecto UPME[566] 01–2013 Sogamoso – Norte – Nueva Esperanza 500 Kv. Este estudio es relevante para las reflexiones finales de este escrito.

La UPME elabora una versión preliminar del Plan de Expansión que somete al público para que estos puedan emitir conceptos sobre él y propongan planes de expansión alternativos (Artículo 3 Resolución CREG 022 de 2001 – 7.1). La puesta a consideración a los interesados del Plan de Expansión de Transmisión Preliminar debe efectuarse a más tardar en el mes de junio de cada año (artículo 4 parágrafo 4 Resolución CREG 022 de 2001).

El pronunciamiento de los interesados sobre el Plan de Expansión de Transmisión Preliminar debe tener lugar antes del 15 de agosto de cada año (artículo 4 parágrafo 4 Resolución CREG 022 de 2001). Los conceptos y propuestas del público no son vinculantes.

Una vez sometido a consideración del Cuerpo Consultivo Permanente, la UPME debe elaborar la versión del Plan de Expansión de Referencia del Sistema Interconectado Nacional en lo concerniente a los planes de transmisión y de generación que de él se deriven y lo remitirá para la aprobación del Ministerio de Minas y Energía, luego de lo cual se pondrá a disposición de los Transmisores Nacionales y de los terceros interesados (artículo 7 de la resolución MME 18-1313 de 2002 conc. Artículo 3 Resolución CREG 022 de 2001 – 7.2).

---

566 Expediente LAV0033-00-2016: "Proyecto Subestación Norte 500k y Líneas de Transmisión Norte-Tequendama 500Kv y Norte -Sogamoso 500Kv, primer refuerzo de red área oriental".

La elaboración del Plan de Expansión de Transmisión de Referencia y puesta a disposición de los interesados debe realizarse a más tardar el 15 de octubre de cada año (artículo 4 parágrafo 4 Resolución CREG 022 de 2001).

En cumplimiento de lo ordenado en el artículo 8 numeral 8 de la ley 1437 de 2011 "Código de Procedimiento Administrativo y de lo Contencioso Administrativo", el Ministerio de Minas debe publicar, previamente a su aprobación, el proyecto de Plan de Expansión de Transmisión de Referencia con el objeto de recibir opiniones, sugerencias o propuestas alternativas del público en general. Conforme al artículo 7 de la ley 1712 de 2014, esta información debe ser puesta a disposición de los interesados en la página Web de la entidad.

Se ha sostenido que la aprobación que imparte el Ministerio de Minas y Energía al Plan de Expansión de Transmisión de Referencia es un acto administrativo.[567] Esta posición es acertada. El Plan de Expansión de Transmisión de Referencia es un acto positivo, que consiste en una expresión concreta del ministro de Minas y Energía consistente en aprobar el Plan de Expansión de Transmisión de Referencia. La aprobación del plan es un acto unilateral, resultado del proceso de decisión de la administración y tiene la fuerza suficiente para crear situaciones jurídicas a partir de su contenido, como determinar la convocatoria pública que es un mecanismo para la ejecución de los proyectos definidos en el Plan de Expansión. Si se acepta esta tesis, el Plan de Expansión de Referencia podría ser controvertido en sede judicial por medio de los mecanismos de control de nulidad o de nulidad y restablecimiento del derecho previstos en los artículos 137 y 138 de la ley 1437 de 2011 respectivamente.

Surgen la pregunta si las normas descritas, sobre el proceso de planificación de infraestructura de redes de transmisión de energía eléctrica, permiten que ¿las personas estén suficientemente informadas?, si ¿los afectados tienen realmente poder de decisión? Y si ¿pueden materialmente (y no solo formalmente) presentar recursos?

En la práctica, en la fase de planeamiento se publica en la página web de Ministerio de Energía los proyectos de resolución del Plan de Expansión de Transmisión. Las comunidades no conocen los mecanismos de participación e intervención en los procedimientos administrativos.[568] Pero, de acuerdo con la Contraloría General de la República, aún en fases posteriores del procedimiento

567 Cfr. Resolución 40193 de 2020, memoria justificativa, apartado 7. Consulta, párrafo 2.

568 Sobre este tema Cfr. Juan David Chavarriaga Gómez, La participación ciudadana, en María del Pilar García Pachón, Evaluación de impacto ambiental, p. 169 s.

de planificación se constata que las comunidades no conocen el alcance o impacto de los proyectos.[569] Conforme a la Contraloría General de la Nación, es en fases posteriores del procedimiento, que a las personas las reúnen; pero, esto es más para cumplir un protocolo, un requisito, una formalidad.[570] Según la Contraloría, "las decisiones terminan imponiéndose por parte de las agencias gubernamentales"[571].

Ejemplo de un proyecto de transmisión es el proyecto UPME[572] 01–2013 Sogamoso – Norte – Nueva Esperanza 500 kv. Los afectados, habitantes del municipio de San Antonio del Tequendama, representados por el Grupo de Trabajo Ambiente por San Antonio, han manifestado que la mayoría de los habitantes del municipio, así como las autoridades locales están en desacuerdo con la presencia de estos proyectos de transmisión de energía en el municipio, adelantados por el Grupo de Energía de Bogotá (actual miembro del CAPT) y han recalcado "ausencias graves en la garantía al derecho a la participación llegando a concluir que estos proyectos no se han socializado debidamente en el territorio"[573].

Uno de los afectados, Ferrer Galeano, manifestó que "las comunidades campesinas de estos municipios vivimos el atropello del Grupo de Energía de Bogotá, (…) que (…) han empezado a legalizar servidumbres con precios muy por debajo del valor real del perjuicio que van a causar a los predios, como un ejemplo, la Empresa reconoce el valor de siete mil pesos ($7.000) a un árbol de aguacate en producción"[574].

De acuerdo con el Grupo de Trabajo Ambiente por San Antonio, en el municipio de San Antonio se han realizado, entre otras, las siguientes acciones: ***i)*** Cabildo abierto y poscabildo sobre el Proyecto UPME 01 de 2013, ***ii)*** Convocatoria a una consulta popular, ***iii)*** Conformación de Veedurías Ciudadanas,

---

569 Negrete-Montes, Derechos, minería y conflictos, Contraloría General de la Nación, p. 40.

570 *Ibidem* (sobre este punto se volverá en el siguiente capítulo).

571 *Ibidem.*

572 Expediente LAV0033-00-2016: "Proyecto Subestación Norte 500k y Líneas de Transmisión Norte-Tequendama 500Kv y Norte -Sogamoso 500Kv, primer refuerzo de red área oriental".

573 Información suministrada por el Grupo de Trabajo Ambiente por San Antonio a la ONG Business &Human Rights Resource Centre. Esta denuncia se lee también en las resoluciones 1326 con fecha del 5 de agosto de 2020 (p. 282 ss.) y 865 de 18 de mayo de 2021 (p. 34 ss.).

574 ANLA, Resolución 1326 de 2020, p. 3 [disponible en: resolucion_1326_de_2020_ferrer_galeano.pdf (anla.gov.co)].

iv) Reuniones públicas entre autoridades locales, empresa TCE y comunidades afectadas, ***v)*** Apoyo a las iniciativas de la Acción popular propuesta por el Municipio de Cachipay y La Mesa, ***vi)*** Permanente uso del derecho de petición para solicitar información y aclaraciones tanto a las empresas como a las autoridades locales, departamentales y nacionales y a las mismas empresas.

A pesar de las oposiciones al proyecto de transmisión de energía por parte de los afectados, el ANLA otorgó la licencia ambiental[575] mediante resolución 1326 con fecha del 5 de agosto de 2020. Contra esta decisión se presentaron recursos de reposición que fueron resueltos mediante resolución[576] 865 de 18 de mayo de 2021.

En misiva de 8 de noviembre de 2020 (fecha posterior al trámite ante la UPME y al auto 1437 de 20 de abril de 2015 mediante el cual se definió la alternativa 1 como la más favorable ambientalmente para la elaboración del Estudio de Impacto Ambiental), dirigida por el Grupo de Trabajo Ambiente por San Antonio a la ONG Business & Human Rights Resource Centre, la comunidad manifestaba que ellos no contaban con apoyo ni asesoría legal. La falta de posibilidad de presentar material (y no solo formalmente) recursos y ser asistido por abogado pone en tela de juicio el cumplimiento real de la garantía a la tutela judicial efectiva.[577]

Otra cuestión para resaltar es ¿hasta qué punto la(s) empresa(s) de energía al elegir alternativas de planeación de redes de transmisión puede(n) ir en contra de decisiones democráticas como las tomadas al aprobar planes o esquemas de ordenamiento territorial? Un mandato de inoponibilidad de los planes, planes básicos o esquemas de ordenamiento territorial de los municipios y distritos en los proyectos, obras o actividades considerados por el legislador de utilidad pública e interés social, **cuya ejecución corresponda a la Nación,** se deriva del artículo 2.2.2.1.2.5.2 del Decreto 1232 de 2020.

---

575 Sobre el trámite de licencia ambiental cfr. próximo capítulo.

576 ANLA, Resolución 865 de 2021 [disponible en: 24052021-resolucion-865-eustaquio-lopez.pdf.pdf (anla.gov.co)].

577 La Corte Constitucional ha derivado de la interpretación de los artículos 1, 2, 29 y 229 de la Constitución Política, así como también en los artículos 25 de la Convención Americana Sobre Derechos Humanos y 14 del Pacto Internacional de Derechos Civiles y Políticos un derecho a la tutela judicial efectiva en múltiples sentencias (Cfr. Sentencia C-279/13, Sentencia SU195/12 y Sentencia SU198/13). Sobre el acceso a la justicia ambiental como garantía de tutela efectiva Cfr. Luis Felipe Guzmán Jiménez, Los derechos de acceso a la justicia ambiental en los ordenamientos jurídicos colombiano y español, p. 271.

El proyecto UPME[578] 01 de 2013 no es uno de aquellos cuya ejecución corresponda a la Nación. En el caso concreto, el ANLA consideró que el proyecto UPME 01 de 2013 "en términos generales el GEB para este acápite [suelos] dio cumplimiento a los Términos de Referencia LI-TER-1-01 MA (Resolución N.° 1288 del 30 de junio de 2006) y a los lineamientos brindados en el Auto 1437 del 20 de enero de 2015 por la cual se seleccionó la Alternativa más favorable para el proyecto"[579].

Ello, a pesar de que había constatado la veracidad de las denuncias de los afectados relativas a que, de los planes o esquemas de ordenamiento territorial revisados, parte del corredor donde se ubica el proyecto UPME 01-2013, se encuentra sobre algunas zonas catalogadas de **amenaza natural por sismo, remoción en masa o inundación**. Tal es el caso del municipio de San Antonio de Tequendama, que señala en sus áreas de alta amenaza y riesgo, lo siguiente: "...1.1.1 Áreas de Alta Amenaza y Riesgo. Estas áreas son las siguientes: 1 Las Angustias; 2. Cansa perros; 3. La Playa; 4. Río Bogotá; 5. Nápoles San Isidro; 6. Quebrada La Hedionda - Ponchos; 7. Patio de Bolas; 8. Pueblo Nuevo; 9. Once (11) Sitios de falla geológica en la vía Troncal (Tramo Bellavista - Pradilla), las cuales se encuentran en observación por parte de la empresa CONCAY"[580].

CONCLUSIONES

En este capítulo se examinaron las regulaciones normativas que determinan el procedimiento de planificación de proyectos de tendido de líneas nuevas de transmisión del sistema nacional de transmisión (SNT) en Colombia. Ello, con el objetivo de analizar la participación privada en dicho procedimiento y de determinar si estas normas otorgan una garantía de protección jurídica efectiva a los afectados.

Se comprobó que es viable, conforme a la normatividad vigente, la participación privada en los procesos de planificación de infraestructura de redes de transmisión de energía eléctrica ya sea como miembros del Comité Asesor de Planeamiento de la Transmisión (CAPT) o como accionistas (en los casos en

578 Subestación norte 500 Kv y líneas de transmisión Sogamoso - norte 500 Kv y norte - Tequendama 500 Kv (nueva esperanza), primer refuerzo de red del área oriental.

579 ANLA, Resolución 1326 de 2020, p. 3 [disponible en: resolucion_1326_de_2020_ferrer_galeano.pdf (anla.gov.co)].

580 *Ibidem*.

que estén constituidas como sociedades por acciones), determinantes de decisiones de Empresas de Servicios Públicos, operadoras de red.

Con base en las observaciones y consideraciones remitidas a la UPME por parte del CAPT, la UPME define el Plan de Expansión de Transmisión de Referencia. El pronunciamiento que se derive de la consulta efectuada al CAPT no es obligatorio (Artículo 3 Resolución CREG 022 de 2001 – 7.1.). En caso de no aceptar las recomendaciones del CAPT, la UPME deberá explicar las razones que tuvo para el efecto. Además de explicar a cada proponente las razones que fundamentan el rechazo de sus recomendaciones, los argumentos de la UPME tendrán que consignarse en documento oficial, que deberá estar disponible para consulta de todos los interesados.

La decisión de la UPME está determinada por las decisiones de planificación de los OR y el CAPT. Ello aumentaría el riesgo de que la primera decisión se encuentre en una situación de mera ratificación, y sería más grave aún si se tiene en cuenta el déficit de legitimación democrática de los agentes privados. Orozco afirma que, aunque la planificación para la expansión de la red está concebida para que haya concertación, puesta a disposición y entrega de información; es factible la presión de los grupos de interés privados en el Ministerio de Minas y en el CAPT por su influencia en los grandes agentes.[581]

A pesar de que en la fase de planeamiento se debe informar al público en general sobre los proyectos de resolución del Plan de Expansión de Transmisión, de acuerdo con la Contraloría General de la República, aún en fases posteriores del procedimiento de planificación (como el trámite de licencia ambiental) se constata que las comunidades no conocen el alcance o impacto de los proyectos.[582] Conforme a la Contraloría General de la Nación, es en fases posteriores del procedimiento, cuando se adelanta el trámite ambiental (capítulo segundo), que a las personas las reúnen; pero, esto es más para cumplir un protocolo, un requisito, una formalidad.[583]

El control judicial sobre las decisiones determinadas por los particulares en el procedimiento de planificación no es inmediato, sino que recae indirectamente sobre la decisión que otorga la licencia ambiental. Según la Contraloría, "las decisiones terminan imponiéndose por parte de las agencias gubernamentales"[584].

---

581 La regulación del sector de transmisión de electricidad colombiano, en Lecturas de Economía, No. 57, julio – diciembre 2002, p. 26.

582 Negrete-Montes, Derechos, minería y conflictos, Contraloría General de la Nación, p. 40.

583 Ibidem.

584 Ibidem.

CAPÍTULO SEGUNDO
LA CONFIGURACIÓN JURÍDICA DE LA PUBLIC PRIVATE PARTNERSHIPS EN EL TRÁMITE DE LICENCIA AMBIENTAL

En este capítulo se analizará la configuración jurídica de la colaboración privada en el procedimiento establecido en la ley para la obtención de la licencia ambiental.

Una vez surtido el proceso de selección y adjudicado el proyecto de trasmisión de energía eléctrica (sobre este tema cfr. at infra segunda parte capítulo primero), en la fase de ejecución, el inversionista que resulte seleccionado debe realizar las gestiones para la consecución de la licencia ambiental o de cualquier otro tipo de autorización ambiental que se requiera para la ejecución del proyecto (artículo 4.º, resolución 18-0924 de 2003). El trámite de licencia ambiental es también determinante en las actividades de distribución y de generación de energía. Sobre estos últimos proyectos se hará especial referencia en este capítulo.

La generación de energía eléctrica es una actividad que está caracterizada por la competencia entre las empresas generadoras en la venta de energía eléctrica en el mercado mayorista.[585] Dentro de los tipos de generadores se cuentan los autogeneradores y cogeneradores (que produce energía para sí mismos), los generadores distribuidos y los generadores con plantas menores y mayores a 20 MW.[586] En la actividad de generación es activa la Asociación Colombiana de Generadores de Energía Eléctrica (ACOLGEN), gremio privado que reúne 15 empresas[587] de generación de energía eléctrica que representan el 70 % de la capacidad efectiva neta de generación en Colombia.

---

585 Moreno, Los modelos de regulación de electricidad, p. 733.

586 Ibidem.

587 Empresas Públicas de Medellín E.S.P, ISAGEN (empresa privada de generación y comercialización de energía), CELSIA (empresa de energía del grupo ARGOS), AES Colombia (filial de AES Corporation), URRÁ S.A. E.S.P. (empresa de servicio público mixta del orden nacional, constituida como sociedad anónima de carácter comercial), Termovalle S.A. E.S.P. (adquirida recientemente por desarrollador de infraestructura energética Enfragen a través de su subsidiaria Enfragen Energía Sur), EDRP, VATIA S.A. ESP, Latin American Renewable Energy Investment Fund (LAREIF), Risaralda Energía SAS ESP (adquirida por la empresa brasilera Alupar

Mencionaremos también proyectos de tendido de líneas nuevas de transmisión del Sistema Nacional de Transmisión (SNT), en la medida que las normas vigentes les sean aplicables.

El propósito de este capítulo, más que detallar todo el procedimiento; es más bien, estudiarlo desde el punto de vista de las funciones, especialmente de planificación, que pueden ser transferidas a los particulares y su control administrativo *ex ante* por parte de la autoridad en la actividad de generación de energía eléctrica. En este sentido, se considera al licenciamiento ambiental como un instrumento de planificación administrativa con participación privada.

Desde ese enfoque, enunciaremos, a continuación, el rol de los interesados en el otorgamiento de la licencia ambiental (I). En segundo lugar, trataremos el tema del rol de la Autoridad Nacional de Licencias Ambientales (en adelante, ANLA) en el trámite de licencia ambiental (II) y la posición de los afectados por dicha licencia ambiental (III).

La obtención de la licencia ambiental es condición previa para el ejercicio de los derechos que surjan de los permisos, autorizaciones, concesiones, contratos y licencias que expidan otras autoridades diferentes a las ambientales (artículo 2.2.2.3.1.5 Decreto 1076 de 2015). Esta también se exige para la construcción de redes de transmisión de energía eléctrica.

I. ROL DE LOS INTERESADOS EN EL OTORGAMIENTO DE LA LICENCIA AMBIENTAL

Como lo afirmamos, el propósito de este acápite es estudiar normas del procedimiento establecido en la ley para la obtención de la licencia ambiental desde el punto de vista de las funciones de planeación transferidas a los particulares. En ese orden de ideas, enunciaremos el rol de los interesados en la obtención de la licencia ambiental en la actividad de generación de energía eléctrica (aplicable[588] también a proyectos de tendido de líneas nuevas de transmisión del Sistema Nacional de Transmisión).

Investimento SA), Genersa (empresa del grupo Alianza California), Inkia Energy, Grupo de Energía de Bogotá e Invenergy, Renfoenergy.

588 A licencia ambiental están sujetos los proyectos, obras y actividades de la red vial nacional, del sector hidrocarburos, minero, eléctrico, marítimo y portuario, construcción y operación de aeropuertos internacionales y de nuevas pistas de las mismos, obras en la red primaria fluvial navegable, construcción de vías férreas y todos los que se enumeran en los artículos 8 y 9 del decreto 1728 por el cual se reglamenta el título VIII de la ley 99 de 1993.

Específicamente, nos referiremos a la obligatoriedad de presentación de estudios ambientales por parte de los interesados en la solicitud de licencia ambiental cuyos contenidos determinan, precisamente, las funciones en materia de planeación que pueden ser transferidas a los particulares.

La ejecución de obras, el establecimiento de industrias o el desarrollo de cualquier actividad que, de acuerdo con la ley y los reglamentos, pueda producir deterioro grave a los recursos naturales renovables o al medio ambiente o introducir modificaciones considerables o notorias al paisaje requiere de una Licencia Ambiental.[589] Se entiende por Licencia Ambiental la autorización que otorga la autoridad ambiental competente para la ejecución de una obra o actividad, sujeta al cumplimiento por el beneficiario de la licencia de los requisitos que la misma establezca en relación con la prevención, mitigación, corrección, compensación y manejo de los efectos ambientales de la obra o actividad autorizada.[590]

El interesado en obtener licencia ambiental debe formular petición por escrito dirigida a la autoridad ambiental competente, en la cual solicita que se determine si el proyecto, obra o actividad requiere o no de la elaboración y presentación de Diagnóstico Ambiental de Alternativas.[591]

Los siguientes proyectos de generación de energía deben solicitar pronunciamiento a la autoridad ambiental competente sobre la necesidad de presentar el Diagnóstico Ambiental de Alternativas (DAA) *i)* La construcción de presas, represas o embalses;[592] *ii)* la construcción y operación de centrales generadoras de energía eléctrica;[593] *iii)* los proyectos de exploración y uso de fuentes de energía alternativa virtualmente contaminantes que provienen de biomasa para generación de energía con capacidad instalada superior a diez (10) MW, excluyendo los que provienen de fuentes energía solar, eólica, geotermia y mareomotriz[594] y *iv)* los proyectos de generación de energía nuclear[595]. También para los proyectos, obras o actividades relacionados con el tendido de líneas nuevas de transmisión del Sistema Nacional de Transmisión se debe solicitar pronunciamiento a la autoridad ambiental competente sobre la necesidad de presentar el DAA.[596]

589 artículo 49 Ley 99 de 1993.
590 artículo 50 Ley 99 de 1993.
591 Artículo 2.2.2.3.6.1. núm. 1 decreto 1076 de 2015.
592 Artículo 2.2.2.3.4.2. núm. 5 del decreto 1076 de 2015.
593 Artículo 2.2.2.3.4.2. núm. 6 del decreto 1076 de 2015.
594 Artículo 2.2.2.3.4.2. núm. 7 del decreto 1076 de 2015.
595 Artículo 2.2.2.3.4.2. núm. 9 del decreto 1076 de 2015.
596 Artículo 2.2.2.3.4.2. núm. 8 del decreto 1076 de 2015

El Diagnóstico Ambiental de Alternativas (DAA), tiene como objeto suministrar la información para evaluar y comparar las diferentes opciones, que presente el peticionario bajo las cuales sea posible desarrollar un proyecto, obra o actividad y que deben tener en cuenta el entorno geográfico, las características bióticas, abióticas y socioeconómicas, el análisis comparativo de los efectos y riesgos inherentes a la obra o actividad; así como las posibles soluciones y medidas de control y mitigación para cada una de las alternativas con el fin de aportar los elementos requeridos para seleccionar la alternativa o alternativas que permitan optimizar y racionalizar el uso de recursos y evitar o minimizar los riesgos, efectos e impactos negativos que puedan generarse.[597]

El contenido del Diagnóstico Ambiental de Alternativas determina las funciones en materia de planeación que son transferidas al peticionario de la licencia ambiental. En efecto, el interesado en la licencia debe presentar, entre otras informaciones, ***i)*** las **alternativas** del proyecto con un análisis comparativo de los efectos y riesgos inherentes a la obra o actividad y de las posibles soluciones y medidas de control y mitigación para cada una de las alternativas; ***ii)*** la **identificación y notificación** de las comunidades y de los mecanismos utilizados para informarles sobre el proyecto, obra o actividad y un análisis costo-beneficio ambiental de las alternativas y ***iii)*** la **selección** y justificación de la alternativa escogida. Estas funciones fueron transferidas al particular mediante el Decreto reglamentario 2041 de 2014 (artículo 19) compilado por el artículo 2.2.2.3.4.3. del Decreto 1076 de 2015.

El artículo 19 del Decreto 2041 de 2014 reglamentario (compilado por el artículo 2.2.2.3.4.3. del Decreto 1076 de 2015) detalla el contenido mínimo del Diagnóstico Ambiental de Alternativas que debe presentar quien va a solicitar la licencia ambiental: 1. Objetivo, alcance y descripción del proyecto, obra o actividad. 2. La descripción general de las alternativas de localización del proyecto, obra o actividad caracterizando ambientalmente el área de interés e identificando las áreas de manejo especial, así como también las características del entorno social y económico para cada alternativa presentada. 3. La información sobre la compatibilidad del proyecto con los usos del suelo establecidos en el Plan de Ordenamiento Territorial o su equivalente, sin perjuicio de lo dispuesto en el Decreto 2201 de 2003, o la norma que lo modifique o sustituya. 4. La identificación y análisis comparativo de los potenciales riesgos y efectos sobre el medio ambiente; así como el uso y/o aprovechamiento de los recursos naturales requeridos para las diferentes alternativas estudiadas. 5. Identificación y

597 Artículo 2.2.2.3.4.1 del Decreto 1076 de 2015.

de las comunidades y de los mecanismos utilizados para informarles sobre el proyecto, obra o actividad. 6. Un análisis costo-beneficio ambiental de las alternativas. 7. **Selección y justificación de la alternativa escogida**.

El Decreto 2041 de 2014 reglamenta el Título VIII de la ley 99 de 1993. El artículo 56 párrafo 2 de la ley 99 de 1993 establece que el Diagnóstico Ambiental de Alternativas debe incluir información sobre la localización y características del entorno geográfico, ambiental y social de las **alternativas del proyecto**, además de un análisis comparativo de los efectos y riesgos inherentes a la obra o actividad y de las posibles soluciones y medidas de control y mitigación para cada una de las alternativas. En ese sentido, la función que puede ser transferida al particular de establecer "las **alternativas** del proyecto con un análisis comparativo de los efectos y riesgos inherentes a la obra o actividad y de las posibles soluciones y medidas de control y mitigación para cada una de las alternativas", contenida en el artículo 2.2.2.3.4.3. núm. 2 del Decreto 1076 de 2015, se ajusta a la facultad del artículo 56 párrafo 2 de la ley 99 de 1993.

Con respecto a la función que puede ser atribuida al particular de "**selección** y justificación de la alternativa escogida" contenida en el artículo 19 del Decreto 2041 de 2014 reglamentario (compilado por el artículo 2.2.2.3.4.3. del Decreto 1076 de 2015), tenemos, de una interpretación del artículo 56 del párrafo 3 de la ley 99 de 1993, que, aunque el particular selecciona la alternativa es, en últimas, la autoridad quien debe elegir la alternativa o las alternativas sobre las cuales deberá elaborarse el correspondiente Estudio de Impacto Ambiental, antes de otorgarse la respectiva licencia. En efecto, de acuerdo con artículo 56, inc. 3 de la ley 99 de 1993, con base en el Diagnóstico Ambiental de Alternativas presentado, "la autoridad **elegirá**, en un plazo no mayor de 60 días, la alternativa o las alternativas sobre las cuales deberá elaborarse el correspondiente Estudio de Impacto Ambiental antes de otorgarse la respectiva licencia".

Las funciones de planeación transferidas al solicitante de la licencia ambiental fueron ampliadas por determinación de documentos de Soft Law de la Banca Multilateral, financiadora de los proyectos de infraestructura de energía por normas que establecen la facultad del propietario del proyecto de formular planes de reasentamiento involuntario de la población.

El documento "directriz operacional"[598] del año 1990 describe la política y los procedimientos sobre reasentamiento involuntario del Banco Mundial. En ella, el Banco Mundial alienta la aplicación del principio de "tierra por tierra",

598 Banco Mundial, Directriz operacional: reasentamiento involuntario, 1 de junio de 1990, OD 4.30 p. 1–9, disponible en: OD430_SP.doc (ifc.org).

es decir, la sustitución de las tierras perdidas por otras, al menos, equivalentes.[599] A esta política también pertenecen documentos como el Marco Ambiental y Social[600] de 2017 y el Manual para la preparación de un plan de acción para el reasentamiento[601].

La obligatoriedad de adoptar planes de reasentamiento involuntario fue adoptada en la Metodología General para la Elaboración y Presentación de Estudios Ambientales y en los términos de referencia aprobados por el Ministerio de Ambiente y Desarrollo Sostenible.

De acuerdo con el artículo 19 del Decreto 2041 de 2014 reglamentario (compilado por el artículo 2.2.2.3.4.3. del Decreto 1076 de 2015), el Diagnóstico Ambiental de Alternativas deberá ser elaborado de conformidad con la Metodología General para la Presentación de Estudios Ambientales de que trata el mismo Decreto 2041 y los términos de referencia expedidos para el efecto. La ley 99 de 1993 no contiene alusión a la Metodología General a la que se refiere el Decreto reglamentario.

En la Resolución 1402 de 2018 del Ministerio de Ambiente y Desarrollo Sostenible se adoptó la Metodología[602] General para la Elaboración y Presentación de Estudios Ambientales y se toman otras determinaciones. Allí se especifica que uno de los contenidos de los estudios ambientales debe ser la información de población a reasentar consistente en información primaria en el marco de la metodología para reasentamiento del Banco Mundial y a partir de los conceptos del DANE (hogares).

En relación con los términos de referencia, el artículo 56 de la ley 99 de 1993 establece que, con base en la información suministrada (en la solicitud a la autoridad ambiental competente para que esta se pronuncie sobre la necesidad de presentar o no un Diagnóstico Ambiental de Alternativas), **la autoridad ambiental** decidirá sobre la necesidad o no del mismo y **definirá sus términos de referencia** en un plazo no mayor de 30 días hábiles. La ley 99 de 1993 no determinó el contenido de los términos de referencia. El artículo 2.2.2.3.3.2.

599 Ibidem, p. 4.

600 Banco Mundial, Estándares Ambiental y Social, disponible en: Estándares Ambientales y Sociales (EAS) (bancomundial.org).

601 Banco Mundial, Manual para la preparación de un plan de acción para el reasentamiento, disponible en: manual_reasentamiento_banco_mundial by John Olarte - issuu.

602 Colombia, Ministerio de Ambiente y Desarrollo Sostenible, Metodología General para la Elaboración y Presentación de Estudios Ambientales (https://www.andi.com.co/Uploads/Metodolog%C3%ADa%20Estudios%20Ambientales%202018.pdf).

inc. 2 del Decreto 1076 de 2015 (que compiló el artículo 14 del Decreto 2041 de 2014) instituye que los estudios ambientales se elaborarán con base en los términos de referencia que sean expedidos por el Ministerio de Ambiente y Desarrollo Sostenible y que el solicitante deberá adaptarlos a las particularidades del proyecto, obra o actividad.

La resolución[603] No. 1255 de 2006 del Ministerio de Ambiente y Desarrollo Sostenible - MADS adoptó los términos de referencia para la elaboración del Diagnóstico Ambiental de Alternativas en proyectos puntuales DA-TER-4-01. En estos, se establece que se deben presentar, dentro de las estrategias de manejo ambiental necesarias para prevenir, mitigar, corregir y compensar los impactos generados por las alternativas del proyecto durante las diferentes etapas (construcción y operación), aquellas denominadas "medio socioeconómico" que incluyen estrategias sobre "Reasentamiento de la población afectada por desplazamiento involuntario" y "Restitución de redes sociales de la población a reasentar".[604] Esta tarea del particular también se impone en los Términos de referencia para la elaboración del Diagnóstico Ambiental de Alternativas en proyectos de uso de biomasa para generación de energía[605].

En el caso de la actividad de transmisión de energía, la resolución No. 2183 de 23 de diciembre de 2016 del Ministerio de Ambiente y Desarrollo Sostenible - MADS adoptó los términos de referencia[606] para la elaboración del Diagnóstico Ambiental de Alternativas, en proyectos de Sistemas de Transmisión de Energía Eléctrica identificados con el código TdR-11. Allí se dispone que el DAA debe contener información preliminar para el reasentamiento poblacional y productivo de la población a reasentar. En ese sentido se debe, de acuerdo con

603 ANLA, Resolución 1255 de 2006, disponible en: Microsoft Word - Res1255-30-06-06.doc (anla.gov.co).

604 Términos de referencia para la elaboración del Diagnóstico Ambiental de Alternativas en proyectos puntuales DA-TER-4-01, Sección 3.4.10. Disponible en: https://www.anla.gov.co/documentos/normativa/terminos_referencia/tdr_daa_proyectos_puntuales.doc.

605 Cfr. Términos de referencia para la elaboración del Diagnóstico Ambiental de Alternativas en proyectos de uso de biomasa para generación de energía, sección 5.3.9. Disponible en línea en: https://www.anla.gov.co/documentos/normativa/terminos_referencia/tdr_nuevas_fuentes_de_materiales_0.pdf.

606 ANLA, Términos de referencia para la elaboración del Diagnóstico Ambiental de Alternativas, en proyectos de Sistemas de Transmisión de Energía Eléctrica identificados con el código TdR-11, disponible en: http://portal.anla.gov.co/sites/default/files/comunicaciones/SIPTA/Terminos_referencia/tr_daa_transmision_electrica.pdf.

los términos de referencia, *i)* presentar en cada alternativa, el estimativo de la población objeto de desplazamiento involuntario; *ii)* identificar en cada alternativa las construcciones e infraestructura susceptibles de ser afectadas por el trazado propuesto: características de las unidades sociales existentes (residentes, productivas, entre otros), el número total de construcciones/viviendas potencialmente afectadas (cantidad y tipo por estrato socioeconómico), calidad de la infraestructura existente, número y tipo de actividades económicas y número y tipo de equipamientos comunitarios susceptibles de afectación (5.3.9).

Una vez surtido el procedimiento de pronunciamiento sobre la exigibilidad del Diagnóstico Ambiental de Alternativas (DAA) y la autoridad ambiental competente haya evaluado el DAA, haya elegido la alternativa sobre la cual deberá elaborarse el correspondiente Estudio de Impacto Ambiental, haya fijado los términos de referencia respectivos mediante acto administrativo y haya efectuado las notificaciones y publicaciones respectivas (artículo 2.2.2.3.6.1 núm. 6 Decreto 1076 de 2015); el interesado en obtener licencia ambiental deberá radicar ante la autoridad ambiental competente, el Estudio de Impacto Ambiental, EIA en el sentido del artículo 2.2.2.3.5.1 del Decreto 1076 de 2015 (artículo 2.2.2.3.6.2 del mismo Decreto 1076 de 2015). El Estudio de Impacto ambiental también debe ser radicado en los casos en que no se requiera pronunciamiento sobre la exigibilidad del diagnóstico ambiental de alternativas (DAA) (artículo 2.2.2.3.6.2. del Decreto 1076 de 2015). En este caso, la solicitud debe ser acompañada por la documentación establecida en esa disposición. En los proyectos de exploración y uso de fuentes de energía alternativa virtualmente contaminantes provenientes de energía solar, eólica, geotermia y mareomotriz, las autoridades ambientales respectivas, a petición del interesado, darán por terminadas las actuaciones administrativas relacionadas con Diagnóstico Ambiental de Alternativas (DAA), en los casos que las autoridades ambientales competentes hayan requerido la presentación de este estudio ambiental o este se encuentre en evaluación (Artículo 2.2.2.3.4.2 Decreto 1076 de 2015).

De conformidad con el artículo 57 de la ley 99 de 1993 (modificado por el artículo 178 de la ley 1753 de 2015), se entiende por Estudio de Impacto Ambiental el conjunto de información que debe presentar ante la autoridad ambiental competente el interesado en el otorgamiento de una licencia ambiental (inc. 1). El Estudio de Impacto Ambiental es el instrumento básico para la toma de decisiones sobre los proyectos, obras o actividades que requieren licencia ambiental y se exigirá en todos los casos en que de acuerdo con la ley y el reglamento (Decreto 2041 de 2014 compilado por el Decreto 1076 de 2015) se requiera.

De acuerdo con el artículo 57 de la ley 99 de 1993, el Estudio de Impacto Ambiental debe contener información sobre la localización del proyecto, los elementos abióticos, bióticos, y socioeconómicos del medio que puedan sufrir deterioro por la respectiva obra o actividad, para cuya ejecución se pide la licencia, y la evaluación de los impactos que puedan producirse y debe incluir el diseño de los planes de prevención, mitigación, corrección y compensación de impactos, así como el plan de manejo ambiental de la obra o actividad (inc. 2).

De acuerdo con el artículo 2.2.2.3.5.1 del Decreto 1076 de 2015 (artículo 21 del Decreto 2041 de 2014), el Estudio de Impacto Ambiental deberá ser elaborado de conformidad con la Metodología General para la Presentación de Estudios Ambientales de que trata el artículo 14 del Decreto 2041 de 2014 y los términos de referencia expedidos para el efecto, el cual deberá incluir como mínimo lo siguiente: ***i)*** información del proyecto, relacionada con la localización, infraestructura, actividades del proyecto y demás información que se considere pertinente; ***ii)*** caracterización del área de influencia del proyecto, para los medios abiótico, biótico y socioeconómico; ***iii)*** demanda de recursos naturales por parte del proyecto; se presenta la información requerida para la solicitud de permisos relacionados con la captación de aguas superficiales, vertimientos, ocupación de cauces, aprovechamiento de materiales de construcción, aprovechamiento forestal, recolección de especímenes de la diversidad biológica con fines no comerciales, emisiones atmosféricas, gestión de residuos sólidos, exploración y explotación de aguas subterráneas; ***iv)*** información relacionada con la evaluación de impactos ambientales y análisis de riesgos**;** ***v)*** zonificación de manejo ambiental, definida para el proyecto, obra o actividad para la cual se identifican las áreas de exclusión, las áreas de intervención con restricciones y las áreas de intervención; ***vi)*** evaluación económica de los impactos positivos y negativos del proyecto; ***vii)*** plan de manejo ambiental del proyecto, expresado en términos de programa de manejo, cada uno de ellos diferenciado en proyectos y sus costos de implementación; ***viii)*** programa de seguimiento y monitoreo, para cada uno de los medios abiótico, biótico y socioeconómico; ***ix)*** plan de contingencias para la construcción y operación del proyecto; que incluya la actuación para derrames, incendios, fugas, emisiones y/o vertimientos por fuera de los límites permitidos; ***x)*** plan de desmantelamiento y abandono, en el que se define el uso final del suelo, las principales medidas de manejo, restauración y reconformación morfológica; ***xi)*** plan de inversión del 1 %, en el cual se incluyen los elementos y costos considerados para estimar la inversión y la propuesta de proyectos inversión, de conformidad con lo dispuesto en la Sección 1, Capítulo 3, Título 9, Parte 2, Libro 2 del Decreto 1076 de 2015; ***xii)*** plan de compensación por pérdida de biodiversidad de acuerdo con lo establecido en la Resolución 1517 del 31 de agosto de 2012 o la que modifique, sustituya o derogue (artículo 2.2.2.3.5.1 Decreto 1076 de 2015).

De acuerdo con el artículo 57 de la ley 99 de 1993, es competencia del Ministerio de Ambiente y Desarrollo Sostenible expedir los términos de referencia genéricos para la elaboración del estudio de impacto ambiental; sin embargo, las autoridades ambientales los fijarán de forma específica dentro de los 15 días hábiles siguientes a la radicación de la solicitud en ausencia de los primeros (inc. 3).

Los Términos de referencia[607] para la elaboración del Estudio de Impacto Ambiental para la construcción y operación de centrales generadoras de energía hidroeléctricas establecen que, si como consecuencia del desarrollo del proyecto, se requiere de procesos de **traslado involuntario** de población, se debe formular un programa de reasentamiento. Este programa debe caracterizar la población, para lo cual se debe: ***A)*** identificar el patrimonio cultural inmaterial, por ejemplo, prácticas sociales, culturales, tradiciones estéticas y modos de conocimiento perpetuados en el seno de la comunidad; ***B)*** determinar el modo de cohesión entre los vecinos, niveles de participación, la existencia de redes sociales de apoyo y evaluar la desarticulación que puede producirse en el territorio por la ejecución del proyecto; ***C)*** identificar la oferta del suelo y áreas disponibles para el traslado acorde con los usos del suelo establecidos en el POT, POBT y EOT; ***D)*** caracterizar la población que continuará residiendo en el lugar, redes socioeconómicas existentes entre las personas que se quedan y la población objeto de reasentamiento e identificar en la evaluación de impactos aquellos que se puedan ocasionar a esta población, a fin de formular las medidas de manejo correspondientes y ***E)*** realizar un **censo** de las unidades sociales a reasentar.[608]

De cada unidad social se debe analizar: ***i)*** tipo de unidad social (residente, productiva); ***ii)*** integrantes de la unidad social y características tales como **nombre**, parentesco con el responsable de la unidad social, **edad, género y actividad** a la que se dedica, entre otras; ***iii)*** estructura familiar (tipo: nuclear, extensa), **número de hijos** y de miembros, redes familiares existentes; ***iv)*** permanencia o tiempo vivido en el predio y en el área; ***v)*** forma de tenencia del inmueble y el uso de la propiedad (vivienda, actividades económicas, por ejemplo, industria, comercio, servicios, agricultura, ganadería, alquiler, entre otras); ***vi)*** actividades

607 Adoptados mediante Resolución 1519 de 2017 Ministerio del Medio Ambiente y Desarrollo Sostenible.

608 Términos de referencia para la elaboración del Estudio de Impacto Ambiental para la construcción y operación de centrales generadoras de energía hidroeléctricas, sección 5.3.9 (Disponibles en línea en: https://www.anla.gov.co/documentos/normati iva/terminos_referencia/terminos_de_referencia_eia_hidroelectricas.pdf).

económicas desarrolladas en la propiedad o en el entorno e ingresos; ***vii)*** grado de dependencia frente a los recursos naturales dispuestos en el predio o en la zona; ***viii)*** existencia de unidades sociales con factores de vulnerabilidad social tales como discapacidad, enfermedades terminales, senectud y NBI, entre otras y medidas de manejo para atender tales condiciones; ***ix)*** características constructivas, distribución espacial y dotación de las viviendas; ***x)*** características agrológicas de los predios y de las actividades económicas, nivel de productividad y cadenas productivas implantadas allí; ***xi)*** expectativas que la unidad social tiene frente al proyecto, al posible **traslado** y a las alternativas de localización y de manejo; ***xii)*** organizaciones sociales existentes en la zona donde están ubicadas las unidades sociales a reasentar y niveles de participación de la población; ***xiii)*** programas o servicios sociales de los que la unidad social y sus integrantes son beneficiarios, estableciendo las posibles afectaciones que, sobre su vinculación a los mismos, puede generar el **traslado involuntario**.[609]

El programa de reasentamiento debe contener, como mínimo, acciones que garanticen los siguientes propósitos: ***i)*** restablecimiento de condiciones de vida existentes de la población a reasentar como es el caso de vivienda, acceso a servicios públicos y sociales, relaciones sociales y bienes comunitarios; ***ii)*** restablecimiento de fuentes de ingresos y actividades económicas de las unidades sociales a trasladar e ***iii)*** incorporación de la población reasentada a su nuevo hábitat.

La obligatoriedad del plan de la población a reasentar es común a los términos de referencia para la elaboración del Estudio de Impacto Ambiental de proyectos de energía como los siguientes: ***a)*** proyectos de uso de energía eólica continental (TdR-09)[610]; ***b)*** proyectos de uso de energía solar fotovoltaica (TdR-015)[611]; ***c)*** centrales térmicas generadoras de energía eléctrica con capacidad

---

609 Términos de referencia para la elaboración del Estudio de Impacto Ambiental para la construcción y operación de centrales generadoras de energía hidroeléctricas, sección 5.3.9 (Disponibles en línea en: https://www.anla.gov.co/documentos/normativa/terminos_referencia/terminos_de_referencia_eia_hidroelectricas.pdf).

610 Cfr. Términos de referencia para la elaboración del Estudio de Impacto Ambiental de Proyectos de uso de energía eólica continental (TdR-09), sección 5.3.9. Estos términos de referencia fueron adoptados mediante Resolución No. 1312 de 2016 del Ministerio de Ambiente y Desarrollo Sostenible. Disponibles en línea en: https://www.anla.gov.co/documentos/normativa/terminos_referencia/tr_energia_eolica_continental.pdf.

611 Términos de referencia para la elaboración del Estudio de Impacto Ambiental de proyectos de uso de energía solar fotovoltaica (TdR-015), sección 5.3.9. Estos términos de referencia fueron adoptados mediante Resolución No. 1670 de 2017 del

instalada igual o superior a 100 MW (TE-TER-1-01)[612]; ***d)*** presas, represas y embalses con capacidad mayor a 200 millones de metros cúbicos de agua (PR-TER-1-01)[613] e incluso para ***e)*** proyectos de sistemas de transmisión de energía eléctrica (identificados con el código TdR-17)[614].

Se ha analizado el rol de los interesados en el otorgamiento de la licencia ambiental en la configuración jurídica de la colaboración privada en el procedimiento establecido en la ley para la obtención de la licencia ambiental. A continuación, haremos lo propio con el rol de del ANLA en el trámite de licencia ambiental.

Ministerio de Ambiente y Desarrollo Sostenible. Disponibles en línea en: https://www.anla.gov.co/documentos/normativa/terminos_referencia/anexo_tdr_solar_ajustado_26072017vf.pdf.

612 Términos de referencia para la elaboración del Estudio de Impacto Ambiental de Centrales térmicas generadoras de energía eléctrica con capacidad instalada igual o superior a 100 MW (TE-TER-1-01), sección 3.4.9. Estos términos de referencia fueron adoptados mediante Resolución No. 1287 de 2006 del Ministerio de Ambiente y Desarrollo Sostenible
Disponibles en línea en: https://www.anla.gov.co/documentos/normativa/terminos_referencia/trd_construccion_y_operacion_centrales_termicas_generadoras_energia_electrica.doc.

613 Términos de referencia para la elaboración del Estudio de Impacto Ambiental de presas, represas y embalses con capacidad mayor a 200 millones de metros cúbicos de agua (PR-TER-1-01), sección 3.4.9. Estos términos de referencia fueron adoptados mediante Resolución No. 1284 de 18 de 2006 del Ministerio de Ambiente y Desarrollo Sostenible
Disponibles en línea en:
https://www.anla.gov.co/documentos/normativa/terminos_referencia/tdr_construccion_presas__represas_embalses.doc.

614 Términos de referencia para la elaboración del Estudio de Impacto Ambiental de Proyectos de Sistemas de Transmisión de Energía Eléctrica (identificados con el código TdR-17), sección 5.3.9. Estos términos de referencia fueron adoptados mediante Resolución No. 0075 de 2018 del Ministerio de Ambiente y Desarrollo Sostenible.
Disponibles en línea en:
https://www.anla.gov.co/documentos/normativa/terminos_referencia/tdr_eia_sist_trans.pdf.

II. ROL DE LA AUTORIDAD NACIONAL DE LICENCIAS AMBIENTALES (ANLA)

A continuación, nos referiremos al control por parte de la autoridad administrativa del ejercicio de funciones transferidas a los particulares en el trámite de licencia ambiental en proyectos, obras o actividades para obtener la licencia ambiental.

El ANLA[615] otorga o niega de manera privativa la licencia ambiental para: ***i)*** la construcción y operación de centrales generadoras de energía eléctrica con capacidad instalada igual o superior a cien (100) MW (artículo 2.2.2.3.2.2. núm. 4 lit. a Decreto 1076 de 2015); ***ii)*** los proyectos de exploración y uso de fuentes de energía alternativa virtualmente contaminantes con capacidad instalada superior o igual cien (100) MW (artículo 2.2.2.3.2.2. núm. 4 lit. b Decreto 1076 de 2015) y ***iii)*** los proyectos para la generación de energía nuclear (artículo 2.2.2.3.2.2. núm. 5 Decreto 1076 de 2015). También la ANLA otorga o niega la licencia ambiental para los proyectos obras o actividades relacionados con el tendido de las líneas de transmisión del Sistema de Transmisión Nacional (STN), compuesto por el conjunto de líneas con sus correspondientes subestaciones que se proyecte operen a tensiones iguales o superiores a doscientos veinte (220) KV (artículo 2.2.2.3.2.2. núm. 4 lit. c Decreto 1076 de 2015). Esta licencia ambiental no se requiere para los proyectos de distribución de energía.

Recibida la información del DAA con el lleno de los requisitos exigidos, la autoridad ambiental competente de manera inmediata debe expedir un acto administrativo de inicio de trámite de evaluación de Diagnóstico Ambiental de Alternativas[616].

Expedido el acto administrativo de inicio trámite, la autoridad ambiental debe evaluar la documentación presentada, revisar que el estudio se ajuste a los requisitos mínimos contenidos en el Manual de Evaluación de Estudios Ambientales.[617] Así mismo evalúa que el Diagnóstico Ambiental de Alternativas (DAA), cumpla con lo establecido en el Decreto reglamentario y, además, que el interesado haya presentado para cada una de las alternativas del proyecto, el correspondiente análisis comparativo de los impactos ambientales, especificando cuales de estos no se pueden evitar o mitigar.[618] La autoridad debe

615 Sobre la naturaleza jurídica y funciones del ANLA Cfr. Consejo de Estado, Sala de Consulta y Servicio Civil, Sentencia de 15 de diciembre de 2020, Radicación número: 11001-03-06-000-2020-00179-00(C), apartado 4.1 (consultado en Vlex).

616 Artículo 2.2.2.3.6.1 núm. 2 párrafo 1 decreto 1076 de 2015.

617 Artículo 2.2.2.3.6.1 núm. 3 frase 1 decreto 1076 de 2015.

618 Artículo 2.2.2.3.4.4 inc. 1 decreto 1076 de 2015.

revisar y evaluar que la información del diagnóstico sea relevante y suficiente para la selección de la mejor alternativa del proyecto, y que presente respuestas fundamentadas a las inquietudes y observaciones de la comunidad.[619]

La autoridad ambiental debe realizar una visita al proyecto cuando así lo considere pertinente, para lo cual dispondrá de 15 días hábiles; la autoridad ambiental competente podrá requerir al solicitante, dentro de los 3 días hábiles siguientes y por una sola vez, la información adicional que considere pertinente para decidir.[620]

Allegada la información por parte del interesado en el pronunciamiento sobre el DAA, la autoridad ambiental competente dispondrá de 10 días hábiles, para evaluar el DAA, **elegir la alternativa** sobre la cual deberá elaborarse el correspondiente Estudio de Impacto Ambiental y fijar los términos de referencia respectivos, mediante acto administrativo que se notificará de conformidad con lo dispuesto en la Ley 1437 de 2011 y se publicará en el boletín de la autoridad ambiental en los términos del artículo 71 de la Ley 99 de 1993.[621]

Una vez surtido el procedimiento de pronunciamiento sobre la exigibilidad del Diagnóstico Ambiental de Alternativas (DAA), la autoridad ambiental competente haya evaluado el DAA, haya elegido la alternativa sobre la cual deberá elaborarse el correspondiente Estudio de Impacto Ambiental, haya fijado los términos de referencia respectivos mediante acto administrativo y haya efectuado las notificaciones y publicaciones respectivas;[622] el interesado en obtener licencia ambiental debe radicar ante la autoridad ambiental competente, el estudio de impacto ambiental.[623]

A partir de la fecha de radicación de la solicitud de licencia ambiental con el lleno de los requisitos exigidos, la autoridad ambiental competente de manera inmediata procede a expedir el acto administrativo de inicio de trámite de licencia ambiental que se comunica en los términos de la Ley 1437 de 2011 y se publica en el boletín de la autoridad ambiental competente en los términos del artículo 71 de la ley 99 de 1993.[624]

Expedido el acto administrativo de inicio trámite, la autoridad ambiental competente evalúa que el estudio ambiental presentado se ajuste a los requisitos mínimos contenidos en el Manual de Evaluación de Estudios Ambientales.[625]

---

619 Artículo 2.2.2.3.4.4 inc. 2 decreto 1076 de 2015.
620 Artículo 2.2.2.3.6.1 núm. 3 decreto 1076 de 2015.
621 Artículo 2.2.2.3.6.1 núm. 6 decreto 1076 de 2015.
622 Artículo 2.2.2.3.6.1 núm. 6 decreto 1076 de 2015.
623 Artículo 2.2.2.3.6.2 decreto 1076 de 2015.
624 Artículo 2.2.2.3.6.3 núm. 1 decreto 1076 de 2015.
625 Artículo 2.2.2.3.6.3 núm. 2, inc. 1 frase 1 decreto 1076 de 2015.

Así mismo, debe verificar que este cumple con el objeto y contenido establecidos en los artículos 14 y 21 del Decreto 2041 de 2014, que contenga información relevante y suficiente acerca de la identificación y calificación de los impactos, especificando cuáles de ellos no se podrán evitar o mitigar; así como las medidas de manejo ambiental correspondientes.[626]

La autoridad ambiental realizará una visita al proyecto, cuando la naturaleza de este lo requiera, dentro de los 20 días hábiles después del acto administrativo de inicio.[627] Cuando no se estime pertinente la visita o habiendo vencido el anterior lapso la autoridad ambiental competente dispondrá de 10 días hábiles para realizar una reunión con el fin de solicitar por una única vez la información adicional que se considere pertinente.[628] Toda decisión que se adopte en esta reunión se notificará verbalmente, debiendo dejar precisa constancia a través de acta de las decisiones adoptadas y de las circunstancias en que dichas decisiones quedaron notificadas. Así mismo, contra las decisiones adoptadas en esta reunión por la autoridad ambiental, procederá el recurso de reposición, el cual deberá resolverse de plano en la misma reunión, dejando constancia en el acta.[629]

El ANLA también es competente para tramitar de manera integral y exclusiva los permisos y licencias ambientales requeridos en la ejecución de los Proyectos de Interés Nacional y Estratégicos -PINE.[630] En el CONPES 3762 de 2013 se establecen los lineamientos de política para la identificación y priorización de proyectos en infraestructura de transporte, hidrocarburos, minería y energía considerados como de interés nacional y estratégicos – PINES, y define aspectos relevantes a resolver relacionados con los trámites y procedimientos requeridos para formular y ejecutar dichos proyectos. Para efectuar la coordinación y orientación superior de las funciones de las entidades públicas que participan en la estructuración, financiación, contratación y ejecución de proyectos de infraestructura, hidrocarburos, minería, energía y demás proyectos estratégicos de interés nacional se creó, mediante Decreto 2445 de 2013, la Comisión Intersectorial de Infraestructura y Proyectos Estratégicos -CIIPE.[631] A los Proyectos de Interés Nacional y Estratégicos (PINE), les son aplicables las

626 Artículo 2.2.2.3.5.2 decreto 1076 de 2015.

627 Artículo 2.2.2.3.6.3 núm. 2, inc. 1 frase 2 decreto 1076 de 2015.

628 Artículo 2.2.2.3.6.3 núm. 2, inc. 2 decreto 1076 de 2015.

629 Artículo 2.2.2.3.6.3 núm. 2, inc. 4 decreto 1076 de 2015.

630 Artículo 51 inc. 1 ley 1753 de 2015 -Plan de desarrollo 2014 a 2018- reglamentado por el artículo 1 del decreto 2220 de 2015.

631 Artículo 1 inc. 1 del decreto 2445 de 2013.

disposiciones contenidas en las Leyes 9ª de 1989, 388 de 1997 y 1682 de 2013 (sobre infraestructura de transporte) y demás normas que las reglamenten, modifiquen o adicionen.[632] En materia del trámite de la licencia ambiental se aplica el Decreto 1076 de 2015. Conforme al artículo 114 de la ley 1955 de 2019 (Plan de desarrollo 2018–2022), las entidades que determinan la viabilidad o que expidan permisos y licencias para el desarrollo de los Proyectos de Interés Nacional y Estratégico, deberán darles prioridad a dichos proyectos sobre cualquier otro proyecto.

De acuerdo con el artículo 37 literal i) frase 1 de la ley 2099 de 2021, se prioriza el licenciamiento ambiental y sus modificaciones para proyectos del sector de energía que tengan una fecha de entrada menor a 2 años sin que los trámites hayan sido culminados y que su entrada en operación garantice seguridad, confiabilidad y eficiencia para atender las necesidades del sistema.

Se ha analizado el rol del ANLA en la configuración jurídica de la colaboración privada en el procedimiento establecido en la ley para la obtención de la licencia ambiental. A continuación, haremos lo propio con la posición de los afectados por dicha licencia ambiental.

III. LA POSICIÓN DE LOS AFECTADOS EN EL PROCEDIMIENTO DE LICENCIA AMBIENTAL

A continuación, se examinará la posición de los afectados en el procedimiento de licencia ambiental. Para ello, se analizarán las normas en la materia. Adicionalmente, se incluirá el estudio del contexto sociopolítico y la aplicación real de las normas para determinar si ***i)*** ¿la información que reciben los afectados durante el trámite de la licencia ambiental es completa, suficiente y oportuna?, ***ii)*** ¿el control a la ejecución de las tareas transferidas a los solicitantes de la licencia ambiental en los trámites administrativos *ex ante* ha sido efectivo; de tal forma, que se hayan prevenido daños a los afectados? A los datos ofrecidos en apartados anteriores, se unen las respuestas derivadas de un análisis transversal comparativo al proyecto de construcción de la central hidroeléctrica el Quimbo. Este estudio es relevante para las reflexiones finales de este escrito.

De acuerdo con el Decreto 1076 de 2015, allegada la información adicional por parte del interesado en el pronunciamiento sobre el DAA, la autoridad ambiental competente dispondrá de 10 días hábiles, para evaluar el DAA, **elegir la alternativa** sobre la cual deberá elaborarse el correspondiente Estudio de

632 Artículo 50 de la ley 1753 de 2015.

Impacto Ambiental y fijar los términos de referencia respectivos, mediante acto administrativo que se notificará de conformidad con lo dispuesto en la Ley 1437 de 2011 y se publicará en el boletín de la autoridad ambiental en los términos del artículo 71 de la Ley 99 de 1993 (artículo 2.2.2.3.6.1 núm. 6).

El acto administrativo que elija la alternativa tendrá una vigencia de tres (3) años, contados a partir de su firmeza. Transcurrido este término, sin que el interesado radique la solicitud de licenciamiento ambiental, la Autoridad Ambiental declarará la pérdida de su vigencia de conformidad con las reglas previstas en el artículo 2.2.2.3.8.7 del Decreto 1076 (artículo 2.2.2.3.4.4, parágrafo 1.º, Decreto 1076 de 2015).

Cuando el Diagnóstico Ambiental de Alternativas (DAA), no cumpla con los requisitos mínimos establecidos en el Manual de Evaluación de Estudios Ambientales adoptado por el Ministerio de Ambiente y Desarrollo Sostenible y los criterios fijados en el presente Decreto la autoridad mediante acto administrativo dará por terminado el trámite y el solicitante podrá presentar una nueva solicitud (artículo 2.2.2.3.6.1 parágrafo Decreto 1076 de 2015).

Durante el trámite del análisis del Estudio de Impacto Ambiental se prevé la posibilidad de convocar a otras autoridades. Como se indicó *at supra*, el ANLA puede hacer una visita al proyecto durante dicho trámite (artículo 2.2.2.3.6.3. núm. 2, inc. 1 del Decreto 1076 de 1015). Cuando no se estime pertinente la visita o habiendo vencido el anterior lapso, la autoridad ambiental competente dispondrá de 10 días hábiles para realizar una reunión con el fin de solicitar por una única vez la información adicional que se considere pertinente. En los casos de competencia de la ANLA, esta podrá convocar a dicha reunión a la(s) Corporación(es) Autónoma(s) Regional(es), de Desarrollo Sostenible o los Grandes Centros Urbanos que se encuentren en el área de jurisdicción del proyecto, para que se pronuncien sobre el uso y aprovechamiento de los recursos naturales renovables. Toda decisión que se adopte en esta reunión se notificará verbalmente. Contra las decisiones adoptadas en esta reunión por la autoridad ambiental, procederá el recurso de reposición, el cual deberá resolverse de plano en la misma reunión, dejando constancia en el acta (artículo 2.2.2.3.6.3. núm. 2 del Decreto 1076 de 1015).

Allegada la información adicional por parte del solicitante la autoridad ambiental dispondrá de 10 días hábiles para solicitar a otras entidades o autoridades los conceptos técnicos o informaciones pertinentes que deberán ser remitidos en un plazo no mayor de 20 días hábiles. Durante el trámite de solicitud de conceptos a otras autoridades, la autoridad ambiental competente deberá continuar con la evaluación de la solicitud (artículo 2.2.2.3.6.3 núm. 4 Decreto 1076 de 2015).

Vencido el término de 20 días hábiles que tienen las autoridades para enviar sus conceptos, de acuerdo con el artículo 2.2.2.3.6.3 anteriormente citado, la autoridad ambiental contará con un término máximo de 30 días hábiles, para expedir el acto administrativo que declare reunida toda la información requerida, así como para expedir la resolución que otorga o niega la licencia ambiental (artículo 2.2.2.3.6.3 núm. 5 Decreto 1076 de 2015).

Cuando el Estudio de Impacto Ambiental (EIA) no cumpla con los requisitos mínimos del Manual de Evaluación de Estudios Ambientales la autoridad ambiental mediante acto administrativo dará por terminado el trámite y el solicitante podrá presentar una nueva solicitud (artículo 2.2.2.3.6.3, Parágrafo 4.º Decreto 1076 de 2015).

El análisis jurídico de la justicia material debe incluir el estudio del contexto sociopolítico y la aplicación real de las normas. En ese orden de ideas, se pregunta si ***i)*** ¿la información que reciben los afectados durante el trámite de la licencia ambiental es completa, suficiente y oportuna?, ***ii)*** ¿el control a la ejecución de las tareas transferidas a los solicitantes de la licencia ambiental en los trámites administrativos ha sido efectivo; ***(iii)*** de tal forma, que se hayan prevenido daños a los afectados?

Sobre la primera cuestión, es pertinente resaltar que el artículo 15 del Decreto 2041 de 2014 establece un deber de información a las comunidades:

> "Se deberá informar a las comunidades el alcance del proyecto, con énfasis en los impactos y las medidas de manejo propuestas y valorar e incorporar en el estudio de impacto ambiental, cuando se consideren pertinentes, los aportes recibidos durante este proceso.
>
> En los casos en que se requiera, deberá darse cumplimiento a lo dispuesto en el artículo 76 de la ley 99 de 1993, en materia de consulta previa con comunidades indígenas y negras tradicionales, de conformidad con lo dispuesto en las normas que regulen la materia".

Las gestiones para la consecución de la licencia ambiental o de cualquier otro tipo de autorización ambiental incluyen la consulta previa en los casos en que la normatividad lo exige. Determinantes legales en materia social son los siguientes: **Directiva Presidencial 10 de 2013** (guía para la realización de Consulta Previa con comunidades Étnicas), **Ley 21 de 1991.** Relacionada con los derechos de los pueblos indígenas y las tribus en los países independientes (fue adoptada por la OIT en 1989), **Ley 99 de 1993 Título X.** De los modos y procedimientos de participación ciudadana – Artículos 69 al 76), **Convenio 169 de 1989 de la OIT** (que obliga a los Estados que lo hayan ratificado a reconocer y proteger la diversidad étnica y cultural sin ningún tipo de condicionamiento),

Directiva Presidencial 01 de 2010 (que establece los mecanismos para la aplicación Consulta Previa y determina como único coordinador de estos procesos a al Ministerio del Interior y de Justicia), **Directiva Presidencial 10 de 2013** (Guía para la realización de Consulta Previa con Comunidades Étnicas), **Ley 1999 de 1995** (que define funciones del Ministerio del Interior con relación a pueblos indígenas), **Ley 76 1993** (expedida para proteger la identidad cultural y los derechos de las comunidades negras), **Ley 134 de 1994** (mediante la cual se dictan normas sobre mecanismos de participación ciudadana), **Ley 472 de 1998** (que consagra la reglamentación de las acciones populares y de grupo), **Decreto 1320 de 1998** (por el cual se reglamenta la consulta previa con las comunidades indígenas y negras para la explotación de los recursos naturales dentro de su territorio), **Ley 1818 de 1998 (r**elacionado con los estatutos de mecanismos alternativos de solución de conflictos), **Ley 397 de 1997** (ley General de Cultura, relacionada con las áreas de protección arqueológica en las licencias ambientales), **Ley 850 de 2003** (por medio de la cual se reglamentan las veedurías ciudadanas), **Ley 393 de 1998** (relacionada con las acciones de cumplimiento), **Decreto 1371 de 1994.** Reglamenta la Comisión Consultiva de Alto Nivel, tratada en el artículo 45 de la Ley 70 de 1993, **Decreto 1745 de 1995** (relacionado con la titulación de tierras en las comunidades negras), **Decreto 1277 de 1996** (relacionado con las zonas de reservas campesinas), **Decreto 1397 de 1996** (crea la Comisión Nacional de Territorios Indígenas y la Mesa Permanente de Concertación con los Pueblos y organizaciones Indígenas), **Decreto 2001 de 1998** (constitución de Resguardos Indígenas), **Decreto 330 de 2007** (por el cual se reglamentan las audiencias públicas ambientales), **Decreto 138 de 2019** (por el cual se modifica la parte VI "Patrimonio Arqueológico" del Decreto 1080 de 2015, Decreto Único Reglamentario del Sector Cultura); ***ii)* Consulta previa de los grupos étnicos nacionales: Convenio 169 de 1989 de la OIT** (el Convenio 169 de 1989 de la OIT adoptado por la 76.ª reunión de la Conferencia General de la O.I.T., también denominado como el convenio sobre Pueblos Indígenas y Tribales, obliga a los Estados que lo hayan ratificado a reconocer y proteger la diversidad étnica y cultural sin ningún tipo de condicionamiento), **Ley 21 de 1991** (por medio de la cual se aprueba el Convenio número 169 sobre pueblos indígenas y tribales en países independientes, adoptado por la 76.ª reunión de la Conferencia General de la O.I.T., Ginebra, 1989), **Decreto 1320 de 1998** (por medio del cual se reglamenta el derecho fundamental de la consulta previa con las comunidades indígenas y negras para la explotación de los recursos naturales dentro de su territorio), **Directiva Presidencial 01 de 2010** (establece los mecanismos para la aplicación Consulta Previa y determina como único coordinador de estos procesos al Ministerio del Interior y de Justicia), **Directiva Presidencial 10 de 2013** (Guía para la realización de Consulta Previa con Comunidades Étnicas).[633]

Como lo ha reconocido la Corte Constitucional, el acceso y la disponibilidad de información son elementos del derecho a la participación.[634] Óbices al derecho de los afectados a recibir la debida información adecuada y oportuna en el trámite de la licencia ambiental, se evidencia en las normas que regulan el Diagnostico Ambiental de Alternativas. En efecto, en los términos de referencia correspondientes, expresamente se consagra que se "busca en esta etapa del proyecto, que no se generen expectativas ni inquietudes en las unidades sociales por un posible reasentamiento poblacional y productivo"[635] Adicionalmente, el artículo 72 de la ley 99 de 1993 prevé la realización de la audiencia pública administrativa sobre la decisión ambiental en trámite solo en casos de que el Procurador General de la Nación o el delegado para Asuntos Ambientales, el Defensor del Pueblo, el Ministro del Medio Ambiente, las demás autoridades ambientales, los gobernadores, los alcaldes o por lo menos 100 personas o 3 entidades sin ánimo de lucro así lo soliciten.

Sobre la falta de información completa y oportuna a los afectados en el trámite de la licencia ambiental es pertinente citar la comprobación de la Contraloría General de la Nación, en el caso del trámite de licencias ambientales, la información que exige el artículo 15 del Decreto 2041 de 2014, "se traduce, en muchos casos, en aportar copias de actas, fotografías y videos de las reuniones o talleres realizados, mas no en establecer si las comunidades conocen o no los proyectos, su alcance e impactos, así como tampoco en la posición, opiniones u oposiciones de las mismas frente a los proyectos (...). Las decisiones terminan imponiéndose por parte de las agencias gubernamentales"[636].

---

633 Reciente sentencia en materia de consulta previa y derecho de participación de las comunidades es la Corte Constitucional T 413 de 2021.

634 Corte Constitucional, Sentencia T 361 de 2017. Sobre este tema cfr. Guerrero-Diaz, La relevancia jurídica de la información científica ambiental en el caso colombiano, en: Pachón, Información, participación y justicia ambiental, p. 422 ss.

635 Apartado 5.3.9. párrafo 3 términos de referencia para la elaboración del Diagnóstico Ambiental de Alternativas, en proyectos de Sistemas de Transmisión de Energía Eléctrica identificados con el código TdR-11 aprobados mediante resolución No. 2183 de 23 de diciembre de 2016 del Ministerio de Ambiente y Desarrollo Sostenible – MADS.

636 Negrete-Montes, Derechos, minería y conflictos, Contraloría General de la Nación, p. 40.

En el caso de la construcción del proyecto El Quimbo, la Corte Constitucional constató, luego que afectados presentaran acción de tutela, que no se había realizado un verdadero proceso de participación que protegiera los derechos fundamentales de los actores ni de un número indeterminado de personas. La Corte consideró que no se habían empleado los medios razonables para que la participación pueda considerarse efectiva: "Elaborar unos listados y hacer unas convocatorias por medios, que fue esencialmente lo que se hizo, resulta insuficiente cuando hay muchos intereses de tantas personas de por medio, en especial en sitios rurales donde las comunicaciones muchas veces son precarias"[637].

Ello, es mucho más relevante si se tiene en cuenta que, en la práctica y en general, se ha constatado deficiencia en la claridad de las reglas (términos de referencia, guías y glosarios técnicos) para la elaboración de los estudios ambientales, "abandonando al libre albedrío de quienes los elaboran la calidad de los mismos. Entonces, si se presentan casos donde la calidad de los estudios que elaboran las compañías no es la deseada, ello hace que igualmente la calidad de las actividades tampoco sea la esperada".[638]

La Corte Constitucional en la misma sentencia T 135 de 2013 estableció que "es cierto que el proyecto es de amplio conocimiento público por las noticias en los periódicos y noticieros regionales y nacionales, y por este hecho, la empresa alega que eran hechos notorios la zona de las actividades del proyecto y las labores que se realizarían"[639]. Sin embargo, como lo decidió el mismo tribunal, "en ninguna medida puede esto reemplazar la interacción directa con las comunidades afectadas, y tampoco puede ser razón para afirmar que era evidente el conocimiento de la hidroeléctrica por parte de todos los afectados"[640].

Ya desde el año 2016 la Defensoría del Pueblo, a partir del análisis de los impactos de 8 hidroeléctricas en 7 departamentos del país, constató que la conflictividad socioambiental que rodea los proyectos de desarrollo energético se debe gran parte a que ***i)*** las normas y los instrumentos ambientales presentan deficiencias o son insuficientes para el manejo de los impactos que causan tales proyectos y a que ***ii)*** los mecanismos de participación en materia ambiental han tenido que complementarse con la interposición de acciones judiciales (tutelas,

---

637 Corte Constitucional, sentencia T-135 de 2013, consideraciones.

638 Adriana Martínez Villegas, Problemática sectorial del licenciamiento ambiental, en Maria Pilar García Pachón, Evaluación de impacto ambiental, 2012, p. 331.

639 *Ibidem.*

640 *Ibidem.*

acciones populares[641] y de grupo, demandas ordinarias[642], procesos ejecutivos, entre otros) e incluso con la utilización de vías de hecho para hacer las reclamaciones.[643]

Se ha denunciado que, en el Proyecto El Quimbo, cuando la empresa Emgesa inició el proceso de reasentamiento involuntario notificó "la orden de expropiación a los habitantes de los terrenos a inundar, lo cual los obligaba a salir de sus tierras"[644]. Se desalojaron forzosamente 500 pescadores y campesinos del Predio la Esperanza, Vereda Domingo Arias, del municipio de Paicol Huila; 350 familias en jurisdicción del municipio de Altamira (Huila); personas que se encontraban adelantando sus oficios tradicionales de la pesca y minería artesanal en predios en la cuenca del rio Magdalena cerca al túnel y pescadores artesanales que realizaban esta actividad en el rio Magdalena de los municipios de Hobo, Campoalegre y Yaguará.[645] A ninguno de estas personas se las reconoció como afectados para efectos de las compensaciones socioambientales.

A las personas que fueron reconocidas como afectados para efectos de las compensaciones socioambientales, se las trasladó, aunque el reasentamiento se debía efectuar antes de iniciar la construcción del embalse, "después de iniciar el llenado y no de manera concertada sino por la presión del retiro del servicio

---

641 Sobre la complejidad y alto nivel de exigencia procesal de la acción popular Cfr. Jaime Orlando Santofimio, Acciones populares y medidas cautelares en defensa de los derechos e intereses colectivos, p. 44 ss.

642 En el marco de las demandas ordinarias procede la solicitud de medidas cautelares con el objetivo que se decrete la suspensión provisional de los actos administrativos por medio de los cuales se otorgó la licencia ambiental (Cfr. por ejemplo, Consejo de Estado, Sala de lo Contencioso Administrativo, Sección primera, Sentencia de 28 de febrero de 2020, Auto n.º 11001-03-24-000-2018-00393-00, Resuelve y consideración II. 4 -Consultado en Vlex).

643 Colombia. Defensoría del Pueblo. Informe del Defensor del Pueblo al Congreso de la República, XXIV, primera parte, p. 199, disponible en: https://www.defensoria.gov.co/public/pdf/XXIV_Informe_al_Congreso_Republica_2017_primeraparte.pdf.

644 Erika Alexandra Barreiro Álvarez, Claudia Liliana Martínez Quesada. "Análisis de riesgos y reconstrucción en procesos de reasentamiento colectivo involuntario: El caso del proyecto Hidroeléctrico EL Quimbo, Colombia". Tesis de Maestría en Planeación para el desarrollo. Bogotá, Universidad Santo Tomás, Facultad de sociología, 2019, p. 78. Disponible [en línea] en: https://repository.usta.edu.co/bitstream/handle/11634/21320/2019erikabarreiro.pdf?isAllowed=y&sequence=8. (consultado: 20.09.2021).

645 Miller Armín Dussán Calderón, El Quimbo: Extractivismo, despojo, ecocidio y resistencia, p. 69 ss., disponible en: https://movimientom4.org/wp-content/docs/publicacion-QUIMBO-colombia.pdf.

eléctrico, el transporte o los sitios de trabajo"[646]. El proceso de reasentamiento involuntario, de estas personas, tuvo como característica que ***i)*** los terrenos seleccionados por la empresa no tenían iguales o mejores condiciones, de tal forma que los afectados pudieran mantener sus condiciones socioeconómicas originales (como lo exigía la licencia); ***ii)*** los proyectos productivos no correspondían "a la vocación original del reasentado" y las familias se vieron avocadas a cambiar obligatoriamente su vocación productiva, pues "la comunidad era de pescadores y los proyectos, agrícolas y de ganadería" y ***iii)*** la tierra seleccionada no cumple "con las condiciones necesarias para que los nuevos proyectos productivos sean efectivos y rentables"[647].

Para responder la segunda pregunta[648], se debe tener en cuenta que *ex post*, luego de ocurridos los hechos, cuando ya se han causado afectaciones graves, muchas de ellas irreparables, se han adelantado investigaciones e impuesto sanciones. La falencia en el sistema de control *ex ante* se evidencia en el caso de la construcción del túnel de movilización de las aguas del río Manso al embalse de la Central Miel[649] I y del proyecto hidroeléctrico El Quimbo.

La Contraloría General de la República en el "Informe Técnico de Verificación en terreno al PHE-El Quimbo" (revisado finalmente el 29 de septiembre de 2014) cuestionó al ANLA por haber autorizado a la Empresa Enel Emgesa a presentar el Estudio de Impacto Ambiental (EIA) sin la realización previa del Diagnóstico Ambiental de Alternativas (DAA). Actualmente está en curso un proceso judicial ante el Consejo de Estado que estudia la legalidad de la licencia ambiental otorgada para la construcción de la Hidroeléctrica el Quimbo.

La Contraloría General de la Nación encontró 18 hallazgos administrativos, todos con incidencia disciplinaria y 4 con incidencia penal, sobre incumplimiento de obligaciones ambientales en informe[650] de auditoría de diciembre de

646 *Ibidem*, p. 79.

647 *Ibidem*, p. 80. Sobre el proceso de reasentamiento Cfr. Daniela María Rodríguez Rojas, "El Huila después del agua: Una aproximación a los cambios en la estructura agraria y la vida cotidiana de campesinos a partir de la construcción de embalses hidroeléctricos", disponible en: https://bdigital.uexternado.edu.co/bitstream/001/922/1/DBA-Spa-2017-El_Huila_despues_del_agua_una_aproximacion_a_los_cambios_en_la_%20estructura_agraria-Trabajo.pdf.

648 ¿El control a la ejecución de las tareas transferidas a los particulares en los trámites administrativos ha sido efectiva, de tal forma, que se hayan prevenido daños a los afectados?

649 Marulanda-García/ García-González, en JURÍDICAS, 181, 190.

650 Colombia, Contraloría General de la República, Informe auditoria de cumplimiento, CGR CDMA No. 27, diciembre de 2020, disponible en: https://www.contraloria.gov.co/documents/20181/1736422/027+Informe+Auditoria+Cumplimiento+ANLA+QUIMBO+ls.pdf/2d7f4f20-b4a4-4c7d-a71a-72170bd61928?version=1.1.

2020, con fundamento en el cual la fiscal especializada de recursos naturales abrió investigación preliminar.

En suma, el control a la ejecución de las tareas transferidas ha sido insuficiente para prevenir daños a los afectados. La realidad va en contra del Estado de derecho[651].

CONCLUSIONES

El propósito de este capítulo segundo, más que detallar todo el procedimiento establecido en la ley para la obtención de la licencia ambiental; era, más bien, analizarlo desde el punto de vista de las funciones, especialmente de planificación de infraestructura, que pueden ser transferidas a los particulares en la actividad de generación de energía eléctrica y estudiarlo, con el objeto de precisar si las funciones transferidas, cuando son ejercidas por particulares, son controladas *ex ante* de forma eficaz por la administración y si otorgan una garantía de protección jurídica efectiva a los afectados.

Se mostró que el contenido del Diagnóstico Ambiental de Alternativas determina las funciones en materia de planeación que son transferidas a los particulares. En efecto, el particular debe presentar, entre otras informaciones, ***i)*** las **alternativas** del proyecto con un análisis comparativo de los efectos y riesgos inherentes a la obra o actividad y de las posibles soluciones y medidas de control y mitigación para cada una de las alternativas; ***ii)*** la **identificación y notificación** de las comunidades y de los mecanismos utilizados para informarles sobre el proyecto, obra o actividad y un análisis costo-beneficio ambiental de las alternativas y ***iii)*** la **selección** y justificación de la alternativa escogida. Estas funciones fueron transferidas al particular mediante el Decreto reglamentario 2041 de 2014 (artículo 19) compilado por el artículo 2.2.2.3.4.3. del Decreto 1076 de 2015.

Con respecto a la función que puede ser atribuida al particular de "**selección** y justificación de la alternativa escogida" contenida en el artículo 19 del Decreto 2041 de 2014 reglamentario (compilado por el artículo 2.2.2.3.4.3. del Decreto 1076 de 2015), tenemos, de una interpretación del artículo 56 del inc. 3 de la ley 99 de 1993, que, aunque el particular selecciona la alternativa es, en últimas, la autoridad quien debe elegir la alternativa o las alternativas sobre las cuales deberá elaborarse el correspondiente Estudio de Impacto Ambiental, antes de otorgarse la respectiva licencia. En efecto, de acuerdo con artículo 56, inc. 3 de

651 Sobre las normas aplicables en materia ambiental Cfr. Gloria Amparo Rodríguez, Yo participo, tú participas, otros deciden: La participación ambiental en Colombia.

la ley 99 de 1993, con base en el Diagnóstico Ambiental de Alternativas presentado, "la autoridad **elegirá**, en un plazo no mayor de 60 días, la alternativa o las alternativas sobre las cuales deberá elaborarse el correspondiente Estudio de Impacto Ambiental antes de otorgarse la respectiva licencia".

Las funciones de planeación transferidas al solicitante de la licencia ambiental fueron ampliadas por determinación de documentos de Soft Law de la Banca Multilateral, financiadora de los proyectos de infraestructura de energía por normas que establecen la facultad del propietario del proyecto de formular planes de reasentamiento involuntario de la población.

Se indicó que la obligatoriedad de adoptar planes de reasentamiento involuntario fue adoptada en la Metodología General para la Elaboración y Presentación de Estudios Ambientales y en los términos de referencia aprobados por el Ministerio de Ambiente y Desarrollo Sostenible.

En la Resolución 1402 de 2018 del Ministerio de Ambiente y Desarrollo Sostenible se adoptó la Metodología[652] General para la Elaboración y Presentación de Estudios Ambientales y se toman otras determinaciones. Allí se especifica que uno de los contenidos de los estudios ambientales debe ser la información de población a reasentar consistente en información primaria en el marco de la metodología para reasentamiento del Banco Mundial y a partir de los conceptos del DANE (hogares).

De acuerdo con el artículo 2.2.2.3.5.1 del Decreto 1076 de 2015 (artículo 21 del Decreto 2041 de 2014), el Estudio de Impacto Ambiental deberá ser elaborado de conformidad con la Metodología General para la Presentación de Estudios Ambientales de que trata el artículo 14 del Decreto 2041 de 2014 y los términos de referencia expedidos para el efecto, el cual deberá incluir como mínimo lo siguiente: ***i)*** información del proyecto, relacionada con la localización, infraestructura, actividades del proyecto y demás información que se considere pertinente; ***ii)*** caracterización del área de influencia del proyecto, para los medios abiótico, biótico y socioeconómico; ***iii)*** demanda de recursos naturales por parte del proyecto; se presenta la información requerida para la solicitud de permisos relacionados con la captación de aguas superficiales, vertimientos, ocupación de cauces, aprovechamiento de materiales de construcción, aprovechamiento forestal, recolección de especímenes de la diversidad biológica con fines no comerciales, emisiones atmosféricas, gestión de residuos sólidos,

---

652 Colombia, Ministerio de Ambiente y Desarrollo Sostenible, Metodología General para la Elaboración y Presentación de Estudios Ambientales, disponible en: Microsoft Word – MetodologÃŁa Estudios Ambientales DEF 2018 (anla.gov.co).

exploración y explotación de aguas subterráneas; ***iv)*** información relacionada con la evaluación de impactos ambientales y análisis de riesgos; ***v)*** zonificación de manejo ambiental, definida para el proyecto, obra o actividad para la cual se identifican las áreas de exclusión, las áreas de intervención con restricciones y las áreas de intervención; ***vi)*** evaluación económica de los impactos positivos y negativos del proyecto; ***vii)*** plan de manejo ambiental del proyecto, expresado en términos de programa de manejo, cada uno de ellos diferenciado en proyectos y sus costos de implementación; ***viii)*** programa de seguimiento y monitoreo, para cada uno de los medios abiótico, biótico y socioeconómico; ***ix)*** plan de contingencias para la construcción y operación del proyecto; que incluya la actuación para derrames, incendios, fugas, emisiones y/o vertimientos por fuera de los límites permitidos; ***x)*** plan de desmantelamiento y abandono, en el que se define el uso final del suelo, las principales medidas de manejo, restauración y reconformación morfológica; ***xi)*** plan de inversión del 1 %, en el cual se incluyen los elementos y costos considerados para estimar la inversión y la propuesta de proyectos inversión, de conformidad con lo dispuesto en la Sección 1, Capítulo 3, Título 9, Parte 2, Libro 2 del Decreto 1076 de 2015; ***xii)*** plan de compensación por pérdida de biodiversidad de acuerdo con lo establecido en la Resolución 1517 del 31 de agosto de 2012 o la que modifique, sustituya o derogue (artículo 2.2.2.3.5.1 Decreto 1076 de 2015).

Los Términos de referencia[653] para la elaboración del Estudio de Impacto Ambiental para la construcción y operación de centrales generadoras de energía hidroeléctricas establecen que, si como consecuencia del desarrollo del proyecto, se requiere de procesos de **traslado involuntario** de población, se debe formular un programa de reasentamiento. Este programa debe caracterizar la población, para lo cual se debe: ***A)*** identificar el patrimonio cultural inmaterial: prácticas sociales, culturales, tradiciones estéticas y modos de conocimiento perpetuados en el seno de la comunidad; ***B)*** determinar el modo de cohesión entre los vecinos, niveles de participación, la existencia de redes sociales de apoyo y evaluar la desarticulación que puede producirse en el territorio por la ejecución del proyecto; ***C)*** identificar la oferta del suelo y áreas disponibles para el traslado acorde con los usos del suelo establecidos en el POT, POBT y EOT; ***D)*** caracterizar la población que continuará residiendo en el lugar, redes socioeconómicas existentes entre las personas que se quedan y la población objeto de reasentamiento e identificar en la evaluación de impactos aquellos que

653 Adoptados mediante Resolución 1519 de 2017 del Ministerio del Medio Ambiente y Desarrollo Sostenible.

se puedan ocasionar a esta población, a fin de formular las medidas de manejo correspondientes y ***E)*** realizar un **censo** de las unidades sociales a reasentar.[654]

El ejercicio de las funciones transferidas al solicitante de la licencia interviene en derechos constitucionales fundamentales de los afectados. La planificación, incluida el plan de reasentamiento, contiene limitaciones al derecho a la propiedad privada.

El análisis de casos concretos de construcción de centrales de generación permite concluir que, aunque hay previsiones normativas que lo ordenan, en la práctica, se constata que la información a los afectados por el trámite de la licencia ambiental por parte de las Empresas no ha sido completa ni suficiente; la protección jurídica a los afectados dista de ser efectiva y el control *ex ante* a la ejecución de las tareas transferidas a los particulares en los trámites administrativos no ha logrado prevenir daños económicos, sociales y ecológicos de los afectados. Primero se ejecutan las acciones; después, cuando no hay nada que hacer y se han materializado los daños a los afectados se imponen sanciones y no se indemniza completamente a las víctimas.[655] La realidad va en contra del Estado de derecho.

La Defensoría del Pueblo, a partir del análisis de los impactos de 8 hidroeléctricas en 7 departamentos del país, constató que la conflictividad socioambiental que rodea los proyectos de desarrollo energético se debe gran parte a que las normas y los instrumentos ambientales presentan deficiencias o son insuficientes para el manejo de los impactos que causan tales proyectos.[656]

---

654 Términos de referencia para la elaboración del Estudio de Impacto Ambiental para la construcción y operación de centrales generadoras de energía hidroeléctricas, sección 5.3.9 (Disponibles en línea en: https://www.anla.gov.co/documentos/normativa/terminos_referencia/terminos_de_referencia_eia_hidroelectricas.pdf).

655 Sobre la configuración de una eventual falla del servicio Cfr. Álvaro Osorio Sierra, El desplazamiento de la población como impacto ambiental causado por la construcción de centrales hidroeléctricas, en, María del Pilar García Pachón, Evaluación de Impacto Ambiental, p. 302 s.

656 Colombia. Defensoría del Pueblo. Informe del Defensor del Pueblo al Congreso de la República, XXIV, primera parte, p. 199 (disponible en: https://www.defensoria.gov.co/public/pdf/XXIV_Informe_al_Congreso_Republica_2017_primeraparte.pdf).

CAPÍTULO TERCERO LA CONFIGURACIÓN JURÍDICA DE PUBLIC PRIVATE PARTNERSHIPS EN PROCEDIMIENTOS DE CONSTITUCIÓN DE SERVIDUMBRES ELÉCTRICAS

A continuación, se examinarán las regulaciones normativas que determinan los procedimientos para la constitución de servidumbre eléctricas que se erigen en un instrumento de planificación administrativa con participación privada.

Una vez surtido el proceso de selección y adjudicado el proyecto de trasmisión de energía eléctrica (sobre este tema cfr. *At infra* segunda parte capítulo primero), en la fase de ejecución, el inversionista debe adelantar, también dentro de la fase de ejecución del proyecto, el proceso de constitución de servidumbres públicas de conducción de energía eléctrica y de ser el caso, de expropiación. El inversionista seleccionado debe encargarse también de realizar los diseños, adquirir los suministros, obtener los permisos correspondientes con el fin de construir la obra en los términos definidos en los DSI y cumplir con la normatividad técnica aplicable.[657] Las normas sobre servidumbres públicas de conducción de energía eléctrica en el sentido del artículo 25 de la ley 56 de 1981 también son aplicables, en la actividad de generación y distribución de energía.

En este capítulo se estudiarán las funciones transferidas a los particulares (I), el rol de la autoridad (II) y la posición de los afectados (III) en el proceso de constitución de servidumbre de conducción de energía eléctrica en el ámbito del suministro de energía eléctrica en Colombia.

El propósito de este escrito, más que detallar todo el procedimiento establecido en la ley para la constitución de servidumbre de conducción de energía eléctrica; es, más bien, analizarlo desde el punto de vista de las funciones transferidas a los particulares, de su control y de la protección jurídica a los afectados.

657 Ministerio de Minas y Energía, UPME, Lineamientos para fortalecer la expansión.

I. ROL DEL PROPIETARIO DEL PROYECTO Y LAS FUNCIONES TRANSFERIDAS EN EL PROCESO DE CONSTITUCIÓN DE SERVIDUMBRES ELÉCTRICAS, ARTÍCULO 10 LEY 56 DE 1981

En materia de **servidumbres de conducción de energía eléctrica** se aplica fundamentalmente la **ley 56 de 1981,** por la cual se dictan normas sobre obras públicas de generación y transmisión de energía eléctrica, acueductos, sistemas de regadío y otras y se regulan las expropiaciones y servidumbres de los bienes afectados por tales obras y las normas que la reforman. Adicionalmente, para la actividad de transmisión de energía se aplican las normas del Reglamento Técnico de Instalaciones Eléctricas (RETIE), especialmente el artículo 22.2 sobre zonas de servidumbre. El RETIE fue adoptado mediante Resolución 9 0708 del 30 de agosto de 2013 del Ministerio de Minas y Energía.

De acuerdo con el artículo 879 del código civil, servidumbre predial o simple servidumbre es un gravamen impuesto sobre un predio, en utilidad de otro predio de distinto dueño. No existe una definición legal sobre el término "servidumbre de conducción de energía eléctrica". Este escrito empleará el término en el sentido de la definición doctrinal que la entiende como "la carga impuesta sobre un predio para soportar las instalaciones de equipos eléctricos y técnicos necesarios para la prestación de la función transmisión o distribución del servicio de energía eléctrica".[658]

Es importante tener en cuenta que la ley 56 de 1981 (artículo 16), la ley 143 de 1993 (artículo 5) y la ley 1715 de 2014 (artículo 4) declaran como de utilidad pública la actividad de distribución de energía. En Colombia se considera que la distribución es "la actividad de transportar energía eléctrica a través de un conjunto de líneas y subestaciones, con sus equipos asociados, que operan en tensiones menores de 220 kW"[659]. La distribución tiene la característica de ser una actividad de monopolio natural.[660]

Como se indicó *at supra*, esta calificación de utilidad pública o interés social tiene el efecto de su primacía en todo lo referente a ordenamiento del territorio, urbanismo, planificación ambiental, fomento económico, valoración positiva en los procedimientos administrativos de concurrencia y selección y de expropiación forzosa (artículo 4, inc. 2 de la ley 1715 de 2014).

---

658 Echeverría-Molina/ Nieto-Ariza, Jurídicas, 2017, 96, 105.
659 Cfr. Moreno, Los modelos de regulación de electricidad, p. 736
660 Cfr. Ibidem, p. 737.

Corresponde al propietario del proyecto que lo haya adoptado y ordenado su ejecución, promover en calidad de demandante los procesos que sean necesarios para hacer efectivo el gravamen de servidumbre de conducción de energía eléctrica (artículo 5 del Decreto[661] 884 de 2007 que modificó el artículo 27, inc. 1 ley 56 de 1981). El proceso de imposición judicial de servidumbres se rige por el Código General del Proceso.

Las partes interesadas pueden voluntariamente llegar a un acuerdo sobre el contrato de constitución de servidumbre legal (como sucedió en el caso del proyecto Jepírachi al que se hará referencia *at infra*). En ese supuesto, este debe elevarse a escritura pública.

En la medida en que el artículo 5 del Decreto Ley 884 de 2017 modificó el artículo 27 de la Ley 56 de 1981 en lo atinente al sujeto que puede promover la servidumbre en calidad de demandante, la Corte Constitucional, en sentencia C 565 de 2017, consideró necesario armonizar los artículos 25 y 27 de la Ley 56 de 1981. Por lo tanto, bajo esta interpretación integral de las normas, se entiende que el titular de las facultades a las que hace referencia el artículo 25 de la Ley 56 de 1981 es el propietario del proyecto.

Con la demanda se debe adjuntar **el plano general en el que figura el curso que habrá de seguir la línea** objeto del proyecto con la demarcación específica del área. Esta es una función de planeación transferida por ministerio de la ley al propietario del proyecto. La demanda también debe incluir inventario de los daños que se causen, con el estimativo de su valor realizado por la entidad interesada en forma explicada y discriminada, al acta elaborada al efecto y certificado de tradición y libertad del predio. Con la demanda, la entidad interesada debe poner a disposición del juzgado la suma correspondiente al estimativo de la indemnización (artículo 27 núm. 1 y 2 ley 56 de 1981).

En los supuestos de imposición de servidumbres requeridas para el desarrollo de proyectos de generación y trasmisión de energía eléctrica que hayan sido calificados de interés nacional y estratégico por la Comisión Intersectorial de Infraestructura y Proyectos Estratégicos (CIIPE), el artículo 52 de la ley 1753

661 Decreto 884 del 26 de mayo de 2017, "Por el cual se expiden normas tendientes a la implementación del Plan Nacional de Electrificación Rural en el marco del Acuerdo Final para la Terminación del Conflicto y la Construcción de una Paz Estable y Duradera". Este decreto fue declarado constitucional por la Corte Constitucional en sentencia C-565 de 2017.

de 2015 dispone que el Gobierno Nacional reglamentará el procedimiento a seguir.[662]

El artículo 117 de la ley 142 de 1994 establece que la empresa de servicios públicos que tenga interés en beneficiarse de una servidumbre, para cumplir su objeto, podrá solicitar la imposición de la servidumbre mediante acto administrativo. Estuvo en trámite un proyecto de Decreto "Por el cual se reglamenta la servidumbre administrativa de que trata el artículo 117 de la Ley 142 de 1994, adicionando una Sección 6 al Capítulo 7 del Título III del Decreto Único Reglamentario del Sector Minas y Energía 1073 de 2015". En este proyecto se preveía que, con la petición, el propietario del proyecto debía indicar "ubicación, linderos, nomenclatura y cualquier otra condición que permita la identificación del predio a afectar" (artículo 2.2.3.7.6.2. núm. 3). Información que exige una tarea de planeación previa que debe efectuar el propietario del proyecto.

De acuerdo con el artículo 25 de la Ley 56 de 1981, la servidumbre pública de conducción de energía eléctrica supone para las entidades públicas que tienen a su cargo la construcción de centrales generadoras, líneas de interconexión, transmisión y prestación del servicio público de distribución de energía eléctrica, la facultad de pasar por los predios afectados, por vía aérea subterránea o superficial, las líneas de transmisión y distribución del fluido eléctrico, **ocupar las zonas objeto de la servidumbre, transitar por los mismos**, adelantar las obras, ejercer la vigilancia, conservación y mantenimiento y emplear los demás medios necesarios para su ejercicio. La ocupación de las zonas objeto de servidumbre supone una tarea de planeación previa que debe efectuar el propietario del proyecto que le es transferida por ministerio de la ley.

En relación con las funciones transferidas a los particulares sobre ocupación temporal de inmuebles, se tiene que los artículos 33 y 57 de la ley 142 prevén la posibilidad de ocupación temporal de inmuebles por parte de las Empresas del sector eléctrico. En efecto, el artículo 33, frase 1, de la ley 142 de 1994 establece que quienes presten servicios públicos tienen los mismos derechos y prerrogativas que esa ley u otras anteriores, y confieren el uso del espacio público, para la ocupación temporal de inmuebles.

El artículo 57, frase 1 de la ley 142 de 1994 instituye que cuando sea necesario para prestar los servicios públicos, las empresas podrán pasar por predios ajenos, por una vía aérea, subterránea o superficial, las líneas, cables (...) necesarias; ocupar temporalmente las zonas que requieran en esos predios; remover

662 El texto en cursiva fue declarado constitucional por la Corte Constitucional mediante Sentencia C-035 de 2016.

los cultivos y los obstáculos de toda clase que se encuentren en ellos; transitar, adelantar las obras y ejercer vigilancia en ellos; y, en general, realizar en ellos todas las actividades necesarias para prestar el servicio.

En sentencia C-864 de 2004 la Corte declaró constitucional, por los cargos analizados, la expresión "*o permanente*" contenida en el inciso 1.º del artículo 86 del Código Contencioso Administrativo y el inciso 2.º del Artículo 219 del mismo Código, dado que "dichas normas no autorizan al Estado para que ocupe de hecho los inmuebles, pretermitiendo los procedimientos legales para la adquisición del derecho de propiedad privada, sino que buscan remediar por el cauce jurídico la situación irregular generada con dicho proceder de las autoridades públicas".

Aunque existen previsiones que limitan la posibilidad de ocupación de los inmuebles a eventos meramente temporales; se constatan prácticas de ocupación permanente de dichos inmuebles sin el cumplimiento de los trámites legales previstos en la ley 56 de 1981; configurándose de este modo, una imposición de una "servidumbre de hecho" que, en ciertos casos, no han contado con una indemnización de los perjuicios a los afectados. Este fue el caso estudiado por la Corte Constitucional en sentencia T 105 de 2000:

CORELCA, desde el año de 1971, afectó de manera permanente la propiedad de los demandantes mediante la imposición de hecho de una servidumbre de conducción de energía eléctrica, sin haber iniciado el proceso de imposición legítima de dicha servidumbre. De acuerdo con la Corte Constitucional, teniendo en cuenta que la imposición irregular de la servidumbre ocurrió en el año de 1971, los demandantes tuvieron expedita la acción contenciosa administrativa durante los dos años siguientes a la vigencia del Código Contencioso Administrativo. Dicha acción, se encuentra caducada, porque el referido término ya había transcurrido en exceso. Como se observa, en este caso se impuso una servidumbre por "vía de hecho" sin que se indemnizaran los perjuicios a los afectados.

Se ha analizado el rol del propietario del proyecto y las funciones transferidas en el proceso de constitución de servidumbres eléctricas, artículo 10, ley 56 de 1981. A continuación, se estudiará el rol de la autoridad en dicho proceso de constitución de servidumbres eléctricas.

II. EL ROL DE LA AUTORIDAD EN EL PROCESO DE CONSTITUCIÓN DE SERVIDUMBRES ELÉCTRICAS

Sobre el proceso de constitución de servidumbre eléctrica, es menester resaltar que del análisis de la ley 1107 de 2006, que mantuvo la vigencia en materia de competencia de las leyes 142 de 1994 y 689 y 712 de 2001, se concluye que *i)* las empresas del sector eléctrico deben promover ante la jurisdicción de lo contencioso administrativo la constitución de las servidumbres de conducción de energía eléctrica y *ii)* es competencia de la jurisdicción civil decidir sobre la reivindicación de los predios ocupados de manera permanente con fines de conducción de energía eléctrica.[663]

La autoridad dirige el proceso que termina mediante sentencia e impone la servidumbre eléctrica que constituye un gravamen a la propiedad privada. Una vez admitida la demanda, la autoridad debe correr traslado de ella al demandado por el término de 3 días (artículo 27 núm. 3 ley 56 de 1981). Si 2 días después de proferido el auto que ordena el traslado de la demanda, esta no hubiere podido ser notificada a los demandados, se procederá a emplazarlos en la forma indicada en el inciso 2 del artículo 452 del Código de Procedimiento Civil (artículo 27 núm. 4 ley 56 de 1981).

De acuerdo con la Corte Constitucional[664], el límite temporal del término de traslado al demandado dentro del proceso de imposición de servidumbre pública (artículo 27 núm. 3 ley 56 de 1981) se ajusta a la Constitución, ya que no existe una norma superior que imponga un plazo mínimo para que el demandado se oponga a las pretensiones de la entidad actora. Esta materia está contenida dentro del amplio margen de configuración normativa que tiene el legislador para definir los procesos judiciales. Adicionalmente, según la Corte Constitucional, la fijación de un término breve de traslado al demandado responde a un fin garantizado por la Constitución consistente en la protección del interés general, representado en la pronta ejecución de las obras necesarias para la adecuada prestación del servicio público de energía.

Este procedimiento, igualmente, preveía (en la anterior versión del artículo 28 de la ley 56 de 1981) que el juez, dentro de las cuarenta y ocho horas siguientes a la presentación de la demanda, debía practicar una inspección judicial sobre el predio afectado y **autorizar** la ejecución de las obras, que de acuerdo con el proyecto sean necesarias para el goce efectivo de la servidumbre. En la misma diligencia, el funcionario judicial debía identificar el inmueble y hacer un reconocimiento de la zona objeto de gravamen.

Esta disposición fue modificada por el artículo 7 del Decreto legislativo número 798 de 2020, por el cual se adoptan medidas para el sector minero-energético en el marco del Estado de Emergencia Económica, Social y Ecológica

663 Corte Constitucional, Sentencia T-824 de 2007, apartado 3.1.1.
664 Corte Constitucional, Sentencia C-831 de 2007, capítulo VI apartado 19.

ordenada mediante Decreto 637 del 6 de mayo de 2020. De acuerdo con el nuevo texto normativo, con base en los documentos aportados con la demanda, el juez **autorizará** con el auto admisorio de la demanda, mediante **decisión que no será susceptible de recursos**, el ingreso al predio y la ejecución de las obras que, de acuerdo con el plan de obras del proyecto presentado con la demanda, sean necesarias para el goce efectivo de la servidumbre, sin necesidad de realizar inspección judicial.

Se incorporó al ordenamiento jurídico la previsión del artículo 7 del Decreto legislativo número 798 de 2020 como legislación permanente, mediante la ley 2099 de 2021 que, en el artículo 37 literal ii) frase 1, faculta al juez a autorizar el ingreso al predio y la ejecución de las respectivas obras en los procesos de servidumbre pública de conducción de energía eléctrica sin realizar previamente la inspección judicial.

La reforma al artículo 28 de la ley 56 de 1981 constituye un debilitamiento de las garantías de protección a los afectados en la medida que la intensidad de control al plan de obras del proyecto presentado por la empresa del sector eléctrico es menor. Ello, porque los parámetros de control del plan de obras se limitan al cumplimiento de las exigencias del auto admisorio de la demanda, no requiere inspección judicial, ni sentencia formal para ser aprobada, no se requiere finalizar el proceso para autorizar las obras y la decisión no es susceptible de recursos. Esta disminución en las garantías de protección se denota también con las facultades de ocupación de hecho.

En lo que atañe a la facultad de **ocupación de hecho, l**a Corte Constitucional ya se ha pronunciado sobre la responsabilidad patrimonial en caso de ocupación temporal de inmuebles. La Corte Constitucional en sentencia T 824 de 2007 puntualizó que "cuando el Estado ha ocupado de hecho los inmuebles, con fundamento en lo dispuesto en el Artículo 90 de la Constitución debe responder patrimonialmente e indemnizar en forma plena y completa al titular del derecho de propiedad privada, por el daño antijurídico causado, es decir, por el daño que no tenía el deber de soportar"[665].

Se ha analizado el rol de la autoridad (admitir la demanda, correr traslado al demandado, autorizar con el auto admisorio a la demanda el ingreso al precio y la ejecución de las obras e imponer judicialmente la servidumbre) en el proceso de constitución de servidumbres eléctricas. A continuación, se estudiará el rol de los terceros afectados.

---

665 Corte Constitucional, Sentencia T 824 de 2007.

III. LA POSICIÓN DE LOS AFECTADOS

En este apartado se indagará la posición de los afectados en el proceso de constitución de servidumbres eléctricas y se esbozará el caso del proceso de constitución de servidumbres para el proyecto de generación eléctrica Jepírachi en la Guajira. Este estudio es relevante para las reflexiones finales de este escrito.

Referente al **proceso de imposición de servidumbre eléctrica,** se establece que, sin perjuicio del deber del juez de abstenerse de proferir sentencia de fondo en los casos previstos por la ley, en este proceso no pueden proponerse excepciones (artículo 27 núm. 5 ley 56 de 1981). Esta disposición disminuye las garantías de los afectados por la imposición de la servidumbre eléctrica.

Para la Corte Constitucional[666], la prohibición de excepciones no configura una decisión legislativa irrazonable, en tanto responde a la limitación que la Carta Política impone al derecho a la propiedad privada, afectada con gravámenes derivados de la protección del interés general de los usuarios del servicio público de energía eléctrica. En ese sentido, conforme a la Corte Constitucional[667], el derecho de contradicción del propietario o poseedor del bien sirviente se circunscribe a la discusión acerca del monto de la compensación económica, y se excluyen otros asuntos. Por lo tanto, en palabras de la Corte Constitucional[668], la prohibición en comento no solo es compatible con la Constitución, sino que es un desarrollo de los mandatos superiores que imponen la función social de la propiedad y la adecuada prestación de los servicios públicos para todos los asociados.

La ley 56 de 1981 establece mecanismos para que el afectado con la constitución de la servidumbre controvierta el estimativo de los perjuicios base de la indemnización. Así, en caso de que el demandado no estuviere conforme con dicho cálculo, podrá pedir dentro de los cinco días siguientes a la notificación del auto admisorio de la demanda que, por peritos designados por el juez, se practiquen avalúos de los daños que se causen y tasen la indemnización a que haya lugar por la imposición de la servidumbre (artículo 29 ley 56 de 1981). Los peritos son designados, uno de la lista de auxiliares de que disponga el tribunal superior correspondiente y el otro de la lista de expertos[669] suministrada por el

666 Corte Constitucional, Sentencia C-831 de 2007, capítulo VI apartado 20.

667 *Ibidem.*

668 *Ibidem.*

669 Sobre estimación de perjuicios por parte de perito cfr. Corte Suprema de Justicia, Sala de Casación civil, sentencia de 1 de octubre de 2020, Radicación no. 23001-31-03-002-2016-00418-01, disponible en: https://cortesuprema.gov.co/corte/wp-content/uploads/2020/12/SC4658-2020-2016-00418-01_.pdf.

Instituto Geográfico y Catastral Agustín Codazzi, de acuerdo con lo señalado en el artículo 20 del Decreto 2265 de 1969. En caso de desacuerdo en el dictamen se designará un tercer perito dirimente de la respectiva lista del Instituto Geográfico Agustín Codazzi (artículo 21 ley 56 de 1981).

Con base en los estimativos, avalúos, inventarios o pruebas que obren en el proceso, el juez dictará sentencia, señalará el monto de la indemnización y ordenará su pago. En el caso que la decisión judicial disponga un pago mayor al entregado por la entidad demandante al momento de presentación de la demanda, esta deberá consignar el remanente a favor del poseedor o propietario del bien. De igual modo, la entidad deberá reconocer intereses al demandado, equivalentes al interés bancario vigente al momento en que profirió sentencia, calculados desde la fecha en que se recibió la zona objeto de servidumbre y hasta el momento en que se deposite el saldo (artículo 31 ley 56 de 1981).

Conforme al artículo 10 numeral 3 de la ley 56 de 1981, si en un predio el área afectada fuere mayor del 70 % del área total, el propietario tendrá el derecho de exigirle a la entidad propietaria que le compre la totalidad del predio, o solamente la parte afectada por la obra. La obligación de compra y de pago de la empresa no se extingue cuando se ofrezca compensación en especie o reasentamiento establecida en el Plan de Manejo Ambiental que apruebe la Licencia Ambiental del Proyecto.

La ley 56 de 1981 establece dos previsiones adicionales. En primer lugar, estipula la prohibición para el poseedor o tenedor del bien sirviente de efectuar actos que perturben, alteren, disminuyan o hagan incómodo o peligroso el ejercicio de la servidumbre de conducción de energía eléctrica, tal como se haya previsto en los planos del proyecto. Esta prohibición se extiende a los casos en que, ante la presencia de nuevas circunstancias, fuere necesario introducir variaciones en el modo de ejercer la servidumbre. Ello, sin perjuicio del derecho del poseedor o propietario de exigir la indemnización por los daños que causen tales modificaciones (artículo 31 ley 56 de 1981). En segundo término, el artículo 21 de la ley 56 de 1981 dispone como norma procesal supletoria la contenida en el Título XXII del Libro 2.º del Código de Procedimiento Civil, esto es, las reglas del proceso abreviado (hoy Título I de la sección 1 del libro 3 de la ley 1564 de 2012, CGP que establece las reglas del proceso verbal).

Sobre la estimación de los valores que se han de pagar por los predios o inmuebles afectados por proyectos y ejecución de obras de energía eléctrica para la electrificación rural para las zonas no interconectadas (ZNI), amparadas por la declaratoria de utilidad pública e interés social, así como para el saneamiento de tales predios, el artículo 4 del Decreto[670], ley 884, de 2017, dispone que se dará aplicación a lo establecido en los artículos 21, 22, 23, 24, 25 y 26 de la ley 1682 de 2013, sobre infraestructura de transporte, con excepción de la expropiación por vía administrativa.

Aunque doctrinantes, como Martínez Alfaro[671], incluyen la indemnización como uno de los elementos constitutivos del término servidumbre eléctrica, en Colombia, en la práctica, la obligación de indemnizar está determinada por la interposición de los propietarios del mecanismo de control de reparación directa dentro del término prescrito en el artículo 164 numeral 2 literal i de la ley 1437 de 2011 (que establece que cuando se pretenda la reparación directa, la demanda deberá presentarse dentro del término de 2 años contados a partir del día siguiente al de la ocurrencia de la acción u omisión causante del daño, o de cuando el demandante tuvo o debió tener conocimiento del mismo si fue en fecha posterior y siempre que pruebe la imposibilidad de haberlo conocido en la fecha de su ocurrencia). Esto explica que Rueda Corredor[672] haya encontrado, como resultado de la búsqueda y análisis jurisprudencial en la relatoría de la consulta jurisprudencial del Consejo de Estado de los años 2015 a 2018, solo una sola sentencia que condenó a una entidad pública (municipio de Montería) por los daños derivados de un proceso de servidumbre interpuesta por medio de la acción de reparación directa. En las pesquisas efectuadas en la jurisprudencia de la sección tercera del Consejo de Estado proferida durante el periodo comprendido entre 2019 y 2021, se encontraron 3 sentencias que fallaron casos de servidumbres eléctricas. Las 3 declararon de oficio la caducidad del medio de control.[673]

---

670 Declarado constitucional mediante sentencia de la Corte Constitucional C-565 de 2017.

671 Para este autor, la servidumbre de energía eléctrica es la que obliga al propietario del predio sirviente, a permitir en su predio la colocación de postes y tendido de cables, en beneficio del fundo dominante (…) el dueño del predio dominante queda obligado a indemnizar al propietario del predio sirviente, por los daños causados (Martínez-Alfaro, Ensayo integral del derecho y gravamen real de servidumbre, p. 577).

672 Rueda-Corredor/Rueda-Corredor, Parámetros indemnizatorios por daños derivados de servidumbres de redes de conducción eléctrica en Colombia, p. 48 ss.

673 Consejo de Estado, Sala de lo Contencioso Administrativo, Sección Tercera, Subsección C, Sentencia de 27 de septiembre de 2019, Radicación número: 25000-23-36-000-2015-01148-01(59489); Consejo de Estado, Sala de lo Contencioso Administrativo, Sección Tercera, Subsección C, Sentencia de 11 de marzo de 2019, Radicación número: 08001-23-31-000-2004-01970-02(43178).

La obligación de indemnizar también ha estado determinada por la tesis sostenida por un sector de la jurisprudencia y la doctrina, de acuerdo con la cual, la servidumbre se podría obtener por prescripción[674.675] En sentencia T 824 de 2007 la Corte Constitucional estudió un caso de una servidumbre de distribución de energía que gravaba el inmueble de propiedad de la actora y que, según se afirmaba, había sido adquirida por la entidad luego de 43 años de uso y goce del gravamen sin interrupción. En este caso, se negó la tutela por improcedencia de la acción para confrontar el derecho de la accionada a la servidumbre de distribución de energía. En ese orden de ideas, de facto se negó el reconocimiento de una indemnización a su favor.

En otros casos, la acción de tutela ha servido como instrumento de defensa judicial para los afectados. Muestra de ello, es la sentencia T-449 de 1993. Los hechos son los siguientes: Un menor de edad jugaba con una varilla metálica en la terraza ubicada en el cuarto piso de la residencia ubicada en el municipio de El Santuario-Antioquia. Cuando jugaba con esta, el menor trató de evitar la caída de la varilla a la calle pública, y en ese momento, el mencionado instrumento hizo contacto con los cables de energía eléctrica que la Empresa Antioqueña de Energía tenía instalados en el frente de la casa, para servir el alumbrado de los habitantes del municipio. A raíz del accidente, al menor Tobías Zuluaga le fue amputado el miembro superior derecho a un nivel superior del tercio medio del antebrazo. Así mismo, tiene limitados los movimientos de flexión y extensión del miembro superior izquierdo; fue objeto de quemaduras especialmente en las miembros inferiores, que han ameritado varias cirugías. Los peticionarios aseguraron que el insuceso se originó en la negligencia de la Empresa Antioqueña de Energía S.A., ya que los cables de energía que produjeron el accidente se encuentran colocados antitécnicamente muy cerca de la casa de la familia Zuluaga Soto; además, los anteriores carecen de recubrimiento aislante.

El juez de tutela comprobó que la empresa de energía ***i)*** no demostró conocer las posibles amenazas naturales, técnicas y sociales a las que somete a la accionante y a su familia, integrada por dos menores de edad; ***ii)*** no comprobó haber

674 De acuerdo con el artículo 2512 del código civil, la prescripción es un modo de adquirir las cosas ajenas, o de extinguir las acciones o derechos ajenos, por haberse poseído las cosas y no haberse ejercido dichas acciones y derechos durante cierto lapso de tiempo, y concurriendo los demás requisitos legales.

675 Sobre este tema: Corte Suprema de Justicia, Sala de Casación Civil, Sentencia del 21-09-2020 Número de expediente: 11001-02-03-000-2012-01051-00, Número de sentencia: SC3368-2020, consultado en Vlex. En contra: Echeverría-Molina/ Nieto-Ariza, Jurídicas, 2017, 96, p. 113 s.

ilustrados a los moradores de la zona de influencia de las Torres sobre las medidas de prevención, atención y control necesarias para atender eventos no previstos, durante la operación de distribución de energía; ***iii)*** no ha contribuido, como le corresponde, a la administración del riesgo y la concienciación de los habitantes del lugar sobre su responsabilidad para evitar los peligros a los que están expuestos; ***iv)*** no ha diseñado un plan de coordinación y comunicación con las autoridades e instituciones locales, regionales o nacionales responsables de la prevención y atención de desastres y ***v)*** no ha diseñado el plan de contingencias, para minimizar los riesgos que genera su operación en el inmueble.[676] Por todo ello, el juez de tutela ordenó a la Central Hidroeléctrica de Caldas CHEC, que, en las 48 horas siguientes a la notificación de esta providencia, debía disponer lo conducente para evaluar los riesgos y elaborar, en un término no mayor a 10 días, un plan de contingencias a corto y a mediano plazo que minimice los peligros a los que se encuentran expuestos los moradores del inmueble de propiedad de la actora, ocupado por las Torres de distribución de energía de la línea Aranzazu Neira nodo B43009. Adicionalmente, el juez ordenó disponer la construcción de barreras físicas permanentes, de ser ello necesario, previa la negociación con los titulares de derechos sobre el inmueble o la constitución y ampliación de la servidumbre, de ser ello preciso.[677]

De relevancia es la sentencia T 536 de 1993 en la que la Corte Constitucional llamó la atención de la Electrificadora de Boyacá y de la Oficina de Planeación Municipal de Santana-Boyacá, a fin de que se revisara la instalación técnica de la subestación eléctrica, los efectos que en ella pueda ocasionar la explanación adelantada a su alrededor y el cumplimiento de las normas de planeación referentes a la ubicación de viviendas vecinas a la misma, con el fin de evitar hechos futuros que pudieran poner en peligro los derechos fundamentales de los accionantes o de terceros. Los hechos que se expusieron en la solicitud de tutela enfatizaron en el crecimiento del casco urbano del municipio de Santana (Boyacá), hacia el lugar en donde se encuentra ubicada la subestación eléctrica. En esa situación, como lo afirma la Corte Constitucional, corresponde a la Oficina de Planeación Municipal adelantar las gestiones necesarias para vigilar, que las construcciones existentes y las que se vienen adelantando en este sector del municipio, se adecúen a las normas de planeación.

676 II. 4.2.

677 Resuelve segundo de la sentencia.

Esta labor, propia del municipio, se vería conculcada con la expedición de normas como la propuesta en Proyecto de ley 365 de 2020 Senado[678], de acuerdo con la cual: "No se requerirá licencia urbanística de urbanización, parcelación, construcción o subdivisión en ninguna de sus modalidades para la ejecución de proyectos de infraestructura para la prestación del servicio público de energía eléctrica, en cada una de sus actividades de generación, transmisión, distribución y comercialización"[679]

En la práctica, y a partir del estudio del caso del proceso de construcción de proyectos eólicos en la Guajira, se muestra que la regulación del contrato de servidumbres de energía, establecido para pagar a las comunidades por el uso del suelo, puede ser confundida con reconocimientos por medidas compensatorias por impactos ambientales y socioculturales.

En el caso del proyecto de parque Jepírachi[680] de EPM en la Alta Guajira, se pactó el pago por el uso de áreas del resguardo indígena en las rancherías de las comunidades de Wasiwolin y Aerutkajui, bajo la modalidad de servidumbres de energía y tránsito (cláusula 4 de la escritura pública 46 y cláusula 5 de la escritura 47, ambas de 9 de junio de 2003 protocolizadas en la Notaría Única de Uribia). De acuerdo con el tenor de la cláusula 4 referida, la escritura 46 contiene un contrato de "Servidumbre de Energía para ocupación de espacios, instalación de redes de Transmisión Energía y servidumbre de Tránsito a favor de LAS EMPRESAS[681], las cuales requieren hacer uso de ellas para desarrollar el PROYECTO PILOTO DE APROVECHAMIENTO DE ENERGÍA EÓLICA JEPÍRACHI".

Mediante el contrato de carácter permanente e irrevocable (cláusula 11 Escritura 46 de 9 de junio de 2003), las empresas adquirieron el derecho exclusivo frente a terceros para el uso de 165.1080 hectáreas del territorio (cláusula 5, frase

---

678 El Proyecto de ley fue aprobado por el Congreso y sancionado como ley 2099 de 2021, pero la norma en comento no fue incluida en el texto legal.

679 Artículo 27. Régimen especial para la ejecución de proyectos de infraestructura. No se requerirá licencia urbanística de urbanización, parcelación, construcción o subdivisión en ninguna de sus modalidades para la ejecución de proyectos de infraestructura para la prestación del servicio público de energía eléctrica, en cada una de sus actividades de generación, transmisión, distribución y comercialización.

680 Sobre este proyecto Cfr. EPM, Libro Jepírachi, Medellín, EPM, 2010, disponible en: https://www.epm.com.co/site/documentos/mediosdecomunicacion/publicacionesimpresas/jepirachi/LibroJepirachienespanol.pdf.

681 De acuerdo con las escrituras 46 y 47 de 9 de junio de 2003, Empresas son las Empresas Públicas de Medellín.

3 Escritura 46 de 9 de junio de 2003) de las rancherías en las que se constituyó el gravamen y la utilización permanente de áreas para las instalaciones del parque eólico Jepírachi. Los derechos concretos se especifican en la cláusula 11 (de la escritura 46 de 9 de junio de 2003). En el área general reservada, se autoriza la construcción de 8 plazoletas para aerogeneradores, canalizaciones de redes de 13,2 kilovatios y la servidumbre de tránsito para la construcción, montaje, mantenimiento, operación, remodelación, ampliación o sustitución de equipos dentro del área del Proyecto de Aprovechamiento de Energía Eólica Jepírachi (parágrafo 2 de la cláusula 5 Escritura 46 de 9 de junio de 2003).

El pago que establece el contrato, como retribución por la constitución y usos del territorio, consiste en un pago único por el derecho de servidumbre y usos del territorio equivalente a 25 millones de pesos (cláusula 9 Escritura 46 de 9 de junio de 2003). Se reconoce como pago en especie *i)* para la ranchería Arutkjuy, la provisión de materiales para el mejoramiento de 14 viviendas y la construcción de 4 lanchas de madera para pesca con motor de 16 HP (cláusula 8, Escritura 46, de 9 de junio de 2003) y ***ii)*** para la ranchería Kasilowin, la construcción de un espolón (proyecto definido por la comunidad como de utilidad común) y la construcción de 3 lanchas de madera para pesca con motor 16 HP y con accesorios para las mismas con sus respectivos instrumentos de pesca (cláusula 8, Escritura 47, de 9 de junio de 2003).

En el contrato de servidumbres de energía y tránsito se hicieron reconocimientos por medidas compensatorias por impactos ambientales[682] y socioculturales: ***i)*** la construcción de una planta desalinizadora que tiene un volumen de entre 2 y 4 metros cúbicos para uso de las rancherías Kasiwolin y Arutkajui, cuyo mantenimiento corre por cuenta de la alcaldía de Uribia; ***ii)*** ampliación

682 El 15 de abril de 2021, el Ministerio de Ambiente y Desarrollo Sostenible (MADS) de Colombia expidió la Resolución 0370 de 2021, por la cual se otorga un periodo de doce (12) meses a los usuarios o titulares de licencias ambientales, permisos de aprovechamiento forestal único y autorizaciones de sustracción de áreas de reserva forestal nacional o regional que se encuentren bajo un régimen anterior al regulado por la Resolución número 256 del 22 de febrero de 2018 modificada por la Resolución número 1428 del 31 de julio de 2018, para que en el término concedido puedan acogerse al actual manual de compensaciones del componente biótico. En el año 2012, el MADS adoptó mediante Resolución 1517, el Manual para la Asignación de Compensaciones Ambientales por Pérdida de Biodiversidad para el medio biótico, cuyo ámbito de aplicación estaba enfocado a las compensaciones del componente biótico (fauna, flora, cobertura vegetal y contexto paisajístico) de ecosistemas naturales terrestres continentales y vegetación secundaria, por lo tanto, no abarca las compensaciones del medio abiótico o socioeconómico.

y dotación de la escuela Kamusuchiwo'u; ***iii)*** dotación del puesto de salud en Media Luna por una sola vez, representada en equipos y dotación necesaria para el funcionamiento; ***iv)*** adecuación y limpieza de dos jagüeyes para Wasiwolin; ***v)*** construcción de un jagüey para Arutkajui y ***vi)*** cerramiento del cementerio y construcción de 1 jagüey en el sector de Media Luna – Escuela (acta de protocolización y proceso de consulta previa con comunidades wayuú de 20 de junio de 2002, en Escritura 47 de 9 de junio de 2003).

La regulación del contrato de servidumbres de energía establecido para pagar a las comunidades por el uso del suelo, que incluye reconocimientos por medidas compensatorias por impactos ambientales y socioculturales, es cuestionable en la medida que el objeto de los pagos por la imposición de servidumbres se confunde con las compensaciones ambientales, cuando estás tienen diferencias. La primera, está determinada por la ley 56 de 1981 y consiste en una indemnización por los perjuicios causados al propietario o poseedor por la imposición al inmueble de la servidumbre (que en el caso que la afectación al inmueble sea mayor al 70 %, da derecho de compra a su propietario). En el caso de las compensaciones ambientales, de acuerdo con el artículo 2.2.2.3.1.1, inc. 6 del Decreto 1076 de 2015, estas son acciones dirigidas a resarcir y retribuir a las comunidades, las regiones, localidades y al entorno natural por los impactos[683] o efectos negativos generados por un proyecto, obra o actividad, que no puedan ser evitados, corregidos o mitigados.

Además de que la indemnización por la imposición de servidumbres eléctricas se confunde con las compensaciones por impactos ambientales y socioculturales, también resulta discutible que, mediante el contrato, se reconocen

683 Los impactos ambientales del componente biótico están reguladas por la Resolución 0370 de 2021, expedida por el Ministerio de Ambiente y Desarrollo Sostenible, por la cual se otorga un periodo de doce (12) meses a los usuarios o titulares de licencias ambientales, permisos de aprovechamiento forestal único y autorizaciones de sustracción de áreas de reserva forestal nacional o regional que se encuentren bajo un régimen anterior al regulado por la Resolución número 256 del 22 de febrero de 2018 modificada por la Resolución número 1428 del 31 de julio de 2018, para que en el término concedido puedan acogerse al actual manual de compensaciones del componente biótico. En el año 2012, el MADS adoptó mediante Resolución 1517, el Manual para la Asignación de Compensaciones Ambientales por Pérdida de Biodiversidad para el medio biótico, cuyo ámbito de aplicación estaba enfocado a las compensaciones del componente biótico (fauna, flora, cobertura vegetal y contexto paisajístico) de ecosistemas naturales terrestres continentales y vegetación secundaria, por lo tanto, no abarca las compensaciones del medio abiótico o socioeconómico.

pagos de compensaciones que suplen obligaciones que tiene el Estado en la provisión de servicios públicos. González y Barney preguntan si "¿es conveniente que se hagan pagos por uso del territorio o a título de participación en las utilidades, en servicios que el Estado ha tenido que cubrir y para cuyo propósito tiene transferencias, regalías y presupuestos asignados?"[684]

Por otro lado, las escrituras 46 y 47 de 9 de junio de 2003, protocolizadas en la Notaría Única de Uribia, que incorporan el "reglamento intercultural de las servidumbres" (cláusula 13), no mencionan la inversión en obras de beneficio social, en la región donde opera el generador, de los recursos obtenidos por la venta de certificados de emisión de bióxido de carbono. De acuerdo con información de EPM, el "1 de abril de 2006, la Convención Marco de las Naciones Unidas para el Cambio Climático registró el Parque Eólico 'Jepírachi' como proyecto de Mecanismo de Desarrollo Limpio (MDL), bajo el número 0194"[685]. Conforme al Protocolo de Kyoto, el propósito de los mecanismos para un desarrollo limpio es ayudar a las Partes no incluidas en el anexo I a lograr un desarrollo sostenible y contribuir al objetivo último de la Convención, así como ayudar a las Partes incluidas en el anexo I a dar cumplimiento a sus compromisos cuantificados de limitación y reducción de las emisiones contraídos en virtud del artículo 3 (artículo 12 núm. 2). Como mecanismo para un desarrollo limpio, el protocolo de Kyoto prevé una certificación de la reducción de emisiones resultante de cada actividad de proyecto (artículo 12 núm. 5). El artículo 18 de la ley 788 de 2002 establece que son rentas exentas aquellas consecuencia de la venta de energía eléctrica generada con base en los recursos eólicos, biomasa o residuos agrícolas, realizada únicamente por las empresas generadoras, por un término de 15 años, siempre y cuando: a) se tramiten, obtengan y vendan certificados de emisión de bióxido de carbono, de acuerdo con los términos del Protocolo de Kyoto y b) que al menos el 50 % de los recursos obtenidos por la venta de dichos certificados sean invertidos **en obras de beneficio social** en la región donde opera el generador. Es importante resaltar que estos recursos y su inversión social, que es un imperativo de la ley 788 de 2002, no pueden ser considerados ni confundidos con la indemnización por la imposición de servidumbres ni con los pagos por compensaciones ambientales que, como se indicó,

---

684 González-Posso, Camilo/ Barney Joanna, El viento del este, p. 113.

685 EPM, Libro Jepírachi, Medellín, EPM, 2010, p. 40, disponible en: https://www.epm.com.co/site/documentos/mediosdecomunicacion/publicacionesimpresas/jepirachi/LibroJepirachienespanol.pdf.

tienen fuentes distintas: el artículo 10 de la ley 56 de 1981 y el Decreto 1076 de 2015 respectivamente.[686]

CONCLUSIONES DE LA SEGUNDA PARTE

En Colombia (como en Alemania) no hay una única forma de Participación Público-Privada en la planificación de infraestructura. Se comprobó que existen varios modelos de cooperación público-privada y del ejercicio de tareas públicas por parte de particulares, previstas en la construcción multinivel del procedimiento de planificación de infraestructura. Se mostró que los particulares pueden colaborar con la administración en los procedimientos de planeación de redes de transmisión de energía eléctrica (capítulo 1), en el trámite de licencia ambiental (capítulo 2) y en el proceso de imposición de servidumbres de conducción de energía eléctrica (capítulo 3).

El término Public Private Partnerships tampoco en Colombia se restringe a casos de participación privada en proyectos para la construcción de autopistas o carreteras,[687] ni tampoco a supuestos de configuración contractual; sino que comprende[688] las múltiples posibilidades de cooperación y coordinación consensual entre el Estado y los particulares, en los diferentes ámbitos de las tareas a su cargo y designa toda forma de trabajo conjunto público-privado que incluye tipologías de transferencia de funciones públicas a particulares que se efectúan por ministerio de la ley.

Se mostró que el lleno de los pasos procedimentales en los trámites administrativos, en los que pueden ejercer funciones públicas los particulares, no cumple por sí mismo los mandatos de protección propios del Estado de derecho. Se demostró que el control administrativo en los procedimientos descritos, en los que pueden participar particulares, no es suficiente para el logro de la protección del derecho fundamental a terceros. Se evidenció que, como lo afirma Kischel[689] en su libro sobre derecho comparado sobre los sistemas latinoamericanos, una característica del sistema es el problema de la brecha existente entre el derecho escrito que se enseña y la realidad jurídica.

---

686 González-Posso, Camilo/ Barney Joanna, El viento del este.

687 Sobre este enfoque Cfr. Gómez-Acosta, *Asociaciones Público Privadas*, pp. 57 ss.; Bustos-Niño/ Beltrán-Nishizaki, *Las asociaciones público-privadas*, pp. 227 ss.

688 Borchert, Bauleitplanung, p. 67.

689 Kischel, Rechtsvergleichung, p. 642 ss.

TERCERA PARTE

PUBLIC PRIVATE PARTNERSHIPS EN PROCESOS DE PLANIFICACIÓN DE INFRAESTRUCTURA EN DIÁLOGO DE LOS SISTEMAS

El análisis de los 3 casos de Public Private Partnerships en derecho alemán y de los 3 ejemplos en derecho colombiano permite, en este apartado, analizar la configuración jurídica de las Public Private Partnerships (PPP) determinantes de la actividad de generación, la transmisión y la distribución de energía eléctrica (suministro de energía) en derecho alemán, más que para efectuar un estudio de derecho comparado, en su modelo teórico descriptivo[690], que exigiría una comparación detallada de las semejanzas y diferencias de los sistemas jurídicos examinados; sino, más bien, para generar reflexiones comparadas, guiadas por la perspectiva funcionalista aplicada. Esta pretende reducir en el análisis comparatista el acento sobre las diferencias entre las legislaciones, marcadas, las más de las veces, por circunstancias políticas, morales o sociales, y en esa medida, acercar los sistemas mediante la búsqueda de los aspectos comunes y de principios válidos para todos los pueblos.

Desde esta perspectiva se cuestiona ¿qué propuestas e indicaciones son recomendables para el actuar político jurídico?; es decir, sobre sí, y cómo, el derecho aplicable debería ser modificado en cierto(s) punto(s)? Específicamente, el estudio de los 3 casos sobre Public Private Partnerships en el ámbito del suministro de energía eléctrica en Alemania y los 3 ejemplos de Public Private Partnerships en el ámbito del suministro de energía eléctrica en Colombia permite realizar reflexiones en torno a la pregunta: ¿qué puede aprender Colombia del sistema

---

690 Zweigert/ Kötz, Einführung in die Rechtsvergleichung, p. 11.

jurídico alemán? De tal forma, que se generen reflexiones que contribuyan a la construcción de una paz estable y duradera en Colombia.

Del estudio efectuado en este escrito, se encontró que en Colombia hay 3 aspectos que requieren desarrollo dogmático para los cuales puede servir de ejemplo el derecho alemán: el control judicial en procesos de planificación de infraestructura con participación privada (capítulo primero); la problemática de la corrupción que se abordará a partir del análisis de la cuestión de la prospectiva de las Public Private Partnerships con especial referencia a la Publizisierung, publicización (capítulo segundo) y los determinantes de las Public Private Partnerships, cuyo análisis permite elaborar un modelo normativo de la aplicación de las Public Private Partnerships en el procedimiento administrativo (capítulo tercero).

CAPITULO PRIMERO CONTROL JUDICIAL EN PROCESOS DE PLANIFICACIÓN DE INFRAESTRUCTURA CON PARTICIPACIÓN PRIVADA

En términos generales, cuando observamos el derecho alemán en perspectiva, a primera vista causa la impresión de existir diversidad dogmática con el derecho colombiano. Sin embargo, en ambos sistemas existe una necesidad común. En Alemania, con base en la política de transición energética, se requiere la construcción y ampliación celera de redes de transmisión y distribución de energía eléctrica y la construcción e instalación de plantas de energía eléctrica de fuente renovable. También en Colombia, para lograr una adecuada provisión de la demanda de energía eléctrica, se realizan procesos de expansión de los recursos de generación y de las redes de energía eléctrica.

No se puede negar que hay diferencias. Se evidenció en Colombia que, como lo afirma Kischel[691] en su libro sobre derecho comparado sobre los sistemas latinoamericanos, una característica del sistema es el problema de la brecha existente entre la garantía de derechos que se consagran en la Constitución y el derecho vivo.

Adicional a la brecha normación – ejecución, también hay aspectos en la dogmática alemana de los cuales Colombia puede aprender. En Alemania, la planeación de redes de transmisión eléctrica está determinado por un control judicial de la planeación. Las contribuciones de la dogmática alemana sobre la extensión del control judicial y la realización del control judicial en etapas previas del procedimiento pueden servir de ejemplo al derecho colombiano para fortalecer el Estado de derecho.

La planificación técnico especifica referida a los proyectos de infraestructura ordena el espacio para la construcción de gran envergadura, como autopistas y carreteras nacionales, líneas de ferrocarril, aeropuertos, grandes depósitos de residuos y redes de transporte de energía es un procedimiento que está configurado en varias etapas.[692] Consecuentemente, el análisis del control judicial y la protección judicial de la planificación de redes de transmisión eléctrica se efectuará en sus distintas fases procedimentales: (I) la planeación de la demanda

691 Kischel, Rechtsvergleichung, p. 642 ss.
692 Ibidem.

energética (Bedarfsplanung), (II) la planeación federal técnico especializada (Bundesfachplanung) y (III) la decisión de fijación de la planificación (Planfeststellung).

Normas sectoriales para la planificación de los proyectos de infraestructura, como la ley de rutas nacionales (artículo 17, frase 1 FstrG), la ley general de ferrocarriles (artículo 18, frase 1 AEG), la ley de tráfico aéreo (artículo 8, inc. 1, frase 1 LuftVG) y la ley sobre el círculo económico y de residuos (artículo 31, inc. 2, frase 1 KrW-/AbfG) ordenan la aplicación de las normas sobre el procedimiento de fijación de la planificación ordenado en los artículos 72 ss. VwVfG.

A continuación, se resumirán y ampliarán los planteamientos descritos en el capítulo primero de la parte primera de este escrito para circunscribirlos al tema del control judicial y de la protección jurídica en procesos de planificación de infraestructura con participación privada. Estos temas serán tematizados con el objeto de (y en la medida que permitan) derivar enunciados válidos para un modelo normativo ordenador de la participación público-privada (tercera parte tercer capítulo apartado III). Las conclusiones sobre el control judicial pueden servir al derecho colombiano para fortalecer el Estado de derecho.

I. CONTROL JUDICIAL EN EL MARCO DE LA PLANIFICACIÓN DE LA DEMANDA ENERGÉTICA (*BEDARFSPLANUNG*)

Se examinará el control judicial en el procedimiento de planeación de las redes de transmisión de la planeación de la demanda energética (Bedarfsplanung) en sus fases de (A) marco de los escenarios (Szenariorahmen) según el artículo 12 a EnWG, del (B) plan de desarrollo de la red (Netzentwicklungsplan) y de la (C) plan federal de la demanda energética (Bundesbedarfsplangesetz).

A. CONTROL JUDICIAL EN LA FASE DE ELABORACIÓN Y APROBACIÓN DE LOS MARCO DE LOS ESCENARIOS (SZENARIORAHMEN) SEGÚN EL ARTÍCULO 12 A ENWG

La etapa de la planeación de la demanda energética (Bedarfsplanung) esta normada en los artículos 12 ss. EnWG como un procedimiento por fases. El marco de escenarios (Szenariorahmen), el plan de desarrollo de la red (Netzentwicklungsplan) y el plan federal de la demanda energética (Bundesbedarfsplan).

Como se mostró *at supra*, los ÜNB con responsabilidad en la zona deben elaborar cada 2 años un marco de escenarios (Szenariorahmen) común, que es el fundamento para la realización del plan de desarrollo de la red

(Netzentwicklungsplan) conforme al Artículo 12b EnWG y del plan de desarrollo de la red *offshore* (Offshore-Netzentwicklungsplan) de acuerdo al Artículo 17b EnWG (artículo 12a inc. 1, frase 1 EnWG).

En el caso de que el ÜNB no lleve a cabo la obligación descrita contenida en el artículo 12a inc. 1, frase 1 EnWG, la BnetzA puede imponerle medidas, conforme lo ordena el artículo 65, inc. 2 EnWG, para que las cumpla. Estas medidas pueden ser impugnadas por el ÜNB con un recurso de queja previsto en los artículos 75 ss. VwVfG. La queja puede prosperar cuando la imposición de la obligación al ÜNB vulnere sus derechos fundamentales y con ello, sea inconstitucional. La obligación de efectuar los marcos de escenarios constituye i) llamado legal de los particulares al servicio (Inpflichtnahme Privater) que le impone a particulares obligaciones de actuación y de ejecución de prestaciones y ii) una limitación a su derecho de ejercer profesión u oficio (artículo 12 LF), pero teniendo en cuenta que está justificada por la realización de la seguridad del suministro (artículo 20, inc. 3 LF) y el principio de protección de los fundamentos de la vida natural y de los animales (artículo 20a LF), esta no es *per se* inconstitucional.[693]

Como se indicó, luego que los ÜNB le presentan el marco de escenarios (Szenariorahmen) a la BnetzA, esta decide sobre su autorización, tomando en consideración los resultados de la participación del público (Artículo 12a inc. 3 EnWG).

La protección judicial frente a la autorización (en el sentido del artículo 12a inc. 3, frase 1 EnWG) depende de su naturaleza jurídica. Esta es un acto administrativo en el sentido del artículo 35 VwVfG cuyo efecto jurídico externo resulta del hecho que solo el marco de escenarios autorizado es fundamento para el ÜNB del plan de desarrollo de la red (Netzentwicklungsplan).[694]

Conforme a lo sostenido *at supra*, en contra de las decisiones u omisiones de la BnetzA procede recurso de queja (Artículo 75, inc. 1, 3 EnWG), que puede ser presentado por cualquier participante (en el sentido del Artículo 66, inc. 2 EnWG) en el proceso de planeación. Objeto del recurso de queja, de acuerdo con el Artículo 75, inc. 1 EnWG, son las "decisiones" de la autoridad de regulación. El término "decisión" es amplio y comprende todo tipo de actuación de la autoridad de regulación, dirigida hacia el exterior de la administración, por medio de la cual se dé por terminado un procedimiento, incluso actos administrativos.[695]

693 Posser/Schulze, en Praxishandbuch, p. 567.

694 *Ibidem*, p. 568.

695 Hanebeck, en Britz/Heller/Hermes, EnWG, artículo 75, párrafo 3.

De acuerdo con el artículo 75 EnWG, procede **i)** conforme al inc. 1, el recurso de queja contra decisiones de la BnetzA (Anfechtungsbeschwerde) y **ii)** conforme al inc. 3, el recurso contra omisiones de la autoridad de regulación de una decisión solicitada sobre la cual el solicitante tenga derecho (Verpflichtungsbeschwerde). Los participantes en el procedimiento (artículo 66, inc. 2 EnWG) y el ÜNB son quienes están legitimados para presentar el recurso. El control de la decisión de la BnetzA está determinado por el artículo 83 EnWG. La decisión de la BnetzA está sometida a control judicial total, que incluye yerros jurídicos materiales y aspectos formales,[696] en la medida que no tiene un margen de decisión independiente[697] El Tribunal administrativo debe[698] suspender provisionalmente total o parcialmente, de acuerdo con el artículo 77, inc. 3, frase 4 EnWG, si reúnen los requisitos del mismo artículo 77, inc. 3, frase 1 Nr. 2 (dudas serias de la legalidad de la disposición recurrida) o 3 (la ejecución tiene como consecuencia una carga desproporcionada que no es justificada mediante la preponderancia del interés público).

B. CONTROL JUDICIAL EN EL MARCO DEL DESARROLLO DE LA RED (NETZENTWICKLUNGSPLAN)

En la configuración de la colaboración público-privada entre el ÜNB y la autoridad de regulación en el proceso de planificación hay una interacción[699] en el ejercicio de las tareas establecidas por mandato de la ley. Para cumplimiento de las tareas en esa relación jurídica sirve la obligación de divulgar información establecida en el artículo 12c inc. 2, frase 4 EnWG. Esta obligación es distinta[700] de aquella normada en el artículo 12c inc. 1, frase 3 EnWG, de acuerdo con la cual, los operadores de red de transmisión, con responsabilidad en la zona de regulación, deben colocar a disposición de la autoridad de regulación, a petición de esta, las informaciones necesarias para que realice sus examinaciones.

El ÜNB tiene como fundamento para elaborar el proyecto de plan de Desarrollo de la red (Netzentwicklungsplan, en adelante NEP), el marco de escenarios (Szenariorahmen), aprobado por la autoridad de regulación conforme al

696 Theobald/Kühling/Kober, artículo 12a párrafo 20.

697 Posser/Schulze, en Praxishandbuch, p. 572; Kment/ Posser, artículo 12a párrafo 29.

698 Aunque la norma utiliza la expresión "puede" no se trata de una facultad discrecional del juez, sino que, por el contrario, si él comprueba que se reúnen los requisitos debe ordenar la suspensión provisional (Posser, 573).

699 Kment/ Posser, artículo 12c, párrafo 19 habla de una repartición de tareas.

700 *Ibidem.*

Artículo 12a inc. 2 EnWG (Artículo 12b inc. 1 EnWG). Para elaborarlo, la ley le otorga una facultad de ponderación en materia de planeación. Determinantes son aspectos económicos en la operación, pero no solo estos, sino también el interés público en la consideración de aspectos ambientales y los derechos fundamentales de terceros.[701]

Los ÜNB le deben presentar a la autoridad de regulación, el NEP nacional conjunto para que este otorgue su autorización que debe contener todas las medidas efectivas para la optimización fundada en la necesidad, el fortalecimiento y la construcción de la red que son necesarias para la operación segura y fiable de la red (Artículo 12b inc. 1 EnWG).

Antes de presentarlo a la autoridad de regulación, el proyecto de NEP debe ser puesto a consideración del público en dos oportunidades. Primero, los operadores de la red de transmisión (Betreiber von Übertragungsnetzen) con responsabilidad en las zonas deben publicar el proyecto de NEP en sus páginas de internet y le deben dar oportunidad al público incluyendo a los usuarios reales y potenciales de la red, a los operadores de red subordinados, así como a los titulares de intereses públicos y las autoridades de los Estados federados, para que presenten sus observaciones del proyecto de NEP (Artículo 12b inc. 3, frase 1 EnWG).

Segundo, luego de que la BnetzA ha realizado un examen sobre el contenido del proyecto de NEP y una vez ha concluido el análisis medioambiental, la autoridad de regulación vuelve hacer participar al público y a las autoridades cuyo ámbito de funciones se ve afectado para que se pronuncien sobre el proyecto de NEP y en los casos del Artículo 12e EnWG también sobre el informe medioambiental (Artículo 12c inc. 3, frase 1 y 3 EnWG). Una vez haya finalizado la interpretación, el público afectado puede pronunciarse hasta por el término de un mes sobre el concepto medioambiental y sobre el proyecto de NEP (Artículo 12c inc. 3, frase 5 EnWG).

La BnetzA está obligada, como se indicó *at supra*, antes de confirmar el NEP, a efectuar una ponderación de los diferentes intereses públicos y privados.[702] Ello, porque, aunque esto no está normado expresamente en la EnWG, se deriva del mandato de la justa ponderación – conforme al cual todos los intereses públicos y privados que estén a favor y en contra de un proyecto de planeación

---

701 Bourwieg, en Britz/Heller/Hermes, EnWG, artículo 12 c párrafos 13, 16.

702 Antweiler, NZBau 2013, 337, 340. Otra opinión: Posser quien considera que la autoridad de regulación no tiene una facultad independiente en materia de planeación (en Kment/ Posser, artículo 12c párrafos 11 y 19).

deben ser ponderados justamente – que vale para todos los ámbitos de la planeación territorial, con independencia de si esta normado en una ley de derecho administrativo general o en una que pertenezca a un campo de referencia del derecho administrativo.[703]

La BnetzA debe analizar la conformidad del NEP con los requisitos establecidos en el Artículo 12b inc. 1, 2 y 4 EnWG (artículo 12c inc. 1 EnWG). El artículo 22 núm. e de la tercera directiva del mercado común de energía[704] del año 2009 obliga a la autoridad reguladora a examinar adicionalmente si el plan decenal de desarrollo de la red cubre todas las necesidades de inversión determinadas durante el proceso de consulta, y si es coherente con el plan decenal de desarrollo de la red de ámbito comunitario mencionado en el artículo 8, apartado 3, letra b), del Reglamento (CE) Nr. 714/2009.

Para preparar el plan de demanda energética (Bundesbedarfsplan) conforme a lo dispuesto por el Artículo 12e EnWG, la BnetzA realiza un informe ambiental, mientras se desarrolla el procedimiento para elaborar el NEP conforme al artículo 12b EnWG y el Offshore-Netzentwicklungsplans (plan de desarrollo de la red *offshore*) según el Artículo 17b EnWG, que debe cumplir los requisitos del artículo 40 de la ley sobre examen medio ambiental (Gesetz über die Umweltverträglichkeitsprüfung) (artículo 12c inc. 2, frase 1 EnWG). El informe ambiental, de acuerdo con el artículo 12c inc. 2, frase 1 EnWG, debe ser elaborado, en una **fase temprana**, por la autoridad de regulación, para preparar el plan de la necesidad (conforme al artículo 12e EnWG). Como se indicó, este informe ambiental debe corresponder con los requisitos del artículo 40 UVPG, que debe incluir la descripción de las consecuencias previsibles al medio ambiente (inc. 2 Nr. 5) y las medidas planeadas para impedir, disminuir o compensar lo más posible a causa de la ejecución del plan (inc. 2 Nr. 6).

Al concluir el análisis medioambiental, la autoridad de regulación hace participar al público y a las autoridades cuyo ámbito de funciones se ve afectado para que se pronuncien sobre el proyecto de NEP y en los casos del Artículo 12e EnWG también sobre el informe medio ambiental (Artículo 12c inc. 3, frase 1 y 3 EnWG).

Los documentos para el examen estratégico medioambiental, así como el proyecto de NEP deben ser interpretados por parte de la BnetzA en un término

---

703 Antweiler, NZBau 2013, 337, 340.

704 Unión Europea, Parlamento y Consejo Europeo, Directiva 2009/72/CE, en, Diario Oficial de la Unión Europea de 14 de agosto de 2009, L211/55 ss. (disponible: https://www.boe.es/doue/2009/211/L00055-00093.pdf).

de 6 semanas y adicionalmente, ser publicados en su página de internet (Artículo 12c inc. 3, frase 4 EnWG).

Los requisitos al control por parte de la autoridad administrativa al ejercicio de las tareas del ÜNB es más estricta cuanto más intensa sea la intervención en los derechos de terceros.[705]

La BnetzA controla que las representaciones y valoraciones del informe ambiental luego de la terminación de la participación de las autoridades y del público en general con base en los conceptos entregados.[706] Decisivo en el control, es determinar que el ÜNB realizó una ponderación teniendo en cuenta que se haya llevado a cabo conforme a los criterios del artículo 1 EnWG: que el suministro se efectúe de la forma más segura, económica, beneficiosa con el consumidor, eficiente y ecológicamente sostenible.[707]

La autoridad de regulación debe confirmar el NEP, teniendo en consideración los resultados de la participación del público y de las autoridades, con efectos para el ÜNB a más tardar el 31 de diciembre de cada año (Artículo 12c, inc. 4, frase 1 EnWG).

Los resultados de la participación del público y de las autoridades deben ser considerados por la BnetzA al tomar su decisión de confirmación del NEP (Artículo 12c, inc. 4, frase 1 EnWG).

La confirmación del NEP es un acto administrativo en el sentido del Artículo 35 VwVfG cuya confirmación tiene eficacia inmediata hacia el exterior, elemento sustancial de todo acto administrativo como lo exige este artículo, ya que sobrepasa la mera esfera interna de la administración, al servir de fundamento para el proyecto de plan de demanda energética (Bundesbedarfsplan). La confirmación también tiene carácter de regulación, criterio esencial de los actos administrativos según las voces del Artículo 35 VwVfG, ya que la confirmación es una decisión destinada a producir una consecuencia jurídica concreta: esta confirmación hace que el NEP sea vinculante para que este, conforme al Artículo 12e, inc. 1, frases 1 y 2 EnWG, sea comunicado por parte de la autoridad de regulación como proyecto de plan de demanda energética (Bundesbedarfsplan) al gobierno federal para que este a su vez lo presente al Congreso.

Como se indicó *at supra*[708], se ha discutido si los ÜNB tienen poder de tomar la última decisión (también llamado margen de apreciación discrecional,

---

705 Bourwieg, en Britz/ Hellermann/ Hermes, Energiewirtschaftsgesetz, artículo 12 c, Rn 13.

706 *Ibidem*, párrafo 16.

707 *Ibidem*.

708 Primera parte, capítulo primero. Reflexiones finales.

Beurteilungsspielraum) que en parte ha sido admitido[709] por un sector de la doctrina, pero por otros autores ha sido rechazado[710]. Esta facultad se admite en casos de ***i)*** reconocimiento expreso de la ley, ***ii)*** cuando la ley abre varias posibilidades de actuación y el particular se tiene como destinatario de obligaciones de decisión para todo individuo en el marco de la ley y ***iii)*** una regulación legal incompleta o cuando esta regulación deja espacios intercisos necesarios de ser llenados, en la medida que no haya una habilitación en favor del ejecutivo para concretizar o llenar los vacíos.[711] Falta un reconocimiento expreso de la ley sobre el objeto a favor del ÜNB, por ello, un margen de apreciación discrecional (Beurteilungsspielraum) en cabeza del ÜNB debe ser negado.[712] Este argumento se ve fortalecido con otro, argüido por Wendt quien considera que la regulación sería ineficiente, si le diera la potestad al ÜNB, como obligado por la norma, de determinar por sí mismo que estado de la construcción se ajusta a la demanda y que es razonable.[713] En todo caso, los requisitos en la averiguación de los hechos y el examen y valoración de las alternativas debe ser más estricto entre más peso tenga la intervención en los derechos de un tercero.[714]

Se pregunta si la autoridad de regulación tiene un margen de actuación de frente a los jueces y por la extensión del control judicial. Se ha reconocido a la autoridad de regulación un margen de valoración (Beurteilungsspielraum) en la determinación de la justificación de la necesidad.[715] En relación con la densidad del control (Kontroldichte[716]), las autoridades judiciales tienen un margen de apreciación para juzgar el control que ejerce la BnetzA sobre las decisiones

709 Scherer, NVwZ 2010, 1321, 1324; Bourwieg, en Britz/Heller/Hermes, EnWG, artículo 12c párrafo 11; Ruge, Berliner Kommentar zum Energierecht, artículo 12 c párrafo 17; Höppner, Die Regulierung der Netzstruktur, p. 98; Salje, EnWG artículo 11 párrafo 28 y artículo 12 párrafo 11.

710 Wendt, Kapazitätsengpässe, p. 159 s; Bourwieg, en Britz/Heller/Hermes, EnWG artículo 11 párrafo 37, Strobel, Die Investitionsplanungs- und Investitionspflichten, p. 167 ss.

711 Strobel, Die Investitionsplanungs- und Investitionspflichten, p. 167 s.

712 *Ibidem*, p. 159 s. En este mismo sentido: Wendt, Kapazitätsengpässe, p. 159.

713 Wendt, Kapazitätsengpässe, p. 159.

714 Bourwieg, en Britz/Heller/Hermes, EnWG, artículo 12 c párrafo 13.

715 OLG Düsseldorf (3. Kartellsenat), decisión de 06.10.2021 – Kart 256/20, BeckRS 2021, 33478, párrafo 29 (consultado en Beck en línea); Bourwieg, en Britz/Heller/Hermes, EnWG, artículo 12 c párrafo 21.

716 Por densidad del control (Kontroldichte) se entiende la extensión del control judicial (Peter Lerche, Übermass und Verfassungsrecht, p. 323, 335, 337).

del ÜBN que no es limitado.[717] Esto se deriva de la garantía prevista en el artículo 19, inc. 4 LF de protección judicial efectiva del cual se desprende, en principio, una obligación de los jueces a realizar un control total y completo de las decisiones administrativas desde el punto de vista jurídico y fáctico.[718]

At supra se indicó que la doctrina mayoritaria considera que la confirmación otorgada por parte del BnetzA no es impugnable por terceros. En tercer lugar, son todos los demás diferentes del ÜNB como particulares, asociaciones, municipios, Estados federados y sus funcionarios de planeación.[719] Esta posición es matizada aquí bajo el entendido que, aunque el NEP se encuentra en una fase de planeación general y normalmente no constituye una afectación concreta, es posible que la afectación se configure mediante el perjuicio causado en los derechos propios por parte del NEP.[720] En este caso, este puede hacerse valer por la vía de la protección judicial contra la ley federal de demanda energética (Bundesbedarfsplangesetz) conforme al artículo 12e inc. 4 EnWG o en el marco de un procedimiento contra la decisión de fijación del plan (Planfeststellungsbeschluss).

La jurisprudencia del BverwG considera que la planeación solo es admisible si hay un control de la decisión administrativa final; esto es, en el marco de la fase del procedimiento contra la decisión de fijación del plan (Planfeststellungsbeschluss).[721] Las decisiones de las fases anteriores son examinadas tarde[722] y de forma incidental.[723] El argumento principal para rechazar el control judicial en la fase de la confirmación del NEP es el carácter burdo de la etapa de planeación en la cual no se constituiría, en la regla, una afectación concreta del tercero.[724]

717 Strobel, Die Investitionsplanungs- und Investitionspflichten, p. 327; Bourwieg, en Britz/Heller/Hermes, EnWG, artículo 12c párrafo 13.

718 Ibler, Rechtspflegender Rechtsshutz, p. 426 s., 458 s.; BVerfG, decisión de 8.12.2011, Az 1 BvR 1932/08 en: NVwZ 2012, 694 párrafo 20. Strobel (Tobias Strobel, Die Investitionsplanungs- und Investitionspflichten, p. 181) llega a la misma conclusión, aunque parte de la aplicación de la teoría de la habilitación normativa (normative Ermächtigungslehre). La teoría de la habilitación normativa ha sido postulada por Schmidt-Assman (Schmidt-Assmann, en Maunz/Dürig, Artículo 19 IV párrafo 180 ss.) y criticada por autores, como Maurer quienes defienden la teoría del margen de valoración procedimental (prozessualer Beurteilungsspielraum) (Maurer, Allgemeines Verwaltungsrecht, apartado 7 párrafos 56 ss.).

719 Posser/Schulze, en Praxishandbuch, p. 577.

720 *Ibidem*.

721 *Ibidem*.

722 Brohm, VVDStRL 30 (1972), 245 (290).

723 Posser/Schulze, en Praxishandbuch, párrafo 40.

724 *Ibidem*, párrafo 39 s.

En la doctrina, voces autorizadas[725] favorecen una protección judicial en etapas previas del procedimiento administrativo. El argumento, de acuerdo con el cual, la protección es negada porque el tercero no está afectado en sus derechos, debe ser rechazado. Aquel a quien, por decisiones intermedias de planeación, pueda verse afectado por el perjuicio causado en los derechos propios, se le debe reconocer el efecto protector de terceros.[726] El artículo 19, inc. 4 LF no protege solo la posibilidad teórica y el derecho formal de acudir ante los tribunales judiciales, sino también la efectividad de la protección jurídica, la pretensión que tiene todo individuo de control judicial real y efectivo.[727]

C. CONTROL JUDICIAL EN EL MARCO DE LA BUNDESBEDARFSPLANGESETZ (PLAN FEDERAL DE LA NECESIDAD)

Las declaraciones contenidas en el plan federal de demanda energética (Bundesbedarfsplan), cuyo proyecto es el NEP y el Offshore-Netzentwicklungsplan (plan de desarrollo de la red *offshore*) son vinculantes para ÜNB así como para la fijación del plan (Planfeststellung) y la autorización del plan (Plangenehmigung) (artículo 12e inc. 4, frase 2 EnWG).

La autoridad de regulación le debe transmitir el NEP y el plan de desarrollo de la red *offshore* (Offshore-Netzentwicklungsplan) como proyecto de plan federal de demanda energética (Bundesbedarfsplan) por lo menos cada 4 años al gobierno federal para que este a su vez lo presente al Congreso (artículo 12e inc. 1, frases 1 y 2 EnWG).

En contra de la transmisión del NEP por parte de la BnetzA al Parlamento no existe una protección judicial, ya que se trata solo de un paso intermedio entre la confirmación del NEP y la presentación del proyecto de plan federal de demanda energética (Bundesbedarfsplan).[728] Caso contrario, es la omisión de la BnetzA en transmitir el NEP. En este supuesto de hecho, se podría exigir judicialmente que la autoridad de regulación presente el NEP en el término

725 Ibler, Die Schranken planerischer Gestaltungsfreiheit, p. 123 ss.; Wahl, DöV 1975, 373 ss., Schmidt-Assmann, DVBl 1981, 334 ss.

726 Ibler, Die Schranken planerischer Gestaltungsfreiheit, p. 123 ss quien se fundamenta, principalmente, en la judicatura constante desde la sentencia de 18 de marzo de 1983 (NJW 1983, 2459). En este sentido para la protección judicial de terceros por la decisión del NEP: Antweiler, NZBau 2013, 337, 341.

727 Schmieder, Risikoentscheidungen, p. 178.

728 Posser/Schulze, en Praxishandbuch, p. 581, párrafo 54.

legal establecido: el artículo 12e inc. 1, frase 1 EnWG habla de mínimo cada tres años.[729]

Con la expedición del plan federal de demanda energética (Bundesbedarfsplan) por parte del Parlamento se fija la necesariedad económica energética para los proyectos allí contenidos y su necesidad apremiante (artículo 12e inc. 4, frase 1 EnWG). Las declaraciones allí contenidas son, como se indicó *at supra*, vinculantes para el ÜNB, tanto para la fijación del plan (Planfestsstellung) como para la autorización del plan (Plangenehmigung) (artículo 12e inc. 4, frase 2 EnWG).

Un examen de la legalidad de la ley que aprueba el plan de necesidad federal se puede realizar en el marco de un proceso de control abstracto de las normas, conforme al artículo 93, inc. 1 Nr. 2 LF junto con los artículos 13 Nr. 6 y 76 ss. BverfGG, que puede presentar el gobierno federal, el gobierno de un Estado federado y una cuarta parte de los miembros del Parlamento. En la demanda se deben alegar "diferencias de opinión o dudas" sobre la conformidad de la ley con la Constitución.[730] En el caso que el Tribunal constitucional llegue a la conclusión que la ley está en contra de la Constitución, la declara nula de acuerdo con el tenor del artículo 78, frase 1 BVerfGG.[731]

La protección judicial mediata está garantizada, en el curso de un proceso adelantado con la decisión de fijación del plan (Planfestellungsbeschluss), mediante un trámite incidental contra la ley que aprueba el plan de la necesidad.[732] La verificación de la constitucionalidad de la ley se somete a decisión del Tribunal constitucional cuando se llegue a la conclusión que la inclusión del proyecto en la ley excedió[733] el margen de configuración legislativa o por defectos formales de la ley. El trámite del procedimiento de control normativo concreto se adelanta de acuerdo con las previsiones de los artículos 100, inc. 1, frase 1 LF junto con los artículos 13 Nr .11 y 80 ss. BverfGG.

Se examinó el control judicial en el procedimiento de planeación de las redes de transmisión de la – planificación de la demanda energética (Bedarfsplanung)

---

729 *Ibidem.*

730 Vgl. dazu Epping/Hillgruber/Morgenthaler, Artículo 93 Rn 27; Mangoldt/Klein/Starck/Voßkuhle, Artículo 93 Rn 116; Schmidt-Bleibtreu/Hofmann/Hopfauf/Hopfauf, Artículo 93 Rn 104; Dreier/Wieland, Artículo 93 Rn 59.

731 Vgl. zu den Entscheidungskriterien und Tenorierungsalternativen: Lechner/Zuck, § 78 BVerfGG Rn 2 ff.

732 Steinberg/Wickel/Müller, apartado 7 Rn 103.

733 Sobre la Bedarfsplanung Cfr. BVerwG, decisión de 8.6.1995 – 4 C 4/94 – NVwZ 1996, 381 (Ls. 2).

en sus fases del marco de los escenarios (Szenariorahmen) según el artículo 12 a EnWG, del NEP y de la ley del plan federal de demanda energética (Bundesbedarfsplangesetz). Se examinará en el siguiente acápite el control judicial en el marco de la planeación federal técnico especializada (Bundesfachplanung).

II. CONTROL JUDICIAL EN EL MARCO DE LA BUNDESFACHPLANUNG (PLANEACIÓN FEDERAL TÉCNICO-ESPECIALIZADA)

En el procedimiento de planeación federal técnico especializada (Bundesfachplanung) conforme a los artículos 4 ss. NABEG se determinan los corredores de transporte (Trassenkorridore) para la ley federal de demanda energética (Bundesbedarfsplangesetz) líneas de altísima tensión señaladas como transfronterizas del Estado federal y de los Estados federados y líneas de conexión de las subestaciones de los parques eólicos *offshore* (costa afuera) a los puntos de interconexión a la red terrestre.

El procedimiento de planeación especializada federal (bundesfachplanung) inicia a petición del titular del proyecto (artículo 6, frase 1 NABEG). La solicitud debe contener ***i)*** una propuesta para el recorrido previsto del corredor necesario para la realización de las medidas de construcción; ***ii)*** una aclaración sobre la elección de las alternativas teniendo en cuenta los efectos medioambientales reconocibles y los conflictos de ordenamiento del territorio que deben ser superados; ***iii)*** una descripción de los requisitos necesarios para la realización de medidas de construcción, si ello se requiere conforme al Artículo 11 NABEG y ***iv)*** la marcación de los tramos de cable subterráneo y de cable aéreo para los proyectos en el sentido del Artículo 2, inc. 5 de la ley del Plan Federal de Demanda Energética (Bundesbedarfsplangesetz), las alternativas y los motivos por los cuales excepcionalmente en ciertas partes entrarían en consideración los cables aéreos (Artículo 6, frase 6 NABEG).

Inmediatamente el titular del proyecto presenta la solicitud, de la que trata el Artículo 6 NABEG, la BnetzA debe convocar la realización de una reunión pública (Antragskonferenz) en la que se deben debatir (a) el objeto y la extensión de la planeación especializada federal (Bundesfachplanung) en la que se van a realizar los trazados de los corredores (Trassenkorridore); (b) en qué medida los corredores contenidos en la solicitud coinciden con los requisitos de la ordenación del territorio del Estado federal afectado o en el caso de que no, cómo se puede lograr esta armonización; (c) en que extensión y grado de detalle se deben incorporar indicaciones en el informe ambiental establecido en el Artículo 40 UVPG y (d) la fijación del marco de la investigación (Untersuchungsrahmen) del examen del impacto medioambiental como lo especifica el Artículo 39 UVPG (Artículo 7, inc. 1 NABEG).

A la reunión sobre la solicitud del titular del proyecto (Antragskonferenz) se debe invitar al titular del proyecto, a los titulares de intereses públicos cuyo campo de actuación es afectado, en especial, las autoridades de los Estados federados competentes para la planeación del Estado; así como, asociaciones (Artículo 7, inc. 2, frase 1 NABEG). Para el logro de la participación del público en general, se debe informar de la fecha de la reunión en la página de internet de la BnetzA y en periódicos de circulación en los lugares en los que previsiblemente va a tener efectos en corredor (Artículo 7, inc. 2, frase 2 NABEG).

Con los resultados de la reunión mencionada, se debe fijar, en el término de 2 meses contados a partir de la presentación de la solicitud, el marco de investigación para la planeación especializada federal (Bundesfachplanung) conforme a la facultad discrecional ejercida de acuerdo con las obligaciones establecidas, y se debe determinar el contenido necesario de los documentos que deben ser presentados según el Artículo 8 NABEG (Artículo 7, inc. 4 y 5 NABEG).

Tanto la decisión de fijación del marco de investigación como la determinación del contenido de los documentos que el titular del proyecto debe presentar son actos administrativos en el sentido del Artículo 35 VwVfG. El carácter de regulación y la eficacia inmediata hacia el exterior se infiere del hecho que estas tienen efecto vinculante para el ÜNB titular del proyecto, de tal forma que este tiene que acatarlas en las fases siguientes del procedimiento (Cfr. Artículo 8 NABEG).[734] Estas medidas pueden ser controvertidas judicialmente conforme al Artículo 40, inc. 1, frase 1 VwGO.

La BnetzA debe interpretar los documentos durante 1 mes y publicar la interpretación en internet y en los periódicos de las zonas en los que va a tener efectos el proyecto (Artículo 9, inc. 3, frases 2 – 4 NABEG). Dentro de 1 mes siguiente a la expiración del plazo de interpretación, toda persona, incluyendo las asociaciones, cuyos intereses sean afectados por el proyecto puede formular objeciones y opiniones (Artículo 9, inc. 6 NABEG).

La BnetzA debe discutir en una reunión las objeciones y posiciones con el titular del proyecto, los titulares de intereses públicos y con aquellos que hayan presentado las objeciones (Artículo 10 NABEG).

Luego de esta reunión, la BnetzA debe tomar una decisión sobre la Bundesfachplanung (planeación especializada federal). En esta, la BnetzA examine si la realización del proyecto en el corredor está en contra de los intereses públicos y

---

734 Posser, 588, 77.

privados.[735] La decisión debe contener, conforme el Artículo 12, inc. 2 NABEG, la siguiente información: (1) el recorrido de un corredor compatible con la ordenación del territorio que será parte del plan de red federal (Bundesnetzplan), así como los puntos de cruce ubicados en las fronteras de los Estados federados; las franjas, dentro de las cuales se traza el recorrido de un cable de energía eléctrica (Trassenkorridor), y los puntos de cruce entre los Estados federados deben ser identificados de forma idónea en un mapa; (2) una valoración, así como una declaración resumida de los efectos ambientales según los Artículo 43 y 44 UVPG de los corredores acogidos en el Bundesnetzplan (plan de red federal); (3) cuando se trate de proyectos de transmisión de altísima tensión de corriente continua (Höchstspannungs-Gleichstrom-Übertragung) en el sentido del Artículo 3, inc. 6 BBPlG, se debe incluir una caracterización sobre en qué medida el corredor reúne las cualidades necesarias para la construcción y operación de cable subterráneo y (4) el resultado del examen de corredores alternativos (Artículo 12, inc. 2 NABEG).

La decisión sobre la planeación especializada federal (Bundesfachplanung) conforme al artículo 12 NABEG no tiene efecto externo inmediato (artículo 15, inc. 3, frase 1 NABEG). Solo el Estado federal afectado puede, según el artículo 14 NABEG, presentar objeciones en el lapso de un mes, luego de la comunicación de la decisión de la BnetzA, que deben ser resueltas por la autoridad en el transcurso de un mes. La BnetzA debe "examinar y justificar de nuevo su decisión a la luz de las objeciones"[736]

Aunque los Estados federados no tienen derecho de presentar una demanda contra la decisión de la BnetzA, es factible que proceda una demanda declarativa (Feststellungsklage) de acuerdo con el artículo 43 VWGO con la pretensión de que la supremacía que establece el artículo 15, inc. 1, frase 2 NABEG no existe en el caso concreto porque la planeación federal técnico especializada (Bundesfachplanung) es ilegal. El estudio de esta demanda es competencia del BVerwG (artículo 50, inc. 1 Nr. 1 VwGO).

Se examinó el control judicial en el en el marco de la planeación federal técnico especializada (Bundesfachplanung). Se examinará en el siguiente acápite el control judicial en el marco de la fijación de la planificación (Planfeststellung).

735 Posser, 584.
736 BT-Drucks. 17/6073, p. 27.

III. CONTROL JUDICIAL EN EL MARCO DE LA FIJACIÓN DE LA PLANIFICACIÓN (PLANFESTSTELLUNG) EN PROCESOS DE CONSTRUCCIÓN DE INFRAESTRUCTURA CON PARTICIPACIÓN PRIVADA

Los recursos judiciales sirven a la protección de los respectivos derechos público-subjetivos de los particulares; los intereses públicos, como la protección del medio ambiente afectados por la decisión de aprobación de la planificación. Esta protección es prevista por el artículo 19, inc. 4 LF que garantiza que se puedan interponer recursos contra la decisión de la autoridad por la vía judicial. A continuación, solo se describirán los aspectos más relevantes de dicha protección jurídica en el marco de la decisión de aprobación de la planificación: la acción procedente (A), la legitimación en la causa por activa (B), la decisión judicial (C). Se hará especial referencia a aquellos elementos que valen para la planificación en procesos de construcción de infraestructura. En estas cuestiones se tendrán en cuenta constelaciones de participación privada en el procedimiento y su control.

A. LA ACCIÓN PROCEDENTE EN EL MARCO DE LA APROBACIÓN DE LA PLANIFICACIÓN EN PROCESOS DE CONSTRUCCIÓN DE INFRAESTRUCTURA CON PARTICIPACIÓN PRIVADA

El administrado puede interponer también la Verpflichtungsklage (acción de imposición de un deber) para solicitar que se impongan medidas condicionales de protección conforme al artículo 18, inc. 3, frase 2 NABEG, artículo 43c EnWG, artículo 75, inc. 2 VwVfG.[737] Estas medidas de protección también se pueden solicitar, por vía de la pretensión de condena a la ampliación o complementación del plan (Verpflichtungsklage).[738]

En el evento que la demanda contenga una pretensión de imposición de un deber o una carga a la administración, se puede buscar una protección jurídica provisional, según el artículo 123 VwGO, mediante la expedición de ***i)*** una

---

737 BVerwG, 29.1.1991 - 4 C 51/89 - BVerwGE 87, 332, 345 ff.; decisión de 5.3.1997 - 11 A 25/95 - NVwZ 1998, 513, 517. Sobre las medidas de protección cfr. Schink, en Knack/ Henneke VwVfG, artículo 75, p. 1555 ss, párrafos 61 ss.

738 BVerwG, decisión de 7.7.1978 - 4 C 79/76 u.a. - BVerwGE 56, 110, 133; decisión de 21.2.1992 - 7 C 11/91 - BVerwGE 90, 42, 53; decisión de 18.4.1996 - 11 A 86/95 - BVerwGE 110, 73, 85; decisión de 23.11.2005 - 9 A 28/04 - NVwZ 2006, 331, 332.

medida de aseguramiento – cuando hay peligro de que por la alteración del estado actual se frustre el derecho del actor o quede afectado sustancialmente o *ii)* una orden de regulación – si tal normación apareciera necesaria, sobre todo en el caso de relaciones jurídicas de larga duración, para prevenir perjuicios sustantivos, evitar violencia inminente o por otros motivos.

Si la pretensión se dirige a la anulación de la decisión de fijación del plan (Planfeststellungsbeschlusses), el demandante puede interponer la acción de anulación (Anfechtungsklage) conforme al artículo 43, inc. 1 variante 1 VwGO, ante la jurisdicción contencioso administrativa, porque esta decisión tiene el carácter de acto administrativo.[739] Generalmente se incluye dentro de la demanda la solicitud de verificación y constatación de la ilegalidad y la no ejecutoriedad de la decisión de fijación del plan (Plangestellungsbeschluss).[740] La demanda también se puede fundamentar en el artículo 4, inc. 1 junto con el inc. 3 UmwRG y alegar que no se efectúo el examen previo de evaluación de impacto ambiental (Umweltverträglichkeitsprüfung,[741] UVP).[742]

Se podría presentar una acción de nulidad (Anfechtungsklage) para solicitar (por lo menos en parte) la nulidad de la decisión de aprobación, en los casos de falta de medida de protección; cuanto esta y el déficit de protección de los vecinos por el concepto desarrollado por la autoridad tienen más peso a tal punto que ponen en duda su justificación.[743]

Las decisiones de aprobación de la planificación, conforme al artículo 18 NABEG, son ejecutables inmediatamente. Si el demandante quiere impedir la ejecución de la decisión de aprobación de la planificación, puede optar por presentar una solicitud de orden del efecto suspensivo, de acuerdo con el artículo 80, inc. 5 VwVGO.[744]

El Tribunal toma una decisión discrecional para la que debe realizar un examen sumario de las probabilidades de éxito del solicitante en sus pretensiones, en el que se toma en cuenta una ponderación de los intereses de suspensión por parte del solicitante con el interés de ejecutar la aprobación de la planificación.[745]

---

739 Posser/Schulze, en Praxishandbuch, p. 611.

740 *Ibidem.*

741 Sobre la Umweltverträglichkeitsprüfung Cfr. Landmann/Rohmer/ Fellenberg/Schiller UmwRG, artículo 4 párrafos 26 ss.

742 Posser/Schulze, en Praxishandbuch, p. 611.

743 BVerwG, decisión de 7.7.1978 – 4 C 79/76. – BVerwGE 56, 110, 111; decisión de 20.10.1989 – 4 C 12/87 – BVerwGE 84, 31; decisión de 18.4.1996 – 11 A 86/95 – BVerwGE 101, 73; decisión de 12.11.1992 – 7 ER 300/92 – NVwZ 1993, 266, 267.

744 Steinberg/Wickel/Müller, apartado 6 párrafo 257.

745 Posser/Schulze, en Praxishandbuch, párrafo 242.

579 BVerwG, decisión de 22.7.2010 – 7 VR 4/10 – NVwZ 2010, 1486.

Como lo enunciábamos at supra[746], aunque la autoridad de regulación conserva la posibilidad de exigir ajustes, si el NEP no está en conformidad con los requisitos del artículo 12b inc. 1, 2 y 4 EnWG, esta facultad de la autoridad no debe ser el resultado de una ponderación que vaya más allá y pretenda substituirla.[747] Los errores en la ponderación son de 4 tipos: la ponderación no tiene lugar (Ausfall), déficit en la ponderación, errores de apreciación y desproporcionalidad.[748]

De acuerdo con el artículo 12, inc. 1, frase 1 EnWG, la BNetzA tiene que controlar, en el marco de la decisión sobre la autorización del NEP, si el proyecto de NEP está en conformidad con los mandatos del artículo 12b inc. 4 ENWG que incluye un control sobre los errores de la ponderación. Surge la cuestión sobre ¿cuáles serían las consecuencias jurídicas si este control no se efectúo? Se podría afirmar que el trámite administrativo *per se* lograría una cierta protección de los derechos e intereses; sin embargo, esta posición debe ser morigerada bajo consideración que la mera realización del procedimiento administrativo, en un Estado de derecho, no cumple los estándares constitucionales de protección de derechos subjetivos.[749] Es por ello, que la Constitución alemana prevé en el artículo 19, inc. 4 la garantía de tutela judicial efectiva que es concretizada en la VwGO. En el caso concreto, la demanda se debe dirigir contra la decisión de aprobación de la planificación.[750]

En el caso de que haya errores en la ponderación, la acción de nulidad no puede tener éxito.[751] La acción procedente es una acción declarativa con la pretensión de reconocimiento judicial de la ilegalidad de la decisión de aprobación, junto con la solicitud consistente en que dicha aprobación no se ejecute hasta que se complemente el procedimiento de planificación.[752]

746 Parte primera capítulo primero conclusiones.
747 Posser/Schulze, en Praxishandbuch, p. 508.
748 Sobre este tema Cfr. Posser/Schulze, en Praxishandbuc, p. 517 ss.
749 Ibler, Die Schranken planerischer Gestaltungsfreiheit, p. 217.
750 Antweiler, NZBau 2013, 337, 340 s.
751 Compárese por ejemplo BVerwGE 117, 149 (158).
752 Compárese por ejemplo BVerwGE 100, 370 (373); 115, 254 (268); 117, 149 (158).

B. LEGITIMACIÓN EN LA CAUSA POR ACTIVA EN EL MARCO DE LA APROBACIÓN DE LA PLANIFICACIÓN EN PROCESOS DE CONSTRUCCIÓN DE INFRAESTRUCTURA CON PARTICIPACIÓN PRIVADA

La Constitución alemana garantiza, en el artículo 19, inc. 4 LF, "una completa tutela judicial solo con el objetivo de proteger derechos subjetivos y por ello también, solo bajo condición de que se haga valer la vulneración de una posición jurídica, que este concedida por parte del ordenamiento jurídico, en interés del particular".[753] Por ello, en principio, conforme al tenor literal del artículo 42, inc. 2 VwGO, solo está legitimado en la causa por activa, aquel que hace valer la vulneración de sus derechos por parte de la administración. De acuerdo con el artículo 113, inc. 1, frase 1 VwGO, la justicia contencioso-administrativa anula el acto administrativo en tanto y en cuanto él es ilegal y con ello vulnera los derechos del demandante. Esto también resulta de la legitimación de presentar objeciones en el marco del procedimiento de la decisión de fijación de la planificación (Planfestellungsbeschluss) –Cfr. Por ejemplo artículo 22, inc. 5, frase 1 NABEG, artículo 73, inc. 4, frase 1 VwVfG–.[754] Esto también es válido en el ámbito de aplicación del artículo 4 UmwRG.[755] A continuación examinaremos 3 grupos de excepciones al principio general de garantía de tutela judicial (solo) ante vulneración de derechos públicos subjetivos que valen para la planificación en procesos de construcción de infraestructura con participación privada de otros sectores.

El principio general tiene una primera limitación en el reconocimiento de la jurisprudencia de un derecho a una justa ponderación. De acuerdo con este derecho, se podrían alegar también intereses, cuando se trate de aquellos dignos de protección que sean poco afectados.[756] El derecho a la justa ponderación ha sido concebido como una barrera a la libertad de configuración (o discrecional) de la planificación atribuida a la administración –derivado de la interpretación del principio de Estado de derecho (artículo 20, inc. 3 LF) y la garantía constitucional de protección judicial de los derechos (artículo 19, inc. 4 LF)–, que consiste en la "indagación de todos los intereses relevantes para la planificación, otorgándoles a cada uno de ellos la importancia que poseen y, conforme

753 BVerfGE 116, 1 (11).

754 Hoppe/Schlarmann/Buchner/Deutsch, § 16 párrafo 524.

755 Cfr. BVerwG, decisión de 20.12.2011 – 9 A 30/10 – NVwZ 2012, 573, 575.

756 Steinberg/Wickel/Müller, apartado 6 párrafos 73 ss.

a ello, el grado de preferencia que ocupan a los fines de la evaluación del plan así como, de ser necesario, la reposición de los mismos".[757]

Otra excepción al principio general (tutela judicial solo ante vulneración de derechos públicos subjetivos) puede presentarse ante la vulneración de normas que protejan intereses de terceros, como algunas previsiones procedimentales, cuando el error de procedimiento ha tenido efectos materiales negativos sobre el afectado.[758] En este contexto, a los textos normativos sobre competencia de los funcionarios, inhabilidades y participación de terceros se les atribuye el carácter protector de los intereses de terceros.[759] El precepto debe tener una relación de causalidad con la afectación jurídica material del afectado.[760] Para ello, es suficiente que exista la (concreta) posibilidad de otra decisión de la autoridad de planeación sin el error de procedimiento.[761] Una excepción a la exigencia de dicha relación de causalidad es reconocida en el caso de los derechos procedimentales absolutos que conducen a una pretensión de nulidad de la decisión.[762] Se trata aquí de aquellas posiciones jurídicas exigibles independientemente que existen independientemente del derecho material.[763] Decisivo para la aceptación de tales derechos como absolutos es su objetivo y su finalidad de protección.[764] Un derecho absoluto podría ser, teniendo en cuenta las características

---

757 Ibler/ Hangst, La planificación, p. 205.

758 BVerwG, decisión de 22.10.1982 – 7 C 50/78 – NJW 1983, 1507, 1508; decisión de 17.12.1986 – 7 C 29/85 – BVerwGE 75, 285, 291; decisión de 28.2.1996 – 4 A 27/95 – NVwZ 1996, 1011, 1012; decisión de 20.5.1998 – 11 C 3/97 – NVwZ 1999, 67; decisión de 12.7.1993 – 7 B 114/92 – NVwZ-RR 1994, 14 s.; Fehling/Kastner/Störmer/Wickel, § 74 VwVfG párrafo 264.

759 Sobre los derechos de participación: BVerfG, decisión de 20.12.1979 – 1 BvR 385/77 – BVerfGE 53, 30 ss.; BVerwG, decisión de 5.12.1986 – 4 C 13/85 – BVerwGE 75, 214, 224 ss.; decisión de 21.4.1999 – 11 A 50/97 – NVwZ-RR 1999, 725, 726.

760 BVerwG, decisión de 30.5.1984 – 4 C 58/81 – BVerwGE 69, 256, 269; decisión de 23.2.1994 – 4 B 35/94 – NVwZ 1994, 688, 689 s.; decisión de 30.8.1995 – 4 B 185/95 – NVwZ-RR 1996, 253; decisión de 28.2.1996 – 4 A 27/95 – NVwZ 1996, 1011, 1012; Fehling/Kastner/Störmer/Wickel, § 74 VwVfG párrafo 264.

761 BVerwG, decisión de 23.2.1994 – 4 B 35/94 – NVwZ 1994, 688, 689 f.; decisión de 28.2.1996 – 4 A 27/95 – NVwZ 1996,1011, 1012; Schoch/Schneider/Bier/Wahl/Schütz, § 42, inc. 2 párrafo 74.

762 Posser/Schulze, en Praxishandbuch, p. 626.

763 BVerwG, decisión de 15.1.1982 – 4 C 26/78 – BVerwGE 64, 325, 331 f.; decisión de 22.2.1980 – 4 C 24/77 – DVBl. 1980, 996, 997; Fehling/Kastner/Störmer/Wickel, § 74 VwVfG párrafo 266.

764 BVerwG, decisión de 15.1.1982 – 4 C 26/78 – BVerwGE 64, 325, 331 f.; decisión de 22.2.1980 – 4 C 24/77 – DVBl. 1980, 996, 997.

del caso concreto, en el caso específico del sector energía, la participación del público (artículo 9 y artículo 22, inc. 3, 8 NABEG), siempre y cuando el afectado demuestre: ***i)*** que el no pudo ejercer la posibilidad de participación por ese error de procedimiento, ***ii)*** lo que él hubiera podido exponer, en cuanto al contenido, si él hubiera participado y ***iii)*** cómo eso hubiera influido su decisión en ese sentido (en especial, desde el punto de vista de lo presentado por otros, posiblemente, con el mismo contenido).[765]

De gran importancia para el control judicial de proyectos de infraestructura son las posibilidades de control judicial de las organizaciones ambientales reconocidas según el artículo 3 Ley de Recursos Judiciales para la Protección del Medio Ambiente (UmwRG). Estas constituyen otra excepción al principio general de tutela judicial reconocida solo ante vulneración de derechos públicos subjetivos. Una organización ambiental reconocida puede, sin hacer valer una vulneración en sus derechos públicos subjetivos, presentar recursos jurídicos, conforme a la VwGO, contra una decisión de autorización, en el sentido del artículo[766] 1, inc. 1, frase 1 UmwRG, o su omisión cuando se cumplan los siguientes requisitos: ***1)*** la organización ambiental considera que la decisión contradice preceptos jurídicos que pueden ser de importancia para la decisión; ***2)*** la organización considera que la decisión afectó el ámbito de su competencia de promoción de las finalidades de protección ambiental, de acuerdo con sus estatutos y ***3)*** en el caso de un procedimiento de conformidad con el artículo 1, inc. 1, frase 1 a 2b, la organización estaba legitimada para participar, b) acorde con el artículo 1, inc. 1, frase 1 Nr. 1, la organización estaba legitimada para participar y ella se pronunció sobre los preceptos aplicables o a ella no se le dio oportunidad de pronunciarse (artículo 2, inc. 1, frase 1 Nr. 1 a 3 UmwRG). En el caso de recursos jurídicos contra una decisión, conforme al artículo 1, inc. 1, frase 1 Nr. a a 6, o contra una omisión; la organización debe, además, hacer valer la vulneración de preceptos en relación con el medio ambiente (artículo 2, inc. 1, frase 2 UmwRG).

---

765 Posser/Schulze, en Praxishandbuch, p. 626 s.

766 Estas son las decisiones sobre las cuales existe una obligación de realizar una evaluación de impacto ambiental (Umweltverträglichkeitsprüfung), de acuerpo con: a) la ley de impacto ambiental (Gesetz über die Umweltverträglichkeitsprüfung), b) el reglamento sobre impacto ambiental en proyectos mineros o c) en preceptos del derecho de los Estados federados.

C. LA DECISIÓN JUDICIAL EN EL MARCO DE LA FIJACIÓN DE LA PLANIFICACIÓN EN PROCESOS DE CONSTRUCCIÓN DE INFRAESTRUCTURA CON PARTICIPACIÓN PRIVADA

Común a todos los procesos de planificación de construcción de infraestructura es la limitación de la densidad del control judicial en el examen de decisiones de planeación. Esta limitación resulta de la libertad de configuración en materia de planeación, márgenes de pronóstico, márgenes de apreciación en la planeación sectorial y de los requisitos del mandato de ponderación que tienen las autoridades en el derecho que norma la decisión de fijación de la planeación.[767]

Una característica de toda planeación es la **libertad de configuración** en relación con la realización del proyecto.[768] El control está restringido a determinados límites a los cuales está sometida la libertad de configuración en materia de planeación. Estas barreras también son aplicables a las decisiones de fijación del plan conforme a los artículos 18 NABEG. El primero de dichos límites es la vinculación a las etapas superiores de planeación que, en el caso del procedimiento de fijación del plan conforme al artículo 18 NABEG, se concreta en la obligatoriedad de la decisión sobre la planeación federal especializada (Bundesfachplanung), según lo ordena el artículo 15, inc. 1, frase 1 NABEG. También los preceptos de la ordenación del territorio general del Estado federal y los Estados federados (Raumordnung) y de la planeación de la demanda energética (Bedarfsplanung) limitan la libertad de configuración en materia de planeación.[769] La libertad de configuración en materia de planeación también está limitada por la vinculación a los principios de la planeación, que no son objeto de ponderación y deben ser controlados totalmente por el juez. Los principios de planeación deben ser determinados mediante interpretación. En primer plano están los preceptos de derecho ambiental para la protección de zonas Natura 2000, para la protección de especies y aquellas que establecen los requisitos para intervenir la naturaleza y el paisaje.[770] Por último, es importante citar los requisitos de la justificación del plan como una barrera a la libertad de configuración en materia de planeación. La planeación está limitada por el cumplimiento "mandado razonablemente" de la realización del bien común.[771]

767 Posser/Schulze, en Praxishandbuch, p. 639.
768 Sobre este tema Cfr. Martin Ibler, La Planfestellung, p. 355.
769 Posser/Schulze, en Praxishandbuch, p. 639.
770 *Ibidem*, p. 445.
771 BVerwG, decisión de 7.7.1978 – 4 C 79/76 – BVerwGE 56, 110, 118 s.; decisión de 22.3.1985 – 4 C 15/83 – BVerwGE 71, 166, 168; decisión de 24.11.1989 – 4 C 41/88 – BVerwGE 84, 123, 130.

La limitación al control judicial resulta, en segundo lugar, de **márgenes de pronóstico** que tienen, de modo frecuente en la planeación de infraestructura, los titulares de los proyectos (Vorhabentraeger) y las autoridades. Los pronósticos son juicios de probabilidad sobre la ocurrencia de un acontecimiento o el desarrollo de una circunstancia en un tiempo previsible.[772] No necesita pronóstico, cuando la circunstancia futura o el desarrollo cuestionado ya está normado con efecto vinculante,[773] como sucede en relación con la necesidad por medio del Plan Federal de Demanda Energética (Bundesbedarfsplan) de conformidad con el artículo 12e inc. 4 EnWG.[774] Los requisitos de los pronósticos han sido concretizados por la jurisprudencia de forma que estos deben llevarse a cabo con un método idóneo técnico especializado, es menester determinar las circunstancias de forma correcta y fundamentar el resultado de forma clara.[775] Además, la incertidumbre que está unida a todo pronóstico de circunstancias futuras debe estar en una relación razonable con las intervenciones que deben estar justificadas con él.[776] El control judicial de las decisiones de pronóstico con limitadas.[777] El Tribunal examina solo la observancia de los requisitos enunciados (método, determinación de los hechos y fundamentación); de tal forma que no hace un pronóstico propio.[778]

Los **márgenes de apreciación** en la planeación sectorial también constituyen un límite al control judicial de la decisión de fijación del plan. Este vale, de acuerdo con la jurisprudencia de la jurisdicción contencioso-administrativa, para aspectos de derecho de protección ambiental como la ponderación jurídico ambiental[779], la elección del lugar de las medidas de compensación de derecho de protección de especies[780] y la delimitación de las zonas de flora, fauna y hábitat.[781]

---

772 BVerwG, decisión de 21.3.1996 – 4 A 10/95 – NVwZ 1996, 1006, 1007; Steinberg/Wickel/Müller, apartado 3, páginas 267 ss, párrafos 173 ss.

773 Steinberg/Wickel/Müller, páginas 267 ss, párrafos 173 ss.

774 Grigoleit/Weisensee, UPR 2011, 401, 404.

775 Vgl. BVerwG, decisión de 13.10.2011 – 4 A 4001/10 – BVerwGE 141, 1, 10; decisión de 13.10.2011 – 4 A 4001/10 – BVerwGE 72, 282, 286.

776 BVerwG, decisión de 8.7.1998 – 11 A 53/97 – BVerwGE 107, 142.

777 BVerwG, Beschl. v. 5.10.1990 – 4 CB 1/90 – NVwZ-RR 1991, 129, 131; Urt. v. 5.12.1986 – 4 C 13/85 – NVwZ 1987, 578, 583; Steinberg/Wickel/Müller, páginas 267 ss, párrafos 173 ss.

778 Hoppe/Schlarmann/Buchner/Deutsch, § 16, párrafo 923.

779 BVerwG, decisión de 27.9.1990 – 4 C 44/87 – BVerwGE 85, 348, 363 f.; decisión de 17.1.2007 – 9 C 1/06 – BVerwGE 128, 76, 83.

780 BVerwG, decisión de 19.5.2010 – 9 A 20/08 – NuR 2010, 870, 873.

781 BVerwG, decisión de 14.4.2010 – 9 A 5/08 – ZUR 2010, 478, 480.

Un elemento central del procedimiento de fijación del plan es la ponderación de todos los intereses.[782] En la valoración del material que va a ser ponderado, la administración y el titular del proyecto tienen un amplio margen de apreciación que solo es controlado judicialmente de forma limitada.[783] En ello, están sometidos a los requisitos del **mandato de ponderación,** cuyo cumplimiento es controlable totalmente por las autoridades judiciales.[784] El control judicial está sujeto, entonces, si hay una ausencia de la ponderación, un déficit en la ponderación, una apreciación errónea o una desproporcionalidad.[785]

782 Posser/Schulze, en Praxishandbuch, p. 641.

783 *Ibidem.*

784 *Ibidem.*

785 Cfr. Posser/Schulze, en Praxishandbuch, capitulo párrafos 39 ss.

CAPITULO SEGUNDO PUBLIC PRIVATE PARTNERSHIPS: ¿MODELO OBSOLETO O UN PARADIGMA PARA EL FUTURO?

El que las disimilitudes dogmáticas de los ordenamientos jurídicos no son insalvables, lo demuestra también la constatación del hecho que en los 2 modelos jurídicos examinados se prevén procedimientos para salvaguardar el principio de selección objetiva del particular (I). Se pregunta si en Colombia ¿dichos mecanismos han sido suficientes para prevenir y evitar la corrupción? (II) y, si, en el caso de que la respuesta a esta cuestión sea negativa, ¿se deberían adelantar acciones tendientes a publicizar (Publizisierung)? (III).

I. SELECCIÓN OBJETIVA DEL PARTICULAR

El ordenamiento jurídico alemán prevé procedimientos de selección objetiva del particular. De acuerdo con el artículo 65, inc. 2a frase 2 EnWG, para asegurar la realización de una inversión de proyectos de red de transporte de energía eléctrica que esté determinada en el NEP y que el ÜNB no pueda realizar, la autoridad de regulación puede llevar a cabo un proceso de selección objetiva del privado.

El artículo 65, inc. 2a frase 2 EnWG crea un fundamento de autorización para el funcionario público para ejecutar obligaciones de inversión del NEP (que resultan del artículo 12c EnWG) que fue introducido como un instrumento de regulación por medio de la reforma de la ley de economía de energía en el 2011.[786]

Con respecto a la medida de exigencia de ejecución de la inversión no existe discrecionalidad; para la selección del tercero, por el contrario, la autoridad si tiene una facultad discrecional.[787] Este precepto es una transposición del artículo 22, inc. 7 de la directiva 2009/72/EG y la directiva 2009/73/EG.

Para el procedimiento de selección del particular, la ley no contiene determinaciones sobre el trámite de selección. De acuerdo con la doctrina, a la selección del privado (que va a construir el proyecto de red de transporte de energía

786 Susanne Wende, comentario. En: Säcker (ed.) Berliner Kommentar zum Energierecht, tomo 1 (2018), p. 3389, párrafo 7.

787 Turiaux, en Kment, EnWG, artículo 65 párrafo 30.

eléctrica que esté determinada en el NEP, en el caso que el ÜNB correspondiente no lo pueda realizar) se le aplican las normas generales sobre contratación pública.[788]

La autoridad que puede elegir fundamentalmente entre el procedimiento abierto (offene Verfahren) o el procedimiento no abierto con competencia en la participación (nicht offene Verfahren mit Teilnahmewettbewerb) previstos en los artículos 119, inc. 1, 2 GWB, artículos 14 ss VgV.[789]

El procedimiento abierto (offene Verfahren) y el procedimiento no abierto con competencia en la participación (nicht offene Verfahren mit Teilnahmewettbewerb) tienen en común que no están permitidas las negociaciones entre la autoridad contratante y los oferentes.[790]

El procedimiento abierto (offene Verfahren) está definido en el artículo 119, inc. 3 GWB como un procedimiento en el que el contratante requiere a un número ilimitado de empresas a que presenten públicamente sus ofertas. Este procedimiento (que es considerado como el modelo básico[791] de la contratación pública) es concretizado en normas de carácter inferior a la ley en el artículo 15 VgV, artículo 14 SektVO y artículo 3 EU Nr. 1 VOB/A.

El procedimiento no abierto con competencia en la participación (nicht offene Verfahren mit Teilnahmewettbewerb) está estructurado en 2 fases: primero tiene lugar, conforme al artículo 119, inc. 2, frase 1 GWB, una participación competitiva que es seguida del requerimiento a presentar ofertas.[792] Con ello, este procedimiento se diferencia del abierto en que no todos los empresarios interesados son requeridos para presentar ofertas públicas.[793]

Los preceptos de contratación pública también se aplican, si se reúnen los requisitos del artículo 97 GWB, para elegir al tercero en el sentido del artículo 4b BauGB, (Cfr. *At supra* primera parte, capítulo segundo, apartado II A) y al gestor del proyecto (Projektmanager) en el sentido del artículo 43g EnWG (Cfr. *At supra* primera parte, capítulo tercero, apartado I A) que participan en procedimientos de planeación administrativa.

En Colombia, en supuestos de hecho de procedimientos de planeación de infraestructura de transporte de energía eléctrica, el ordenamiento jurídico

---

788 *Ibidem*, párrafo 31.

789 *Ibidem*, párrafo 31.

790 Pünder, en: Punder/Schellenberg, Vergaberecht, artículo 119, párrafo 20.

791 *Ibidem*, párrafo 22.

792 Jasper, en: Burgi/ Dreher, Beck'scher Vergaberechtskommentar, artículo 119, párrafos 22, 23.

793 *Ibidem*.

determina, no solo la decisión sobre el "sí" de la participación privada en los procesos de planificación de infraestructura; sino también, el "cómo" de su vinculación. Esto, en la medida que, en muchos supuestos, establece reglas de elección del particular en salvaguarda del principio de selección objetiva.

También en Colombia, los particulares que participan en el procedimiento administrativo son escogidos conforme a principios de selección objetiva, previstos en la ley 80 de 1993, sus leyes modificatorias y sus Decretos reglamentarios en el ámbito de aplicación de la ley.

En el caso del proceso de selección del particular que va a ejecutar las obras del STN por medio de ampliación o mediante convocatorias públicas el ordenamiento jurídico prevé reglas especiales que se van a describir a continuación.

Para determinar la existencia o no de potenciales inversionistas que acometan las decisiones de inversión en transmisión de energía eléctrica en los términos del artículo 85 de la Ley 143 de 1994 y que asuman íntegramente los riesgos inherentes a la ejecución y explotación de los proyectos, se debe agotar el mecanismo de las convocatorias públicas (artículo 8 de la resolución MME 18-1313 de 2002). Por medio de la Resolución MME No. 18 1315 de 2002 se delegó en la Unidad de Planeación Minero Energética, UPME, las gestiones administrativas necesarias de las convocatorias públicas.

Las Convocatorias Públicas son el proceso mediante el cual el Ministerio de Minas y Energía o la entidad que este delegue, hace una invitación abierta al público para que los agentes económicos en condiciones de libre concurrencia presenten propuestas para la ejecución a mínimo costo de los proyectos definidos en el Plan de Expansión de Transmisión del Sistema Interconectado Nacional, con independencia del nivel de tensión en el cual deban ejecutarse (artículo 1 Resolución MME No. 18 0924 de 2003).

Dentro de estas gestiones encomendadas a la UPME se encuentra el elaborar los documentos de selección del inversionista (artículo 1 Nr. 1 resolución MME No. 18 0925 de 2003). Los documentos de selección deberán incluir como mínimo: a) la información básica de cada proyecto (nivel de tensión, número de circuitos, capacidad de transporte, puntos de conexión, estándares de operación, fecha requerida de puesta en servicio y demás elementos que se consideren convenientes); b) el término por el cual se le reconocerá al agente seleccionado el Ingreso Esperado, el cual no podrá ser superior al definido por la Comisión de Regulación de Energía y Gas; c) los requisitos adicionales que debe cumplir el inversionista interesado en lo relacionado con el perfil del flujo de ingresos del proyecto (artículo 4 resolución 18-0924 de 2003). Las condiciones ambientales no serán incluidas en los respectivos Documentos de Selección, puesto que es obligación de cada uno de los inversionistas interesados en participar en las convocatorias públicas evaluar todas y cada una de las condiciones ambientales del proyecto (artículo 4.º resolución 18-0924 de 2003).

Antes de iniciar las Convocatorias Públicas, el Ministerio de Minas y Energía o la entidad que este delegue podrá, si lo considera necesario, someter los Documentos de Selección a consideración del Cuerpo Consultivo Permanente o, en caso de no existir este, al Comité Asesor de Planeamiento de la Transmisión, al Comité de Expertos de la Comisión de Regulación de Energía y Gas y a terceros interesados, cuyos comentarios no serán vinculantes (artículo 5.º, resolución 18-0924 de 2003). La elaboración de los documentos de selección y puesta a consideración de los terceros interesados, recibiendo los conceptos respectivos debe tener lugar hasta el 31 de octubre de cada año (artículo 4, parágrafo 4, resolución CREG 022 de 2001).

En desarrollo de la respectiva convocatoria pública, el Ministerio de Minas y Energía o la entidad que este delegue, podrá solicitar la opinión de la Comisión de Regulación de Energía y Gas sobre aquellas operaciones que impliquen el traspaso de control o de propiedad, que afecten de alguna manera lo dispuesto en la presente resolución (artículo 6.º, resolución 18-0924 de 2003).

La apertura anual de convocatorias públicas se debe efectuar antes del 31 de diciembre de cada año (artículo 4 parágrafo 4 resolución CREG 022 de 2001).

El Ministerio de Minas y Energía o la entidad que este delegue, deberá establecer los criterios de calificación de las ofertas y dar a conocer a los proponentes la calificación de las que se hayan presentado, indicando de manera expresa cuáles han sido rechazadas (artículo 11 resolución 18-0924 de 2003).

Las empresas constituidas como E.S.P. que deseen participar en los procesos de Selección deberán tener como objeto exclusivo la actividad de Transmisión Nacional en lo relacionado con el sector eléctrico. Para el efecto, se entenderá que una empresa tiene objeto exclusivo, independientemente de su objeto social, cuando no desarrolle de manera directa en el sector eléctrico actividades distintas a la Transmisión Nacional, o de manera indirecta a través de empresas subordinadas o controladas en cualquiera de las formas previstas en el Código de Comercio (artículo 1, inc. 1 resolución CREG 062 de 2003 que modificó el literal a del artículo 10 de la resolución CREG 022 de 2001).

Las propuestas que se presenten en desarrollo de las Convocatorias Públicas deberán contener una oferta económica y una oferta técnica: ***i)*** la oferta económica consistirá en un Ingreso Esperado, en la periodicidad, forma y por el término en que se establezca en los Documentos de Selección, conforme con lo definido por la Comisión de Regulación de Energía y Gas y ***ii)*** la oferta técnica deberá cumplir con los requisitos exigidos en los Documentos de Selección y contendrá un cronograma de desarrollo de la etapa de construcción del proyecto respectivo (Artículo 7.º, resolución 18-0924 de 2003 conc. Artículo 4 b. Resolución CREG 022 de 2001).

Los inversionistas interesados deberán cumplir las normas establecidas por la Comisión de Regulación de Energía y Gas, tendientes a prevenir el abuso de posición dominante de las empresas y a evitar la concentración de la propiedad accionaria de las mismas (artículo 6.º, inc. 1, resolución 18-0924 de 2003).

Los proponentes ofrecerán un Ingreso Anual Esperado, en dólares constantes del 31 de diciembre del año anterior al año en el cual se efectúe la propuesta, para cada uno de los primeros 25 años de entrada en operación del proyecto. Este Ingreso deberá reflejar los costos asociados con la preconstrucción (incluyendo diseños, servidumbres, estudios y licencias ambientales) y construcción (incluyendo la interventoría de la obra y las obras que se requieran para la viabilidad ambiental del proyecto), el costo de oportunidad del capital invertido y los gastos de administración, operación y mantenimiento del equipo correspondiente (artículo 2 a Resolución CREG 085 de 2002 –que modificó el artículo 4a de la Resolución CREG 022 de 2001)–.

El Ingreso Esperado que solicite cada uno de los inversionistas, deberá reflejar toda la estructura de costos y de gastos en que incurra el inversionista en desarrollo de su actividad en conformidad con la metodología definida para tal efecto por la Comisión de Regulación de Energía y Gas (artículo 8.º, resolución 18-0924 de 2003)

Será obligación de cada uno de los inversionistas interesados en participar en las convocatorias públicas evaluar todas y cada una de las condiciones ambientales del proyecto (artículo 4.º, resolución 18-0924 de 2003).

Las propuestas serán comparadas calculando el valor presente del Ingreso Esperado, para el número de períodos que se hubiere establecido en los Documentos de Selección que será calculado aplicando la tasa de descuento aprobada por la Comisión de Regulación de Energía y Gas y establecida en los Documentos de Selección correspondientes, en dólares constantes del 31 de diciembre del año anterior al año en que se efectúe la propuesta (artículo 9.º, resolución 18-0924 de 2003).

La selección se hará en audiencia pública, exclusivamente con el criterio de escoger la propuesta con el menor Valor Presente de los Ingresos Anuales Esperados durante los primeros veinticinco (25) años de operación del proyecto, estimación que se realizará aplicando la tasa de descuento establecida en los Documentos de Selección correspondientes, en dólares constantes (artículo 4b resolución CREG 022 de 2001 conc. Artículo 13 resolución 18-0924 de 2003).

Un proponente que sin ser E.S.P se gane la convocatoria, deberá constituirse como tal con objeto exclusivo en Transmisión Nacional en lo relacionado con el sector eléctrico, de conformidad con lo establecido en el Artículo 74 de la ley 143 de 1994 (artículo 1, inc. 2, Resolución CREG 062 de 2003 –que modificó el literal a del artículo 10 de la Resolución CREG 022 de 2001– conc., artículo 1, resolución 18-0924 de 2003). En los estatutos de constitución de dicha empresa se deberá estipular que la misma tendrá una vigencia mínima de 26 años (artículo 4 b resolución CREG 022 de 2001).

El esquema de esta fase es el siguiente:

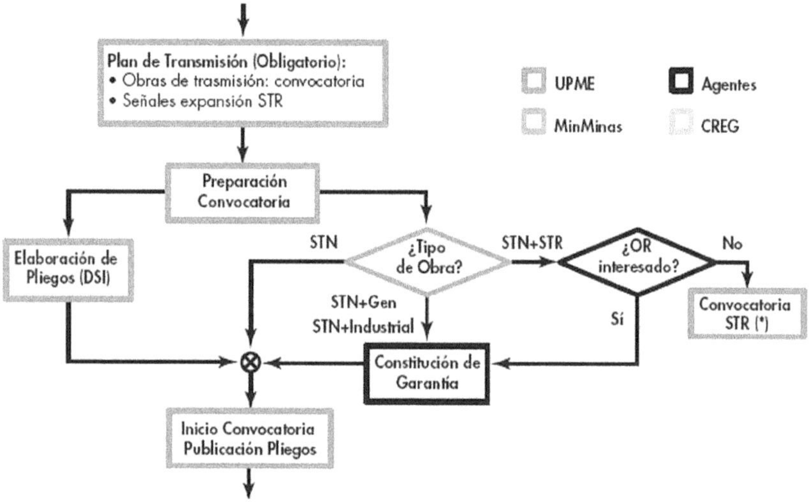

Figura 2. "Fase 2: Preparación de la convocatoria".

Fuente: Ministerio de Minas y Energía, UPME, Lineamientos para fortalecer la expansión del sistema de transmisión nacional, p. 23

Los proyectos consistentes en la ampliación de las instalaciones del STN que se encuentren en operación, tales como a) montaje de nuevos circuitos sobre estructuras existentes, junto con los activos requeridos para su conexión al STN; b) cambio en la configuración de subestaciones existentes; c) montaje de nuevas bahías de transformador con tensión igual o superior a 220 kV, que utilice un Operador de Red para conectarse al STN en subestaciones con configuración de anillo o de interruptor y medio; harán parte del Plan de Expansión de Referencia, de acuerdo con lo dispuesto en el artículo 3.° de la resolución CREG 022 de 2001 y en esta medida su ejecución podrá ser objetada (artículo

1, frase 1 resolución CREG 147 de 2011 que modificó el artículo 6 Resolución CREG 022 de 2001 modificada mediante las Resoluciones CREG 085 de 2002 y CREG 120 de 2003). De ser incluida la respectiva ampliación en el Plan de Expansión de Referencia, será desarrollada por el transmisor que representa ante el Liquidador y Administrador de Cuentas, LAC, los activos objeto de la ampliación (artículo 1, frase 2, resolución CREG 147 de 2011, que modificó el artículo 6, resolución CREG 022 de 2001, modificada mediante las Resoluciones CREG 085 de 2002 y CREG 120 de 2003). En caso de que el transmisor no desee desarrollar el proyecto, se adelantará un proceso que garantice la libre concurrencia en condiciones de igualdad, cumpliendo con las disposiciones establecidas en el artículo 4 de la presente resolución (artículo 1, frase 3, resolución CREG 147 de 2011, que modificó el artículo 6 resolución CREG 022 de 2001, modificada mediante las Resoluciones CREG 085 de 2002 y CREG 120 de 2003).

Una vez surtido el proceso de selección y adjudicado el proyecto, en la fase de ejecución, el inversionista que resulte seleccionado debe realizar las gestiones para la consecución de la licencia ambiental o de cualquier otro tipo de autorización ambiental que se requiera para la ejecución del proyecto (artículo 4.º, resolución 18-0924 de 2003).

Conforme a la Resolución CREG 193 de 2020, los siguientes tipos de proyectos se denominarán ampliaciones de las instalaciones del STN, y para su ejecución no será obligatorio recurrir a los procesos de selección: a) montaje de nuevos circuitos sobre estructuras existentes, junto con los activos requeridos para su conexión al STN; b) cambio en la configuración de subestaciones existentes; c) montaje de nuevas bahías de transformador con tensión igual o superior a 220 kV, que utilice un Operador de Red para conectarse al STN en subestaciones con configuración de anillo o de interruptor y medio; d) bahías para compensaciones fijas; e) equipos para control de tensión; f) esquemas de separación de áreas, ESA; g) cambio de conductores en líneas existentes o de bahías en subestaciones, por otros activos de mayores especificaciones a las consideradas en la definición de las unidades constructivas existentes; h) implementación de Unidades Constructivas que componen los Centros de Supervisión y Maniobra del STN; e ***i)*** instalación de módulos de compensación o sistemas flexibles de transmisión de corriente alterna, FACTS, en subestaciones o en líneas.

El ordenamiento jurídico establece, entonces, reglas de elección del particular en salvaguarda del principio de selección objetiva.

II. DENUNCIAS SOBRE CORRUPCIÓN

Se pregunta si, en Colombia, ¿los mecanismos previstos en la ley para salvaguardar la selección objetiva del particular son suficientes para prevenir y evitar la corrupción?

Gudynas propone una siguiente precisión conceptual, que tiene en cuenta los efectos sociales y ambientales de la corrupción.[794]

Se entiende por corrupción "las prácticas que son ilegítimas, irregulares e incorrectas, tanto ilegales como alegales, realizadas en ámbitos públicos como privados, por distintos actores, quienes logran beneficios propios, aprovechando posiciones de poder, que a su vez desencadenan perjuicios sociales y ambientales, y por lo tanto expresan injusticias"[795].

La corrupción representa la vulneración del principio de legalidad. Pero no se limita a estos supuestos de hecho. Precisamente, la definición de Gudynas es relevante porque incluye como fuentes de la corrupción "aspectos normativos, tanto en los aspectos formales (que remiten a la ilegalidad y alegalidad), como en los mandatos morales y sus bases éticas"[796].

En las alegalidades, "se atienden las formalidades de las normas, pero se aprovechan sus limitaciones para incumplir sus objetivos"[797]. Se cumple con la legalidad formal, pero se trasgreden los dictados de la justicia y se erosiona la democracia.[798]

Como lo mencionamos *at supra*, el control a la ejecución de las tareas transferidas a los particulares ha sido insuficiente para prevenir daños a los afectados. La construcción de centrales hidroeléctricas para la generación de energía ha dado lugar, como lo ha comprobado el Centro Nacional de Memoria histórica, a desplazamientos forzados y expulsiones masivas de personas. En el mapa 1 se ilustra la relación entre el desplazamiento forzado en Colombia y la construcción de represas:

794 *Ibidem*, p. 75.

795 *Ibidem*. Otras definiciones en Ana Carolina González y otros, "Pañitos de agua tibia: Una mirada local de la corrupción y la anticorrupción en zonas de extracción de recursos naturales no renovables", en, Juan Carlos Henao (ed.), La corrupción en Colombia, tomo 1, Bogotá, Universidad Externado de Colombia, apartado I A y B.

796 Gudynas, Extractivismos y corrupción, p. 73, 75.

797 *Ibidem*.

798 *Ibidem*, p. 75, 86.

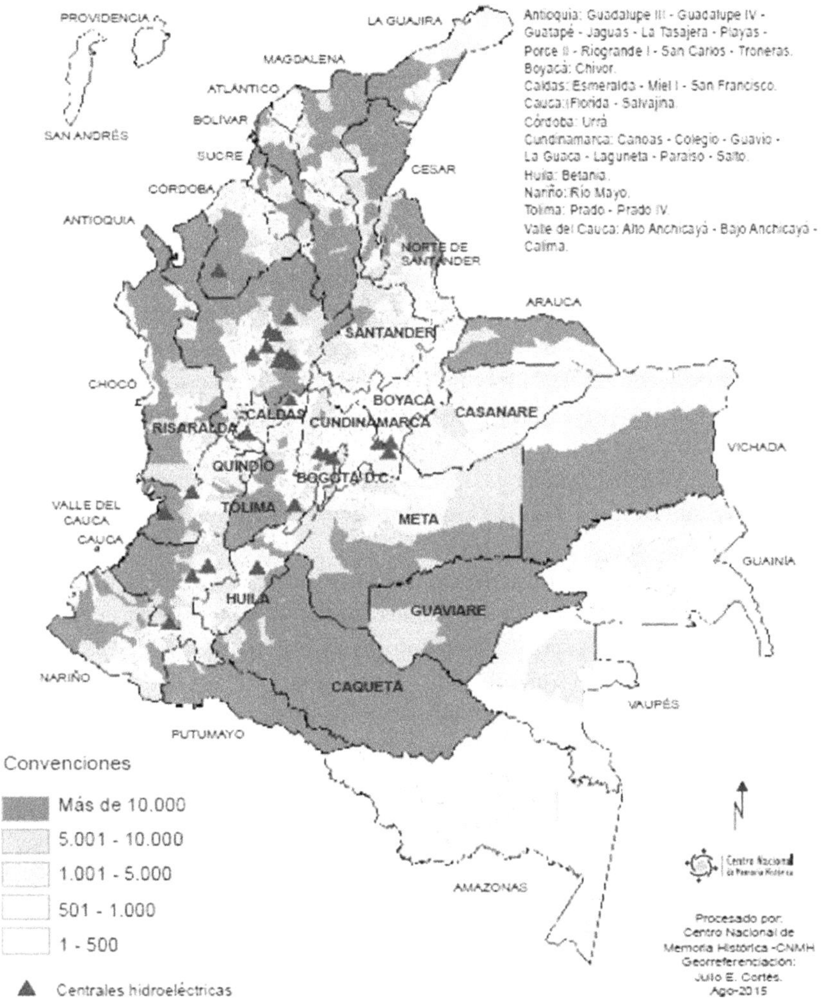

Mapa 1: Cortés, J. E. (agosto, 2015). Personas desplazadas y centrales hidroeléctricas [mapa]. En CNMH y UARIV, Una nación desplazada: informe nacional del desplazamiento en Colombia (p. 253). https://bit.ly/3yJvL7H.

Las principales causas de la guerra y el desplazamiento en Colombia están relacionadas con problemas estructurales como la desigualdad, un modelo económico que favorece la explotación de recursos naturales y un Estado débil permeado por la corrupción.[799]

Un caso que permite ilustrar la problemática de desplazamiento forzado en Colombia, la construcción de represas y su afectación a los grupos étnicos es el de la construcción de la represa de Urrá I en el río Sinú[800]. Como lo comprobó el Centro Nacional de Memoria histórica, con soporte documental de autores como Rodríguez y Ordúz, "para llevar a cabo dicha obra que inició en el año 1993, los paramilitares 'estimaron preciso desarraigar a más de 30.000 habitantes en Tierralta'[801], población compuesta principalmente por campesinos e indígenas de la comunidad Emberá Katío. Este tipo de prácticas rentistas convirtieron a este municipio en el quinto más expulsor y en el segundo con mayor índice de abandono de tierras en el país"[802].

Salvatore Mancuso, exjefe paramilitar reconoció[803] haber asesinado al líder indígena Emberá Kimy Pernía Domicó, líder de la comunidad y opositor a la construcción de la represa de Urrá I.

Con el aumento de la construcción de hidroeléctricas, según la Corporación Jurídica Libertad, se ha incrementado los conflictos minero-energéticos en el país. En el 2019, esta Corporación estimó que existían alrededor de 128 conflictos socioambientales en Colombia[804].

La relación[805] entre las violaciones entre los proyectos minero energéticos, el conflicto armado y las violaciones a los derechos humanos fue documentada, en especial, por la Contraloría General de la República donde se constató una "coincidencia espacial entre la presencia minera y graves atentados contra la dignidad humana, relacionados con a) desplazamiento forzado interno y

799 Pineda Estrada, Desplazamiento forzado en Colombia, en EAFIT 2016, p. 6, 24.

800 Ubicado en el municipio de Tierralta, en la región del Urabá cordobés y el Alto Sinú y San Jorge.

801 Centro de Memoria Histórica, Una nación desplazada, p. 15.

802 *Ibidem*.

803 Cfr. Comisión de la verdad, Salvatore Mancuso, octubre 23 de 2020, disponible en: Salvatore Mancuso reconoce haber asesinado al líder indígena Kimy Pernía Domicó – Comisión de la Verdad Colombia (comisiondelaverdad.co).

804 Corporación Jurídica Libertad, Colombia nunca más, 2019, p. 360, disponible en: https://issuu.com/corporacionjuridicalibertad/docs/colombia_nunca_mas_-_extractivismo_.

805 Sobre este tema Cfr. Luis Bustos, Interacciones entre el sector minero y el conflicto colombiano, en Temas de derecho minero, energético y petrolero. Bogotá, Universidad Externado de Colombia, 2020, pp. 23 ss.

confinamiento territorial de poblaciones (vinculados a homicidios selectivos, desapariciones forzadas, amenazas, masacres y torturas); b) violencia antisindical; c) vulneración de derechos asociados a la supervivencia física y cultural de sujetos colectivos de especial protección constitucional".[806]

A los requerimientos esbozados, se suman las siguientes denuncias de corrupción en Colombia como ***i)*** la irrupción de la multinacional Poligraw, "cuestionada por actores humanitarios en el Guaviare por contratar mano de obra barata, especialmente indígenas de la etnia JIW que han sido afectados por desplazamientos masivos y están ubicados en una finca cercana al casco urbano de Mapiripan- Meta"[807]; ***ii)*** la intervención de Chiquita Brands[808]; ***iii)*** el caso Odebrecht[809]; ***iv)*** el escándalo alrededor de la contratación en MinTIC (Ministerio de Tecnologías de la Información y las Comunicaciones de Colombia)[810]; ***v)*** la contratación del Grupo Nule para la realización de obras por la calle 26 de Bogotá;[811] ***vi)*** el fenómeno de la puerta giratoria[812]; ***vii)*** el así denominado Carrusel de la contratación[813] y ***viii)*** otras investigaciones[814] sobre la corrupción en materia de contratación estatal.

---

806 Vargas-Valencia, Minería, conflicto armado y despojo de tierras, Contraloría General de la Nación, p. 64.

807 Bermúdez Bermúdez. La zona de reserva campesina del Guaviare. Sobre este tema cfr. intervención del Representante a la Cámara Wilson Neber Arias Castillo en el Congreso de la República, en COLOMBIA, Gaceta del Congreso, 8 de febrero de 2013, número 23, p. 53.

808 Juan David Laverde Palma. Los 'pecados' de Chiquita Brand. En: El Espectador, 10 de diciembre de 2012. Disponible en: https://www.elespectador.com/judicial/los-pecados-de-chiquita-brands-article-391790/.

809 Guzmán Castaño, Odebrecht.

810 Edwin Bohorquez Aya. La historia del escándalo del Mintic, Karen Abudinen y Centros Poblados. En: El Espectador, 9 de septiembre de 2021. Disponible en: https://www.elespectador.com/economia/la-historia-del-escandalo-del-mintic-centros-poblados-y-karen-abudinen/.

811 Omar Alberto Jaimes Rueda, Marlon Vittorio Márquez Vidal, La corrupción y el Fenómeno Nule, Universidad Sergio Arboleda, disponible en: http://repository.usergioarboleda.edu.co/bitstream/handle/11232/736/La;jsessionid=A3CB0690EC2E57E437F3225ABE8C8070?sequence=1.

812 Sobre este tema cfr. Zárate/ Perdomo Villamil, Relaciones peligrosas; Corrupción y captura del regulador por grupos de interés, apartado I B 1.

813 Las 15 confesiones del Carrusel de la Contratación. En: Revista semana, 22 de noviembre de 2013. Disponible en: https://www.semana.com/pais/articulo/las-confesiones-del-carrusel-contratacion/188288/.

814 "En las entrañas del monstruo", en Revista Semana, 4.3.2011, disponible en: https://www.semana.com/nacion/articulo/en-entranas-del-monstruo/236419-3/; "Fiscal

Si se tienen en cuenta el gran volumen[815] de acusaciones, informes, reportes, casos de estudio e investigaciones sobre la corrupción en Colombia y sus serios impactos sociales y ambientales que se reflejan en la percepción en los índices de transparencia[816], la respuesta a la cuestión sobre si ¿los mecanismos de selección objetiva, previstos en el ordenamiento jurídico colombiano en normas generales y sectoriales, son suficientes para prevenir y evitar corrupción? es negativa. A resultados similares se llega en la aplicación del marco normativo de las asociaciones público-privadas en Latinoamérica[817] y en Europa[818].

---

advierte de posible corrupción en contratación de cara a las elecciones", en Revista Semana 14.9.2021, disponible en: https://www.semana.com/nacion/articulo/fiscal-advierte-de-posible-corrupcion-en-contratacion-de-cara-a-las-elecciones/202151/ ; Ariel Ávila, el poder, en Semana TV, disponible en: https://www.youtube.com/watch?v=UZ0H-UiAGH0; Dilia Paola Gómez Patiño, Gómez, D. P. (2014). Corrupción y colusión: asuntos del sector empresarial en Colombia. Revista Prolegómenos. Derechos y Valores, volumen 17, No. 33 (2014), 43–56, disponible en: http://www.scielo.org.co/pdf/prole/v17n33/v17n33a04.pdf.

815 Cfr. ante todo el estudio de 4 tomos publicado por la Universidad Externado de Colombia (Juan Carlos Henao Pérez (ed.), Corrupción en Colombia, 4 tomos, Bogotá, Universidad Externado de Colombia, 2018). Cfr. también Vargas-Valencia, Minería, conflicto armado y despojo de tierras, Contraloría General de la Nación, p. 57–88.

816 Transparencia Internacional, Colombia no logra avances significativos en percepción de corrupción, disponible en: Colombia no logra avances significativos en percepción de corrupción -transparenciacolombia.org.co); Business & Human Rights, Resource Centre, Índice de energía renovable y derechos humanos, disponible en: ÍNDICE DE ENERGÍA RENOVABLE Y DERECHOS HUMANOS | Business & Human Rights Resource Centre (business-humanrights.org); Transparencia por Colombia, Así se mueve la corrupción: Radiografía de los hechos de corrupción en Colombia 2016–2018 – Monitor ciudadano de la corrupción, tercer informe, disponible en: https://transparenciacolombia.org.co/Documentos/2019/Informe-Monitor-Ciudadano-Corrupcion-18.pdf; El riesgo de corrupción en el sector eléctrico, en infolaft, disponible en: https://www.infolaft.com/el-riesgo-de-corrupcion-en-el-sector-electrico/.

817 Cfr. Unión Europea, Tribunal de Cuentas Europeo, Informe Especial, Asociaciones público-privadas en la UE: Deficiencias generalizadas y beneficios limitados, ES 2018 No. 09. Disponible en: https://www.eca.europa.eu/es/Pages/DocItem.aspx?did=45153.

818 Cfr. Roberto de Michele y otros, Efectos de la corrupción en los contratos de asociaciones público-privadas, BID, octubre de 2018. Disponible en: https://publications.iadb.org/en/effects-corruption-public-private-partnership-contracts-consequences-zero-tolerance-approach (consultado el 20.03.2021).

La situación referida contrasta con el incremento de textos normativos proferidos en Colombia para luchar contra la corrupción. Ejemplos de ellos es la reciente ley 2195 de 2022 "por medio de la cual se adoptan medidas en materia de transparencia, prevención y lucha contra la corrupción".[819]

La actual situación conduce a la pregunta sobre si *de lege ferenda* ¿se deberían adelantar reformas tendientes a publicizar (Publizisierung)? Esto exige realizar reflexiones sobre la publicización (Publizisierung).

III. PUBLICIZACIÓN (PUBLIZISIERUNG)

En Alemania y en Europa[820] en general, ha empezado, en la práctica, a crecer un cierto desencanto hacia la privatización. Por ello, la ciencia jurídica se ocupa en la actualidad de desarrollos contrarios en los que se exige un renacimiento del Estado y que hacen pensar en un cambio de paradigma.[821] Se han concebido términos opuestos a la privatización como el de publificación (Publifizierung[822]) y de publizisación (Publizisierung).[823]

El término publicización comprende manifestaciones de (re)municipalización (Re-kommunalisierung) y de (re)nacionalización de tareas administrativas.

Con el término (re)municipalización (Re-kommunalisierung) se designan fenómenos que comprenden la recuperación en la responsabilidad municipal de tareas que hasta el momento habían sido entregadas a sujetos privados.[824] Un paradigma es la (re)municipalización de las redes de energía, gas y calefacción en Stuttgart, producto de iniciativas ciudadanas.[825]

Precisamente en este sector, se ha observado una tendencia de (re)municipalización (Re[826]-kommunalisierung) de las redes de distribución de energía

819 Sobre las normas expedidas para combatir la corrupción cfr. Safar, contratación pública y corrupción, p. 263 ss.; Lozano, La contratación estatal como instrumento contra la corrupción, p. 311 ss.

820 Sobre este tema, por ejemplo, Cfr. Aiginger, Europa zwischen Globalisierung und Renationalisierung.

821 Hartmut Bauer, Praxis und Programatik der Publizisierung: Die Rückkehr des Öffentlichen, en NLMR 2006, 3, 4.

822 Sobre este término Cfr. Bauer, JZ 2014, 1017, 1021.

823 *Ibidem.*

824 *Ibidem.*

825 Sobre este tema Cfr. Groneberg, Konzession und Kooperation, p. 39 s.

826 Para Groneberg, se trata más que de procesos de (re)municipalización (Re-kommunalisierung), en el ámbito del suministro de energía, de procesos de

como consecuencia de la terminación del plazo previsto en los contratos[827] de concesión sobre el uso de las calles, en el sentido del artículo 46 EnWG.[828]

La publicización abarca también desarrollos de (re)nacionalización (Renationaliserung) de tareas administrativas en varios niveles. A nivel de los Estados federados, por ejemplo, la compra la empresa Stromnetz (red de energía) Hamburg GmbH y las sociedades Vattenfall, fruto de la iniciativa popular "nuestro Hamburg – nuestra red" (Unser Hamburg – unser Netz).[829] A nivel del Estado federal: la adquisición (mencionada *at supra*[830]) por parte de Instituto de crédito alemán para la reconstrucción (Kreditanstalt für Wiederaufbau, KfW) correspondiente al 20 % de la participación accionaria correspondiente en el ÜNB 50Herz[831] Transmission GmbH (que opera en el occidente de Alemania) – que se pueden resumir bajo el término de la publicización (Publizisierung).[832]

El regreso a lo público se constata también en otros sectores diferentes al sector de energía, como el de construcción de carreteras. Esto lo demuestran las estadísticas. Del 2003 al 2011 se iniciaron 176 proyectos PPP. Desde el 2012 el número de nuevos proyectos ha disminuido. Hasta el 2018 se añadieron 39 nuevos proyectos. En el año 2018, solo 1 proyecto con un volumen de 10 millones de euros.[833]

La publicización es un término marco abierto con el que se quiere significar aquellos procesos de redistribución entre el sector privado y el sector público hacia lo público. Mediante la renuncia al prefijo "re" se evita la estrechez de miras causada por el acento de la reconstitución de circunstancias anteriores por parte del Estado, el municipio o la institución correspondiente a lo público.[834]

Como tal, la publicización es un proceso que se adelanta como operación procedimental en varias fases desde la búsqueda de las opciones de publicización

municipalización (Kommunalsierung) de la operación de la red (Groneberg, Konzession und Kooperation, p. 49 s.).

827 Sobre este tema Cfr. Groneberg, Konzession und Kooperation, p. ss.

828 Pielow, Gemeindliche Energieversorgung, p. 181 s. párrafo 11.

829 Sobre este tema Cfr. Groneberg, Konzession und Kooperation, p. 39 s.

830 Primera parte, capítulo primero, apartado I.

831 50Herz, Jahresbericht 2019, p. 10.

832 Bauer, NLMR 2006, 3, 4.

833 PD – asesor del sector publico (Berater der öffentlichen Hand GmbH), p. 4, en BT-Drs. 19/10765, p. 81 s. (disponible en línea en: https://www.ppp-projektdatenbank.de/fileadmin/user_upload/191231_Projekte_Hochbau_Tiefbau.pdf; https://www.ppp-projektdatenbank.de/fileadmin/user_upload/191231_OEPP-Markt_ab_2002.pdf).

834 Bauer, JZ 2014, 1017, 1021.

sobre la decisión de publicización real y su ejecución hasta el ámbito de aplicación de las consecuencias de la publicización.[835]

Con el regreso a lo público[836] no necesariamente se trata de privilegiar la retroactividad de privatizaciones anteriores, de restablecer el *statu quo ante* o con cambiar de modelo "privado antes que Estado" por el modelo "Estado antes que privado".[837] Sino que, permiten configuraciones hacia lo público que pueden por ejemplo, permitir una influencia municipal mayor y por ello, más fuerte que hasta el momento han sido establecidas en el ámbito de lo público, sin que, sin embargo, sean idénticas con el diseño anterior.[838]

La publicización y la privatización no están en oposición diametral, sino que se complementan de forma recíproca como proceso de configuración suplementarios y como estrategias que se completan para modernizar el municipio.[839]

En este escrito se mostraron casos de empresas públicas en Colombia a las que se reprocha un déficit en la garantía de protección a derechos fundamentales y al medio ambiente. Esto podría hacer plantear el reparo si realmente la participación pública en la economía, por sí sola considerada y de forma automática, se erige necesariamente en la solución para todos los casos de procesos de planificación de infraestructura.

La participación pública podría reducir, bajo ciertas condiciones, fenómenos de captura de Estado[840]. Estos procesos podrían en ciertas circunstancias complementarse[841] con la participación público-privada que comprende, pero no se limita a las formas contractuales de vinculación.

El recurso a la participación privada en el procedimiento se puede servir de la aplicación de un modelo normativo ordenador de la participación público-privada para la teoría del procedimiento administrativo (cfr. *at infra* capítulo tercero III).

835 *Ibidem.*

836 Cfr. Por ejemplo, Candeias/Rilling/Weise, Krise der Privatiserung.

837 Bauer, NLMR 2006, 3, 10.

838 *Ibidem.*

839 *Ibidem.*

840 Sobre este fenómeno Cfr. por ejemplo, Jorge Iván González, La captura del Estado agrava la pobreza, en Universidad Nacional, periódico, No. 228, octubre 2020, p. 2 ss (disponible en: https://unperiodico.unal.edu.co/fileadmin/user_upload/Impreso/UNPeriodico228.pdf); Lobbies y puertas giratorias: Los riesgos de la captura de la decisión pública, en Nueva sociedad, No. 276, julio 2018 (disponible en: https://nuso.org/articulo/lobbies-y-puertas-giratorias/); Zárate/ Perdomo Villamil, Relaciones peligrosas; Corrupción y captura del regulador por grupos de interés.

841 Sobre la aplicación complementaria de estrategias para la modernización del municipio Cfr. Bauer, Lokale Leistungserbringung, p. 375, 379.

CAPÍTULO TERCERO DETERMINANTES DE LAS PUBLIC PRIVATE PARTNERSHIPS

Las disparidades dogmáticas de los sistemas jurídicos no son infranqueables. También en Colombia, existe la posibilidad que a los privados les sean transferidas determinadas tareas públicas. Los determinantes[842] y límites desarrollados por la dogmática alemana a la transferencia de tareas son paradigmáticos.

Las reflexiones en prospectiva del capítulo anterior afluyen en el esbozo de un modelo normativo ordenador de la participación público-privada con pretensiones de validez para la teoría del procedimiento administrativo que recoge el análisis de los resultados de este escrito sobre la configuración jurídica de las Public Private Partnerships en el ámbito del suministro de energía eléctrica (III). Para su ordenación es relevante tener en cuenta que las Public Private Partnerships están determinadas por el principio democrático (I) y por el artículo 33 LF (II) de los cuales se derivan mandatos referidos al control administrativo y a su estructuración legal y/o contractual.

I. EL CONTROL DE LAS PUBLIC PRIVATE PARTNERHIPS

Se ha constatado que, según el caso de la concreta configuración jurídica, las Public Private Partnerships pueden implicar déficits de control parlamentario y traslados de responsabilidad, lo cual es discutible desde el punto de vista jurídico y político.[843]

El principio democrático, derivado en Alemania del artículo 20, inc. 2, frase 1 LF, es un principio esencial para la configuración jurídica organizacional de la administración.[844] Para el cumplimiento de los requisitos del principio democrático es relevante que, en todos los casos, el Estado conserve la posibilidad del control final en el ámbito de influencia.[845]

La colaboración de los particulares en el procedimiento administrativo puede ser problemática porque estos ***i)*** no están legitimados democráticamente mediante una elección o una cadena ininterrumpida "individual de actos de

842 Sobre este tema cfr. Kämmerer, en Öffentliches Wirtschaftsrecht, p. 401 ss.

843 Remmert, en Epping/ Hillgruber, GG artículo 90, párrafo 17.

844 Borchert, Bauleitplanung durch Beliehener, p. 143.

845 Kämmerer, en Steffen Augsberg, Öffentliches Wirtschaftsrecht, 2019, p. 414.

destitución o nombramiento que se refieran a la ciudadanía activa"[846] y ***ii)*** no hacen parte de la estructura organizacional de la administración debido a su falta de estatus de funcionario público que esta caracterizado por los derechos a impartir instrucciones y de supervisión (Weisungs- und Aufsichtsrechte).[847]

Cerca de la figura del funcionario público están los particulares encargados de funciones públicas (Beliehener). Estos son sujetos de derecho privado a quienes se les confiere la facultad de realizar tareas administrativas de forma independiente y en la forma del derecho público.[848] Aunque su calidad de sujetos de derecho privado se deriva de su forma jurídica organizacional de derecho privado, son sujetos que están vinculados por principios de derecho público en la medida que tienen facultades de actuación de derecho público.[849]

Para la categoría del particular al cual se le encargan funciones públicas (Beliehener), configurada en el caso en el cual el Estado le transfiere una tarea estatal[850] a sujetos privados y a estos se les confieren facultades para actuar en forma de derecho público (con autoridad soberana, como en el caso del acto administrativo o de forma meramente soberana como en el caso de los contratos),[851] el Tribunal Constitucional alemán ha establecido unos requisitos de la transferencia de funciones a los particulares: ***i)*** determinación de las tareas y poderes mediante ley formal (reserva de ley), ***ii)*** transferencia de tareas solo en ámbitos limitados y ***iii)*** control mediante un funcionario público legitimado democráticamente.[852] El encargo a particulares de funciones públicas (Beleihung) es solo compatible con el principio democrático en el caso de control efectivo.[853]

Como consecuencias del encargo a particulares de funciones públicas (Beleihung) se tienen que el sujeto privado no pierde su forma de organización de

---

846 BVerfGE 68, 1, 88.

847 Borchert, Bauleitplanung durch Beliehener, p. 143.

848 Krebs, HdbStR III, párrafo 39.

849 *Ibidem*. Sobre la teoría de Otto Mayer y el estado de la discusión Cfr. Frenz, Die Staatshaftung in den Beleihungstatbeständen, p. 22 ss.

850 De acuerdo con el Tribunal Constitucional, el ejercicio de poder estatal está representado "en todo caso en toda actuación con carácter de decisión" (BVerfG, decisión de 31.10.1990, E 83, 60 (71 ss.); BVerfG, decisión de 24.05.1995, E 93, 37, 66 ss.). El carácter de decisión se acepta cuando hay margen de decisión, ya sea en forma de discrecionalidad o en la aplicación de normas jurídicas a hechos concretos (Freitag, Das Beleihungsverhältnis, p. 85).

851 Cfr. *Ibidem*, p. 21.

852 BVerfGE 106, 59, (93, 94).

853 Sachs, GG artículo 20 párrafo 39.

derecho privado; está vinculado a todo el derecho público, en especial a los derechos fundamentales y la garantía de protección judicial efectiva y está sometido, en el ejercicio de sus funciones, al principio de reserva legal y de supremacía normativa.[854]

En la categoría del particular al cual se le encargan funciones públicas (Beliehener), el derecho a dar instrucciones y de supervisión puede ser complementado con otras medidas de control como las siguientes: ***i)*** supervisión jurídica y técnico-especializada, ***ii)*** introducción de un sistema de certificación, ***iii)*** reserva de aceptación de la entidad y ***iv)*** obligatoriedad de autorización por parte de la entidad.[855]

El particular al cual se le encargan funciones públicas (Beliehener) permanece con la responsabilidad de la ejecución de las funciones conforme al ordenamiento jurídico, que tiene como fundamento el principio de Estado de derecho y las obligaciones de protección de los derechos fundamentales.[856]

Para determinar la obligatoriedad de la exigencia de un fundamento legal para la transferencia de la tarea pública al ayudante de la administración (Verwaltungshelfer), como aquellas transferidas a los particulares vinculados al procedimiento administrativo en virtud de los artículos 4b BauGB y 43g EnWG, debe ser examinado, en cada caso concreto, si la trasferencia afecta el principio democrático, de forma tan esencial, que requiera de la autorización legal.[857] La exigencia de fundamento legal, en los supuestos de ayuda a la administración (Verwaltungshilfe), se limita a aquellos casos en los cuales representa ***i)*** una vulneración considerable del principio democrático, ***ii)*** una afectación fuerte de los derechos fundamentales o ***iii)*** tenga otro significado de peso en el sentido de la teoría del núcleo esencial de los derechos fundamentales.[858]

El menoscabo al principio democrático depende de la influencia que el ayudante de la administración (Verwaltungshelfer) pueda tener en la decisión estatal.[859] De acuerdo con la jurisprudencia del Tribunal Constitucional alemán, la colaboración de los particulares en el procedimiento administrativo es viable siempre y cuando, se cumplan los requisitos jurídicos, organizacionales y de

---

854 Freitag, Das Beleihungsverhältnis, p. 23 ss.

855 Borchert, Bauleitplanung durch Beliehene, p. 244 ss.

856 Freitag, Das Beleihungsverhältnis, p. 88.

857 Bickenbach, von Münch/ Kunig, GG, artículo 90, p. 191. Posición disidente: Burgi, Funktionale Privatisierung, Stober, Verwaltungsrecht, apartado 90a, párrafo 35.

858 Bickenbach, von Münch/ Kunig, GG, artículo 90, p. 193.

859 *Ibidem*, p. 191.

procedimiento que determinan que la responsabilidad de la última decisión debe permanecer en el titular de la decisión estatal legitimado democráticamente.[860]

A pesar de que, en materia de planeación, por la imposibilidad de efectuar una dirección y control de las tareas de planeación específicas, es inadmisible efectuar una transferencia a los particulares de tareas estrechamente ligadas con decisiones de valoración y de configuración que le otorgan a la autoridad administrativa un margen de ponderación que no es determinada legalmente;[861] la práctica administrativa de la colaboración privada en el procedimiento de planeación, en algunas circunstancias, ha ido en contravía de los mandatos constitucionales. Los terceros, en el sentido del artículo 4b BauGB, son particulares encargados generalmente por los municipios de preparar las decisiones y de elaborar las propuestas de decisión y los proyectos, pero, en ciertos casos, los particulares no solo asumen las tareas técnicas y organizativas en la participación de los ciudadanos, sino que se hacen cargo de la gestión del procedimiento, interactúan directamente con los ciudadanos, celebran contratos y le presentan al Gemeinderat (concejo municipal) los planes que ellos han diseñado solo para su visto bueno rutinario.[862]

A un particular no se le podrían transferir competencias normativas, sino solo las funciones de aplicación práctica de la ley, ya que él no está legitimado democráticamente para ello.[863] En el caso del plan urbanístico (Bebauungsplan) es un acto normativo, porque con él se deben hacer realidad los objetivos generales y abstractos del desarrollo urbanístico mediante la reconfiguración de las posiciones jurídicas subjetivas de la propiedad.[864] Su carácter normativo se deriva de la fijación que hace de los derechos y obligaciones como Inhalts- und Schrankenbestimmung (disposición delimitadora y limitadora) de la propiedad privada.[865] Una Inhalts- und Schrankenbestimmung está caracterizada por una fijación general y abstracta de derechos y obligaciones por parte del legislador en relación con aquellos bienes jurídicos que se entienden como propiedad en el sentido de la Constitución y que está dirigida a normar preceptos de carácter jurídico-objetivo que establece el contenido de la propiedad desde la entrada en vigencia de la ley hacia el futuro.[866] De acuerdo con la jurisprudencia del

860 Borchert, Bauleitplanung durch Beliehener, p. 143.
861 *Ibidem*, p. 202.
862 *Ibidem*.
863 *Ibidem*, p. 203.
864 *Ibidem*, p. 215.
865 *Ibidem*, p. 212, 215, 227.
866 BVerfGE 72, 66, 76.

Tribunal Constitucional alemán, la clasificación como una disposición delimitadora o como limitadora debe depender de la intensidad del gravamen impuesto al propietario.[867]

Para la legitimación democrática objetiva de los particulares a quienes se les transfieren funciones públicas, tiene una importancia considerable asegurar posibilidades efectivas de influencia y de control del Estado en la realización debida de su tarea pública.[868] En el caso del particular al cual se le encargan funciones públicas (Beliehener), este está sometido a vigilancia estatal si él cumple tareas y competencias de derecho público y comprende el control jurídico y el técnico especializado (Fachaufsicht).[869]

En el caso del ayudante de la administración (Verwaltungshelfer), la configuración y la intensidad de las obligaciones de vigilancia y control dependen de la clase de función y del grado de la influencia sobre la decisión estatal.[870] El requisito de un control jurídico es una expresión del principio de Estado de derecho: el Estado de derecho exige la vinculación[871] al derecho y a la ley de todas las partes de la administración y precisamente, para garantizar la vinculación jurídica, el Estado de derecho exige el control[872] jurídico. También, el control jurídico del ayudante de la administración (Verwaltungshelfer) es un elemento de la legitimación democrática objetiva para el logro de un nivel de legitimación suficiente.[873] Un control técnico especializado (fachliche Aufsicht) de la decisión del ayudante de la administración (Verwaltungshelfer) es sobre todo necesario, allí donde el ayudante de la administración (Verwaltungshelfer) tenga a su disposición un amplio margen de actuación y exista, por ello, un peligro mayor que los intereses privados se infiltren en la decisión estatal.[874]

Mecanismos de dirección de que dispone el Estado para controlar la actividad del ayudante de la administración (Verwaltungshelfer), que se aplican teniendo en cuenta el grado del margen de actuación del particular y las consideraciones del caso concreto, son los siguientes: ***i)*** regulación legal o reglamentaria cuyo incumplimiento puede ser sancionado por mecanismos contractuales; ***ii)*** el derecho de dar órdenes que debe ser pactado previamente en el contrato, debido

867 BVerfGE 100, 226, 240; 52, 1, 27 s.; 58, 137, 145.
868 Bickenbach, von Münch/ Kunig, GG, artículo 90, p. 194.
869 Borchert, Bauleitplanung durch Beliehener, p. 244.
870 Bickenbach, von Münch/ Kunig, GG, artículo 90, p. 197.
871 Rux, en Eppping/Hillgruber GG, artículo 90, párrafo 156.
872 Dreier, en Dreier, GG artículo 20, párrafo 132.
873 Bickenbach, von Münch/ Kunig, GG, artículo 90, p. 199.
874 *Ibidem*, p. 201.

a que los ayudantes de la administración (Verwaltungshelfer) no hacen parte de la estructura organizacional de la administración; ***iii)*** derechos de toma de la última decisión (Selbsteintritts und Letzentscheidungsrechte) que se limitan a la fase de preparación mediante los cuales el Estado puede realizar pasos específicos o toda las labores de preparación; ***iv)*** obligaciones de transparencia y de información; ***v)*** definición precisa de los objetivos de la actividad del particular y la vinculación de dichos objetivos con la obligación de satisfacer el interés general; ***vi)*** derecho de terminación del contrato y ***vii)*** derecho de indemnización de perjuicios en el caso de incumplimiento contractual.[875]

En el caso del llamado legal de los particulares al servicio (Inpflichtnahme Privater o Indienstnahme Privater[876]) –definido[877] como un sujeto no estatal, sin cuya voluntad de forma unilateral mediante ley o con fundamento en ella le es impuesto un estatus obligacional en interés público que tiene contenido de obligaciones de prestación natural (inclusive prestaciones procedimentales) y cuya ejecución no concierne solamente los asuntos del titular de la obligación– aunque se afirma que no necesitan legitimación democrática porque no ejercen poder estatal,[878] si se impone en la realización de los objetivos del llamado, un mandato de control[879].

De lo que hasta aquí se ha sostenido, sobre el derecho alemán, se tiene que los déficits de control democrático de las Public Private Parternships (cooperaciones público-privadas) –debido a que no están legitimados democráticamente mediante una elección o una cadena ininterrumpida "individual de actos de destitución o nombramiento que se refieran a la ciudadanía activa"[880] y a que carecen del estatus de funcionarios públicos por no hacer parte de la estructura organizacional de la administración–, pueden ser compensados con la introducción de mecanismos de dirección. La necesidad de control es mucho mayor aún, si se tiene en cuenta, que algunas de las funciones encargadas a los particulares tienen carácter normativo por la fijación que se hace de derechos

---

875 *Ibidem*.

876 Sobre la discusión sobre si el llamado legal de los particulares al servicio (Inpflichtnahme Privater o Indienstnahme Privater) es un término que comprende o si es un caso especial del encargo a particulares de funciones públicas (Beleihung) Cfr. Drüen, Die Indienstnahme Privater, p. 86 ss.

877 *Ibidem*, p. 95.

878 *Ibidem*, p. 344 s.

879 *Ibidem*, p. 363.

880 BVerfGE 68, 1, 88

y obligaciones como disposición delimitadora y limitadora (Inhalts- und Schrankenbestimmung).

Se ha establecido que el término "Public Private Partnership" cumple "una función heurística y estructuradora" que incluye supuestos de colaboración privada en el procedimiento administrativo cuya configuración jurídica está determinada por el principio democrático del cual se derivan mandatos referidos al control administrativo.

II. MANDATOS PARA LA CONFIGURACIÓN JURÍDICA CONTRACTUAL DE LAS PUBLIC PRIVATE PARTERNSHIPS

Un determinante y límite a la configuración de Public Private Partnerships es el artículo 33, inc. 4 LF. Esta disposición prevé que el ejercicio de poderes jurídicos soberanos como función permanente debe ser transferida, como regla general, a funcionarios públicos que están en una relación de derecho público de servicio y lealtad (reserva funcional[881]). El elemento del ejercicio de poderes jurídico-soberanos describe el campo del ejercicio de competencias que está caracterizado con la toma independiente de decisiones administrativas, con base en normas jurídicas.[882] El supuesto del artículo 33, inc. 4 LF constituye una cláusula de regla–excepción que indica que el ejercicio de poderes jurídicos soberanos mediante trabajadores que no son funcionarios públicos solo es posible, cuando no existe un funcionario público calificado para el ejercicio de un cargo y este no puede ser vinculado.[883] El ejercicio de la función también puede ser transferida al particular, cuando la competencia sirve al ejercicio de una tarea pública que, desde el inicio, solo tiene una duración limitada en el tiempo.[884]

En virtud de la interpretación del artículo 33, inc. 4 LF y del mandato de la organización racional, derivado del principio de Estado de derecho, se colige que los particulares pueden prestar servicios privados en el procedimiento administrativo cuyo ejercicio no está reservado ni a los funcionarios públicos ni a los trabajadores privados, porque ese personal no está disponible y tampoco puede ser vinculado de forma permanente, de por vida, a largo plazo y de forma considerable en el tiempo.[885]

---

881 Battis, en Sachs GG artículo 33 párrafo 45.

882 Remmert, Private Dienstleistungen, p. 441.

883 *Ibidem*.

884 *Ibidem*, p. 461.

885 *Ibidem*, p. 476 s.

Se formula la pregunta de si ¿las previsiones legislativas, como las del artículo 4b BauGB o la del artículo 43g EnWG, que establecen configuraciones jurídicas de colaboración de un tercero, como ayudantes de la administración (Verwaltungshelfer), con **vinculación contractual**[886] en el procedimiento administrativo, amplían el campo de aplicación de los prestadores de servicios privados? Se hace énfasis aquí al tipo de vinculación contractual de la PPP para diferenciarla de la PPP configurada por ministerio de la ley. Como se anotó *at supra*, las Public Private Partnerhips se puede configurar por vía contractual o por ministerio de la ley. Este último, es el caso de la Public Private Partnership en la que participa el ÜNB en los procesos de planificación de infraestructura de redes de transmisión de energía eléctrica.

Una interpretación conforme al artículo 33, inc. 4 LF y al mandato de la organización racional, permite concluir que la participación de los particulares en el procedimiento administrativo se refiere solo a aquellas funciones para cuyo ejercicio ni un funcionario público ni un trabajador privado de la unidad administrativa competente esté disponible y no pueda ser vinculado de forma permanente.[887]

El contrato celebrado entre la administración y los particulares a los que se le transfieren funciones públicas debe contener medidas en cláusulas contractuales, que hagan posible que el particular pueda ejercer dichas funciones de la mejor manera posible, dentro las que se cuentan aquellas sobre ***i)*** la especificidad de la obligación de ejercer la(s) función(es) pública(s), ***ii)*** la descripción de la(s) función(es) pública(s) que va(n) a ser cumplida(s) por el particular y ***iii)*** la salvaguarda del cumplimiento debido de las obligaciones.[888]

El mejor ejercicio posible de las funciones por parte de un particular tiene como condición que este sea consciente que, no solo está obligado a la prestación del servicio prometido o a la realización de la obra contratada, sino que él también tiene el deber de ejercer una función pública.[889] Él tiene que tener claro que sus actuaciones le son atribuibles a la administración y que, mediante sus actuaciones y decisiones, contribuye al cumplimiento de competencias estatales.[890] Ello puede aumentar su disposición para que lleve a cabo sus actividades

---

886 Se hace énfasis aquí al tipo de vinculación contractual de la PPP para diferenciarla de la PPP configurada por ministerio de la ley, como en la que participa el ÜNB en los procesos de planificación de infraestructura de redes de transmisión de energía eléctrica.

887 Remmert, Private Dienstleistungen, p. 479.

888 *Ibidem*, p. 492.

889 *Ibidem*.

890 *Ibidem*.

y decisiones no solo con el objetivo de lograr el interés primero de obtener rentabilidad económica, sino para orientarlas a los parámetros legales y lograr así, evitar vulneraciones a las normas y producir su mejor realización posible.[891]

Es importante que el contrato establezca las consecuencias jurídicas de la obligación[892] expresa de cumplir los preceptos legales y de la obligación de ejercer la(s) función(es) pública(s), en la medida que ello contribuye a la garantía de un ejercicio debido por parte del particular y cumple así, una función de claridad, de "memoria y advertencia".[893] Remmert propone la inclusión de una cláusula contractual que puede ser del siguiente tenor:

> "El empresario U se obliga para con la entidad V a prestar los servicios descritos más abajo/ para la realización de la obra descrita más abajo. U se obliga, en esa medida, a ejercer la función estatal. Queda entendido que las actuaciones y decisiones tomadas para el cumplimiento del contrato jurídicamente no son actuaciones particulares propias, sino que son actuaciones estatales y decisiones de V. Por consiguiente, U cumple el contrato de ninguna manera en interés propio, sino exclusivamente se orienta a los intereses de V y a las normas jurídicas aplicables a V."[894]

El mejor ejercicio posible del ejercicio de las funciones por parte de un particular tiene como requisito el preciso conocimiento de las competencias que va a ejercer, por ello el contrato debe contener la descripción detallada de la(s) función(es) pública(s) que va(n) a ser cumplida(s) por el particular.[895] Para ello, es necesario que el particular deba conocer – y por ello es indispensable que se estipulen en el contrato cláusulas contractuales donde se indique: ***i)*** que área dentro de la estructura organizacional de la administración es competente para controlar el ejercicio de dichas funciones, así mismo, ***ii)*** los medios de control con que cuenta dicha área, ***iii)*** en qué medida no solo debe seguir medidas de supervisión, sino también, bajo ciertas circunstancias, debe trabajar activamente por ejemplo, mediante informes o consultas y ***iv)*** los parámetros jurídicos de decisión que subyacen en el ejercicio de la competencia.[896]

Remmert propone la inserción de una cláusula contractual que puede consistir en lo siguiente:

---

891 *Ibidem*, p. 493.
892 Henke, DÖV 1985, 41, 49.
893 Bauer, FS-Knöpfle, p. 11, 23.
894 Remmert, Private Dienstleistungen, p. 494. Traducción libre de la autora.
895 *Ibidem.*
896 *Ibidem.*

> "V transfiere a U la función de realizar las siguientes actividades: [descripción precisa de las funciones a ejercer, por ejemplo: efectuar una medición de emisiones de escape definida más detalladamente en una chimenea de una planta industrial determinada]. Las funciones para ejercer por U están bajo la vigilancia de [indicación de la unidad administrativa que realiza la supervisión]. La unidad administrativa que efectúa la supervisión está facultada en todo tiempo con respecto a las funciones que desempeña U [enumeración de los derechos de instrucción y ordenes, de información, etc.]. U está obligado, en el ejercicio de sus funciones, con respecto a la unidad administrativa que realiza la supervisión [listado de las obligaciones de información etc.]. U tiene el deber, en el desempeño de sus atribuciones, de respetar todos los preceptos jurídicos aplicables. Estos son en especial [lista de los textos normativos esenciales, entre ellos se cuentan, aparte de las normas profesionales, el derecho de protección de datos y de procedimiento respectivo]. U cumple sus obligaciones contractuales de ejercicio debido de sus funciones solo cuando actúa y decide, en ejercicio de su competencia, de forma ajustada a la ley"[897].

Son importantes para la realización efectiva de la responsabilidad de la administración las cláusulas contractuales que regulen obligaciones de información por parte del contratista privado; obligaciones de servicio (Betriebspflichten) como de operación, de mantenimiento, de ampliación y de reequipamiento; derechos de dirección y de órdenes.[898]

Para el logro del mejor ejercicio posible del ejercicio de las funciones por parte de un particular y para coadyuvar a la realización de su necesaria legitimación, en el contrato también se debe incluir una fórmula, mediante la cual el particular se obliga en persona al cumplimiento de determinados estándares jurídicos.[899]

Un estándar jurídico previsto en el artículo 9 del Convenio colectivo que rige para el personal contratado de la Administración federal alemana (Bundesangestelltentarifvertrag, en adelante BAT) que es importante incluir en el contrato, consiste en la obligación de guardar confidencialidad. De acuerdo con el artículo 9, inc. 1 BAT, se debe guardar secreto sobre los asuntos de la administración o de su funcionamiento en los casos que las leyes así lo dispongan o sea ordenado por el funcionario. La cláusula contractual correspondiente que se orienta al texto del artículo 9 BAT, puede ser de la siguiente forma:

> "U tiene el deber de guardar confidencialidad sobre los asuntos de V, cuyo secreto este previsto mediante precepto legal o por orden de V. Sin autorización de V, U no debe

---

897 *Ibidem*, p. 494 s.
898 Bauer, FS-Knöpfle, p. 11, 24 s.
899 *Ibidem*, p. 495.

acceder documentos oficiales, formulas, dibujos, representaciones gráficas, material químico o materiales, procedimientos de fabricación, partes de máquinas u otros cuerpos formados para fines ajenos al servicio ni procurar a otra persona el conocimiento copias, imágenes o reproducciones, muestras o piezas de muestra. U debe publicar, a petición de V, documentos oficiales, dibujos, representaciones gráficas, así como registros sobre trámites administrativos. U tiene que guardar confidencialidad, también luego de que ha terminado la relación jurídica, sobre asuntos que estén sometidos a la obligación de guardar secreto."[900]

El artículo 10 BAT prevé un estándar jurídico, que prohíbe tomar ventajas y que garantiza la neutralidad del particular. Conforme al tenor literal de dicha disposición, Remmert propone incluir en el contrato la siguiente disposición:

"U tiene que ejercer las funciones que se le han transferido de forma neutral y sin consideración a sus propios u otros intereses individuales. U solo puede recibir recompensas o regalos, en relación con el desempeño de sus tareas, solo con autorización de V. Si a U le ofrecen premios o regalos relacionados con sus servicios, él debe informarlo inmediatamente y sin que ello sea solicitado".[901]

Los artículos 20 y 21 VwVfG establecen normas que fundamentan obligaciones para los casos de conflictos de interés. Si al particular que cumple funciones públicas se le aplica la VwVfG, se le pueden integrar disposiciones citadas, que conformarían un estándar jurídico, en forma de una estipulación contractual. La siguiente es propuesta por Remmert, con base en el análisis de los textos contractuales que incorporan a los particulares en el marco de procedimientos de planificación urbanística:

"El contratista asegura que no mantiene relaciones – relacionadas con el caso de planificación – comerciales con propietarios o propietarias de terrenos en el territorio de planeación ni con otras personas interesadas en las funciones de planeación. Él debe entablar relaciones comerciales durante el plazo contractual solo en casos especiales de acuerdo con autorización escrita del contratante".[902]

900 *Ibidem*, p. 496.
901 *Ibidem*, p. 496.
902 *Ibidem*, p. 497.

III. MODELO NORMATIVO DE LA PARTICIPACIÓN PRIVADA (PUBLIC PRIVATE PARTNERSHIPS) EN EL PROCEDIMIENTO ADMINISTRATIVO

Las modalidades de privatización se agrupan de forma descriptiva bajo el término de Public Private Partnerships *latu sensu.*[903] En ese orden de ideas, también el encargo a particulares de funciones públicas (Beleihung) o, la ayuda a la administración (Verwaltungshilfe) y el llamado legal de los particulares al servicio (Inpflichtnahme Privater o Indienstnahme Privater) son formas de Public Private Partnerships, pero no se agotan en estas. Ejemplos de ayudantes de la administración (Verwaltungshelfer) son el "tercero" del artículo 4b BauGB y el Projektmanager (gestor del proyecto) del artículo 43g EnWG, partes de las Public Private Partnerships configuradas en el ámbito de la generación y de la distribución de energía eléctrica respectivamente.

Como se indicó *at supra*, por la complejidad de las relaciones jurídicas, hay casos de Participación Público-Privada que no pueden delimitarse y subsumirse nítidamente en las categorías dogmáticas tradicionales del encargo a particulares de funciones públicas (Beleihung), la ayuda a la administración (Verwaltungshilfe) y el llamado legal de los particulares al servicio (Inpflichtnahme Privater o Indienstnahme Privater). Como se refirió *at supra*, de acuerdo con el artículo 90, inc. 2, frase 5, el Estado federal puede trasladar la responsabilidad de administración de las autopistas en un particular, siempre y cuando él garantice que efectúa la ejecución debida y eficiente económicamente de las funciones autorizadas por la misma disposición.[904] La responsabilidad de ejecución se transforma en una responsabilidad de garantía, aun cuando el particular "**es más que un ayudante de la administración**" (Verwaltungshelfer).[905] De otro lado, se debe resaltar, como se indicó *at supra*, que Bourwieg sostiene que la forma y contenido del Neztentwicklungsplan mantienen la tendencia de "quasi beliehen" (cuasi concesión) al gestor de la red de energía eléctrica, en especial al ÜNB, tareas públicas.[906] Otro sector de la doctrina interpreta, el catálogo de obligaciones del ÜNB previsto en el

903 Schulze-Fielitz, en Hoffmann-Riem/ Schmidt-Assmann/ Vosskuhle, Grundlagen des Verwaltungsrechts, p. 875 s.

904 Bickenbach, von Münch/ Kunig, GG, artículo 90, párrafo 72. Sobre la limitación a proyectos específicos Cfr. Hermes, en Dreier, GG artículo 90, p. 378, párrafos 36 ss.

905 Bickenbach, von Münch/ Kunig, GG, artículo 90, p. 584, párrafo 74.

906 Bourwieg, en Britz/Heller/Hermes, EnWG, artículo 12b, párrafo 6.

artículo 11 ff. EnWG, como una Indiestnahme Privater.[907] Para Fehling algunas de las facultades que los ÜNB poseen con respecto de los operadores de plantas de energía nuclear (Kraftwerksbetreibern) en el marco de la gestión de la generación y el almacenamiento harían pensar que se acercan materialmente a la figura del Beliehener (particular al cual se le encargan funciones públicas).[908] Esto hace pensar que la categorización del ÜNB no puede ser efectuada de forma general, sino que cada una de las funciones que ejerce debe ser interpretada y analizada caso a caso, objeto de diferenciación particular y en dependencia de la configuración de las relaciones jurídicas de la que hace parte.

En todos los casos de Public Private Partnerships se constata una estructura de relación triangular en su configuración jurídica: la autoridad administrativa, el sujeto privado que ejerce tareas en el procedimiento administrativo y el tercero.

Los mandatos centrales de derecho constitucional obligan a que la configuración jurídica no deba ser reducida a una maximización económica y de beneficios, sino que, en vista de los defectos y déficits en la configuración jurídica, se busque la realización cierta de las finalidades de protección de la ley (como la salvaguarda del medio ambiente), la justicia material como determinante de las relaciones que surgen de la configuración jurídica triangular (propia del Estado de derecho[909]) y la garantía efectiva de los derechos del tercero (muchas veces afectado por las decisiones en los procesos administrativos) que no se ven amparadas ***i)*** por el mero hecho de la expedición de un acto estatal (ley o contrato) que atribuye las funciones ni ***ii)*** por la prescripción de normas que regulan el procedimiento administrativo.[910] El sujeto privado no siempre actúa con neutralidad y objetividad en la actuación administrativa que son objetivos

---

907 Fehling, Energieversorgung, p. 341. Strobel, Die Investitionsplanungs- und Investitionspflichten, p. 31

908 Fehling, op. cit., p. 341.

909 Drüen, Die Indienstnahme Privater, p. 378 ss.

910 *Ibidem*, p. 315. Esta afirmación es válida para Colombia, ya que, como se hizo referencia en este escrito, ya desde el año 2016 la Defensoría del Pueblo, a partir del análisis de los impactos de 8 hidroeléctricas en 7 departamentos del país, constató que la conflictividad socioambiental que rodea los proyectos de desarrollo energético se debe gran parte a que las normas y los instrumentos ambientales presentan deficiencias o son insuficientes para el manejo de los impactos que causan tales proyectos.

clásicos del procedimiento.[911] Estos aspectos no son tenidos en cuenta en su debida proporción.

La dificultad en la delimitación y el mandato de protección exigen formular un modelo capaz de lograr desligar la comprensión de la participación público-privada, que se centra las más de las veces, desde el punto de vista de una concepción estrecha, en la situación de los intereses[912] contrapuestos entre el Estado y los sujetos privados.

El modelo debe ser capaz también de lograr desligar la comprensión de la Participación Público-Privada, que se centra las más de las veces, desde el punto de vista de una concepción estrecha, en la situación de los intereses[913] contrapuestos entre el Estado y los sujetos privados. A la vez, el modelo debe abstraer de su vigencia el fundamento contractual o legal de la configuración de la relación jurídica entre los sujetos públicos y privados.

Entre el encargo a particulares de funciones públicas (Beleihung) y el llamado legal de los particulares (Inanspruchnahme Privater) pasando por la ayuda de la administración (Verwaltungshilfe) hay ámbitos que se superponen.[914] El modelo debe ordenarse de *lege data* en función de un criterio que ponga el acento en las diferencias de estos fenómenos y decidir, así la vinculatoriedad del sujeto privado a los mandatos de derecho público.

La consideración de las Public Private Partnerships toma como criterio de clasificación para determinar la calidad de sujeto privado, el de la forma jurídica de la unidad organizativa (cfr. *at supra*). Esta perspectiva debe ser complementada bajo una perspectiva que tenga en cuenta – dentro de la pregunta de ¿qué es privado? – criterios que permitan la vinculación de sociedades dentro del círculo de destinatarios de los mandatos de derecho público en el caso concreto.

El derecho administrativo privado (Verwaltungsprivatrecht) acepta la vinculación de las formas actuación y de organización del Estado de derecho privado (esta última que se entiende comprendida dentro de los fenómenos de formelle Privatisierung –privatización formal– u Organisationsprivatisierung –privatización organizacional–) a los vínculos especiales de derecho público, a pesar de

911 Drüen, Die Indienstnahme Privater, p. 343. Esta afirmación es válida para el derecho colombiano, en la medida que el ejercicio de las funciones establecidas en la ley está determinado por intereses privados, como es el caso de determinación por obligaciones contractuales.

912 Sobre esta problemática Cfr. Kämmerer, Privatisierung, p. 58.

913 Sobre esta problemática Cfr. Kämmerer, Privatisierung, p. 58.

914 Krebs, HdbStR III, párrafo 10.

su forma de organización de derecho privado.[915] Se pregunta si ¿las sociedades de economía mixta[916] y los particulares pueden ser destinatarios de mandatos de derecho público?

En relación con la segunda cuestión, se tiene que la organización privada como distancia del Estado es escalable.[917] Su gradiente se determina de acuerdo con la fijación de un criterio de ordenación.

El criterio de ordenación del modelo normativo es la cercanía o la distancia con la administración soberana clásica, del ejercicio del poder soberano público.[918] Este tiene sus raíces en el principio de Estado de derecho, principio válido para todos los pueblos en el sentido de la teoría comparatista funcionalista. El monopolio de poder público, que comprende también el poder soberano en sentido general (y no se limita al poder o fuerza física, sino que comprende también el ejercicio de facultades soberanas) tiene como sustrato, en Alemania, el artículo 20, inc. 3 LF, que expresa el principio de Estado de derecho.[919]

El criterio de la función soberana clásica es determinante en la vinculación a los principios de derecho público y de la intensidad de la ponderación de los derechos e intereses de que se deben efectuar, en la medida que la vinculación y del peso de cada derecho e interés en la ponderación depende de la cercanía o la lejanía de la administración soberana clásica.

La clasificación teórica de las facultades está supeditada a la interpretación del objeto de transferencia como administración soberana clásica, como ejercicio del poder soberano público que se puede efectuar con la aplicación de las siguientes reglas:

(1) Entre más fuerte sea el contenido soberano de la función a ejercer por parte del particular, más alta es la vinculación a los principios de derecho público, a la protección a los derechos e intereses de afectados (o que se pueden ver afectados) que debe ser garantizada por la actuación concreta y que debe determinar la ejecución de las funciones, ya que lo acerca a la figura del particular al cual se le encargan funciones públicas (Beliehener). Como se indicó *at supra*, los agentes descentralizados de la administración (Beliehener) son sujetos de derecho privado se les confieren la facultad

915 Ehlers, Verwaltung und Verwaltungsrecht, p. 178.

916 Sobre esta primera cuestión cfr. ante todo Berger, Staatseigenschaft gemischtwirtschaftlicher Unternehmen.

917 *Ibidem.*

918 Sobre este criterio cfr. Steiner, Öffentliche Verwaltung durch Private, p. 66 ss.

919 Hansen, Indienstnahme, p. 65, 67.

de realizar tareas administrativas de forma independiente y en la forma del derecho público.[920] Aunque su calidad de sujetos de derecho privado se deriva de su forma jurídica organizacional de derecho privado, son sujetos que están vinculados por principios de derecho público en la medida que tienen facultades de actuación de derecho público.[921] Como consecuencias del encargo a particulares de funciones públicas (Beleihung) se tienen que el sujeto privado no pierde su forma de organización de derecho privado; está vinculado a todo el derecho público, en especial a los derechos fundamentales y la garantía de protección judicial efectiva y está sometido, en el ejercicio de sus funciones, al principio de reserva legal y de supremacía normativa.[922] En el caso del ayudante de la administración (Verwaltungshelfer), la vinculación a los derechos fundamentales se fundamentan en la premisa de su imputación al Estado como ejercicio de una tarea estatal.[923]

(2) Entre más fuerte es el contenido soberano de la función disminuye el margen de discrecionalidad de la administración en el control[924] más estricto que debe ejercer sobre el ejercicio de las tareas por parte del particular; ya que hay más razones que hablan a favor que el particular se comporta como el Estado. En todo caso, los requisitos al control por parte de la autoridad administrativa al ejercicio de las tareas del ÜNB es más estricta cuanto más intensa sea la intervención en los derechos de terceros.[925] Como se indicó *at supra*[926], los requisitos en la averiguación de los hechos y el examen y valoración de las alternativas debe ser más estricto entre más más peso tenga la intervención en los derechos de un tercero.[927] Esta afirmación confirma la validez del criterio (primera parte, capítulo primero) que hace depender la extensión del margen de decisión de control por parte de la administración de las intervenciones en derechos fundamentales de terceros.

---

920 Krebs, HdbStR III, párrafo 39.

921 *Ibidem*. Sobre la teoría de Otto Mayer y el estado de la discusión Cfr. Frenz, Die Staatshaftung in den Beleihungstatbeständen, p. 22 ss.

922 Freitag, Das Beleihungsverhältnis, p. 23 ss.

923 Cfr. Ossenbühl, VVDStRL 1971, p. 192 s. Otra opinión: Burgi, Funktionale Privatisierung, p. 335.

924 Sobre el mandato de control Cfr. Drüen, Die Indienstnahme Privater, p. 363.

925 Bourwieg, en Britz/Heller/Hermes, EnWG, artículo 12 c párrafo 13.

926 Primera parte Capítulo primero Reflexiones finales y Tercera parte Capítulo segundo.

927 Bourwieg, en Britz/Heller/Hermes, EnWG, artículo 12 c párrafo 13.

(3) Entre más fuerte sea el contenido soberano de la función a ejercer por parte del particular, hay más razones para exigir los requisitos y el cumplimiento de las consecuencias jurídicas propias del encargo a particulares de funciones públicas (*Beleihung)* derivados del principio de legitimación democrática. Como se mostró *at supra*, para la categoría del *Beliehener* (particular al cual se le encargan funciones públicas), configurada en el caso en el cual el Estado le transfiere una tarea estatal[928] a sujetos privados y a estos se les confieren facultades para actuar en forma de derecho público (con autoridad soberana, como en el caso del acto administrativo o de forma meramente soberana como en el caso de los contratos),[929] el Tribunal Constitucional alemán ha establecido unos requisitos de la transferencia de funciones a los particulares: ***i)*** determinación de las tareas y poderes mediante ley formal (reserva de ley), ***ii)*** control mediante un funcionario público legitimado democráticamente y ***iii)*** transferencia de tareas solo en ámbitos limitados.[930]

(4) La determinación multidimensional del contenido soberano exige su consideración también en relación con posibles afectados mediatos y aumenta entre más (posibles) intervenciones realice (o amenace efectuar) el ejercicio de la función en los derechos fundamentales y de las consecuencias de derecho ambiental. Se mostró que el ÜNB debe tener en cuenta en la ponderación las consecuencias de derecho ambiental en la preparación de la planificación de la necesidad.[931] La BNetzA controla que las representaciones y valoraciones del informe ambiental luego de la terminación de la participación de las autoridades y del público en general con base en los conceptos entregados.[932] Decisivo en el control, es determinar que el ÜNB realizó una ponderación teniendo en cuenta que se haya llevado a cabo conforme a los criterios del artículo 1 EnWG: que el suministro se efectúe de la forma más segura, económica, beneficiosa con el consumidor,

928 De acuerdo con el Tribunal Constitucional, el ejercicio de poder estatal está representado "en todo caso en toda actuación con carácter de decisión" (BVerfG, decisión de 31.10.1990, p. 83, 60, 71 ss.; BVerfG, decisión de 24.05.1995, E 93, 37, 66 ss.). El carácter de decisión se acepta cuando hay margen de decisión, ya sea en forma de discrecionalidad o en la aplicación de normas jurídicas a hechos concretos (Freitag, Das Beleihungsverhältnis, p. 85).

929 Cfr. *Ibidem*, p. 21.

930 BVerfGE 106, 59, (93, 94).

931 Bourwieg, en Britz/Heller/Hermes, EnWG, artículo 12 c párrafo 16.

932 *Ibidem*.

eficiente y ecológicamente sostenible.[933] Se puede afirmar que la extensión del margen de decisión de control por parte de la administración de una decisión de planificación es más estricto si las consecuencias ambientales por la planificación son mayores. Criterios sustantivos al control administrativo que ejerce la autoridad de regulación en Alemania, previstos en el artículo 1 EnWG, pueden servir de ejemplo al derecho colombiano.

(5) El elemento del ejercicio de poderes jurídico-soberanos describe el campo del ejercicio de competencias que está caracterizado con la toma independiente de decisiones administrativas con base en normas jurídicas.[934] El sujeto es destinatario de las vinculaciones especiales del Estado cuando es destinatario de competencias propias.[935] En cada caso concreto se debe interpretar si el sujeto está obligado a tomar decisiones como ayudante en la ejecución, en nombre del titular de la administración o a nombre propio.[936] Se mencionó que se ha discutido si los ÜNB tienen un poder de tomar la última decisión (también llamado margen de apreciación discrecional, Beurteilungsspielraum) que en parte ha sido admitido[937] por un sector doctrina, pero por otros autores ha sido rechazado. Esta facultad se admite ante un reconocimiento expreso de la ley o cuando la ley abre varias posibilidades de actuación y se tiene como destinatario de obligaciones de la decisión a todo particular en el marco de la ley.[938] Falta un reconocimiento expreso de la ley sobre el objeto a favor del ÜNB.[939] Como se indicó *at supra*, en el caso del ayudante de la administración (Verwaltungshelfer), la configuración y la intensidad de las obligaciones de vigilancia y control dependen de la clase de función y del grado de la influencia sobre la decisión estatal.[940] El menoscabo al principio democrático depende de la influencia que el ayudante de la administración (Verwaltungshelfer) pueda tener en la decisión estatal.[941]

(6) El contenido soberano está dado por la calificación de utilidad pública e interés social de la actividad. Se comprobó que la calidad de utilidad

---

933 *Ibidem*.
934 Remmert, Private Dienstleistungen, p. 441.
935 Berger, Staatseigenschaft gemischtwirtschaftlicher Unternehmen, p. 251.
936 *Ibidem*, p. 252.
937 Scherer, NVwZ 2010, 1321, 1324.
938 Strobel, Die Investitionsplanungs- und Investitionspflichten, p. 167 s.
939 *Ibidem*, p. 168.
940 Bickenbach, von Münch/ Kunig, GG, artículo 90, p. 197.
941 *Ibidem*, p. 193.

pública no depende, de acuerdo con las previsiones legales, del carácter de monopolio natural (como el transporte de energía) o de libre competencia (como la generación de energía) de la actividad destinada al suministro de energía.

(7) Entre más débil sea el contenido soberano de la función a ejercer por parte del particular, más razones hay para exigir los requisitos propios (y sus consecuencias jurídicas) de la *Verwaltungshilfe* derivados del principio de legitimación democrática (tercera parte, capítulo segundo) y del principio previsto en el artículo 33, inc. 4 LF (tercera parte, capítulo tercero). Con ello, aumenta el margen de discrecionalidad de la administración en el control que debe ejercer sobre el ejercicio de las tareas por parte del particular. Como lo mencionamos *at supra* (primera parte, capítulo segundo), en palabras de Stollmann, el Estado no debe sustraerse de la responsabilidad por las actuaciones del ayudante de la administración (Verwaltungshelfer), sino que él tiene que asegurar y controlar la correcta actuación jurídica de dicho ayudante mediante su influencia.[942] En este sentido, el particular debe estar sujeto a vigilancia y control cuya intensidad depende de las tareas que le han sido confiadas.[943] Esto exige, por ejemplo, que en los contratos se requiera realizar una reserva de posibilidades adecuadas de influencia y de injerencia por parte del municipio –por ejemplo, pactar derechos de información–; así como de vigilancia continua, de control y de medidas de intervención correctivas en casos de infracción –por ejemplo mediante el acuerdo de derechos de control y de impartir instrucciones (Weisungsrecht)–.[944] Como se indicó *at supra*, un control técnico especializado (fachliche Aufsicht) de la decisión del ayudante de la administración (Verwaltungshelfer) es sobre todo necesario, allí donde el ayudante de la administración (Verwaltungshelfer) tenga a su disposición un amplio margen de actuación y exista, por ello, un peligro mayor que los intereses privados se infiltren en la decisión estatal.[945]

---

942 Cfr. Stollmann, en Natur und Recht, 1998, 578, 581.
943 *Ibidem.*
944 *Ibidem.*
945 Bickenbach, von Münch/ Kunig, GG, artículo 90, p. 201.

CONCLUSIONES Y LECCIONES PARA EL DERECHO COLOMBIANO

Como se indicó *at supra*, las Public Private Partnerships en su entendimiento *stricto sensu*, son concebidas en Colombia en la ley 1508 de 2012 como Asociaciones Público-Privadas. El artículo 1 de esta ley las define como un instrumento de vinculación de capital privado, que se materializan en un contrato entre una entidad estatal y una persona natural o jurídica de derecho privado, para la provisión de bienes públicos y de sus servicios relacionados, que involucra la retención y transferencia de riesgos entre las partes y mecanismos de pago, relacionados con la disponibilidad y el nivel de servicio de la infraestructura y/o servicio.

Este escrito parte del supuesto[946] que el término Public Private Partnerships cumple "una función heurística y estructuradora",[947] que comprende[948] las múltiples posibilidades de cooperación y coordinación entre el Estado y los particulares, en los diferentes ámbitos de las tareas a su cargo.

Como se señaló, en derecho comparado la posibilidad de transferencia de tareas a los particulares ha sido comprendida en figuras como la descentralización por colaboración o simplemente ha sido identificada como el ejercicio de funciones públicas por particulares.[949] En el derecho colombiano, este ejercicio de funciones ha estado siempre asociado a la idea de descentralización por colaboración.[950]

Como se mostró *at supra*, si se acoge el entendimiento *latu sensu* de un sector de la doctrina alemana sobre la acepción y tipos de las Public Private Partnerships en el derecho colombiano, es acertada la tesis, según la cual, en la descentralización por colaboración está contenida e implícita la noción de colaboración que es parte esencial de las Public Private Partnerships. También en la transferencia de funciones públicas a particulares está contenida e implícita la

946 Cfr. Introducción y tercera parte, capítulo primero, acápite I.
947 El modelo de dirección de la empresa (Betriebsführungsmodell) consiste en que el contratista, elegido en el marco de un proceso de selección objetiva, a cambio de una suma de dinero dirige una instalación de la entidad pública a su nombre y a su cuenta y riesgo (Bauer, Verwaltungskooperation, p. 9, 12).
948 Borchert, Bauleitplanung durch Beliehener, p. 67.
949 Rodríguez-Rodríguez, Derecho administrativo general y colombiano, p. 173 s.
950 *Ibidem*, p. 174.

noción de cooperación, de colaboración y de trabajo conjunto entre autoridades y sujetos privados que es uno de los elementos integrantes de las Public Private Partnerships.

Como se señaló *at supra*, la investigación mostró que no existe un solo modelo de participación público-privada, ni en Colombia ni en Alemania, para que el que valgan reglas comunes en las diferentes etapas del procedimiento.

Las formas de participación público-privadas son diversas y tienen finalidades distintas. Se examinó la configuración normativa de diferentes casos de Participación Público-Privada. La administración tiene, en cada caso concreto y en cada actuación de cada etapa procedimental, un margen de aplicación de la ley en el que debe sopesar y garantizar los derechos e intereses de los terceros que se puedan ver afectados con la actuación y que, en su multidimensionalidad y su diferente configuración, pueden ser determinantes de las reglas jurídicas estatales. Junto con los derechos e intereses de la administración y de los particulares a quienes se les pueden transferir funciones públicas, se encuentran otras personas, grupos de personas o del público en general que se pueden ver afectados.

En la medida que la ley le otorga a la administración márgenes de actuación, estos deben ser ejercidos conforme a sus obligaciones; esto es sin un margen que se mueva fuera de las prescripciones legales y los derechos e intereses que debe tener en cuenta. En todas las fases del procedimiento, y en todas sus decisiones, la administración debe ponderar los derechos e intereses de los posibles afectados y de la generalidad, así como la protección de bienes jurídicos. Dentro de estos derechos e intereses se cuentan el interés público a la legalidad de la administración, el interés de la generalidad a la ejecución de las tareas públicas de forma debida, esto es conforme a la ley y a la constitución y el uso legal y eficiente de los recursos públicos.

Se mostró que en Alemania las Public Private Partnerships no solamente pueden tener fundamento contractual, sino que abarcan supuestos de hecho de configuración jurídica por ministerio de la ley. Este es el caso de la Public Private Partnerships que se configura por mandato de la ley entre el Übertragungsnetzbetreiber (ÜBN, Operador de red de transmisión) y la BNetzA en el procedimiento establecido en el artículo 12 ss. de la ley de economía de energía (EnWG) para la planeación de las redes de transmisión de energía eléctrica.

Las Public Private Partnerships tampoco en Colombia se restringe a casos de participación privada en proyectos para la construcción de autopistas o carreteras,[951] ni tampoco a supuestos de configuración contractual; sino que

951 Sobre este enfoque Cfr. Gómez-Acosta, *Asociaciones Público Privadas*, pp. 57 ss.; Bustos-Niño/ Beltrán-Nishizaki, *Las asociaciones público-privadas*, pp. 227 ss.

comprende[952] las múltiples posibilidades de cooperación y coordinación entre el Estado y los particulares, en los diferentes ámbitos de las tareas a su cargo y designa toda forma de trabajo conjunto público-privado que incluye tipologías de transferencia de funciones públicas a particulares que se efectúan por ministerio de la ley.

También en Colombia, el ordenamiento jurídico prevé la posibilidad que se trasladen funciones públicas a los particulares. Ello ocurre en materia de contratación estatal y de arbitraje[953]. También en campos del derecho determinantes del ámbito del suministro de energía eléctrica se les transfieren funciones públicas a los particulares.[954] Así, por ejemplo, el ordenamiento jurídico colombiano prevé una transferencia de funciones al Comité Asesor de Planeamiento (conformado también por empresas privadas) en materia de planeación de las redes de transmisión de energía eléctrica en Colombia[955]. De igual manera, en el trámite de licencia ambiental[956] y en el proceso de imposición de servidumbres de conducción eléctrica[957] se les transfieren funciones de planeación a los solicitantes de dicha licencia o a los propietarios de los proyectos que pueden ser particulares.

Del estudio efectuado en este escrito, se encontró que en Colombia hay varios aspectos que requieren desarrollo dogmático para los cuales puede servir de ejemplo el derecho alemán. En este texto se hizo referencia al control judicial en procesos de planificación de infraestructura con participación privada; la problemática de la corrupción y los determinantes de las Public Private Partnerships, cuyo análisis permitió elaborar un modelo normativo de la aplicación de las Public Private Partnerships en el procedimiento administrativo.

---

952 Borchert, Bauleitplanung, p. 67.

953 En el caso del arbitraje, el artículo 116 de la Constitución Política "inviste a los particulares, de manera transitoria, de la facultad de administrar justicia, obrando como árbitros, habilitados por las partes en virtud de una convención, para emitir fallos en derecho o en equidad, ora mediante cláusula compromisoria o por compromiso" (Corte Suprema de Justicia, Sala de Casación Civil y agraria, Sentencia de 30 de octubre de 2019, número de proceso: T 1100122030002019-01621-01, número de providencia: STC14794-2019, consultado en Vlex).

954 Rodríguez, Panorama del derecho urbanístico colombiano; Pineda-Castro, El poder del derecho urbanístico; Arbouin-Gómez, Felipe. Reflexiones sobre la naturaleza del derecho urbanístico, en Universitas, 138, 2019.

955 Cfr. segunda parte capítulo 1 acápite I.

956 Cfr. segunda parte capítulo 2 acápite I.

957 Cfr. segunda parte capítulo 3 acápite I.

Se mostró que una característica de los procedimientos de planificación de proyectos de infraestructura es la libertad de configuración y sus límites, los márgenes de pronóstico, los márgenes de apreciación en la planeación sectorial y los requisitos del mandato de ponderación que tienen las autoridades en el derecho que norma la decisión de fijación de la planeación. El mandato de la justa ponderación es una restricción a la libertad de configuración en materia de planeación.[958]

Como lo enunciábamos *at supra*[959], se afirma que, aunque la autoridad de regulación conserva la posibilidad de exigir ajustes, si el NEP no está en conformidad con los requisitos del artículo 12b inc. 1, 2 y 4 EnWG, esta facultad de la autoridad no debe ser el resultado de una ponderación que vaya más allá y pretenda substituirla.[960] A esta tesis se opone a aquella que postula que la BNetzA está obligada, antes de confirmar el NEP, a efectuar una ponderación de los diferentes intereses públicos y privados.[961] Ello, porque, aunque esto no está normado expresamente en la EnWG, se deriva del mandato de la justa ponderación –conforme al cual todos los intereses públicos y privados que estén a favor y en contra de un proyecto de planeación deben ser ponderados justamente[962]–, que vale para todos los ámbitos de la planeación territorial, con independencia de si esta normado en una ley de derecho administrativo general o en una que pertenezca a un campo de referencia del derecho administrativo.[963]

En todo caso, los requisitos al control por parte de la autoridad administrativa al ejercicio de las tareas del ÜNB es más estricta entre más intensa sea la intervención en los derechos de terceros.[964] Esta afirmación confirma la validez del criterio (primera parte capítulo primero) que hace depender la extensión del margen de decisión de control por parte de la administración de las intervenciones en derechos fundamentales de terceros.

Sobre el análisis medioambiental, es determinante el informe ambiental que, de acuerdo con el artículo 12c inc. 2, frase 1 EnWG, debe ser elaborado en una fase temprana por la autoridad de regulación, para preparar el plan de la necesidad (conforme al artículo 12e EnWG). Este informe ambiental debe

958 Sobre un ejemplo de la aplicación de este principio en materia de construcción de infraestructura de transporte Cfr. Ibler/ Hangst, La planificación, 206.
959 Parte primera, capítulo primero, conclusiones.
960 Posser/Schulze, en Praxishandbuch, p. 508.
961 Antweiler, NZBau 2013, 337, 340.
962 *Ibidem.*
963 *Ibidem.*
964 Bourwieg, en Britz/Heller/Hermes, EnWG, artículo 12 c, párrafo 13.

corresponder con los requisitos del artículo 40 UVPG e incluir la descripción de las consecuencias previsibles al medio ambiente (inc. 2 Nr. 5) y las medidas planeadas para impedir, disminuir o compensar lo más posible los efectos ambientales significativos adversos a causa de la ejecución del plan o del programa (inc. 2 Nr. 6).

La elaboración en una fase temprana del procedimiento de un informe ambiental que sea determinante de la decisión de control de la autoridad administrativa es paradigmática para el derecho colombiano.

Se mostró, que se ha reconocido a la autoridad de regulación un margen de valoración (Beurteilungsspielraum) en la determinación de la justificación de la necesidad.[965] En relación con la extensión del control (Kontroldichte), las autoridades judiciales tienen un margen de apreciación para juzgar el control que ejerce la BNetzA sobre las decisiones del ÜBN que no es limitado.[966] Esto se deriva de la garantía prevista en el artículo 19, inc. 4 LF de protección judicial efectiva del cual se desprende, en principio, una obligación de los jueces a realizar un control total y completo de las decisiones administrativas desde el punto de vista jurídico y fáctico.[967]

At supra se indicó que la doctrina mayoritaria considera que la confirmación otorgada por parte del BNetzA no es impugnable por terceros. Los terceros son todos los demás diferentes del ÜNB como particulares, asociaciones, municipios, Estados federados y sus funcionarios de planeación.[968] Esta posición es matizada bajo el entendido que, aunque el NEP se encuentra en una fase de planeación general y normalmente no constituye una afectación concreta, es posible que la afectación se configure mediante el perjuicio causado en los derechos propios por parte del NEP.[969] En este caso, este puede hacerse valer por la vía de la protección judicial contra la ley federal de demanda energética

965 OLG Düsseldorf (3. Kartellsenat), Beschluss vom 06.10.2021 – Kart 256/20, BeckRS 2021, 33478, párrafo 29 (consultado en Beck en línea); Bourwieg, en Britz/Heller/Hermes, EnWG, artículo 12 c párrafo 21.

966 Strobel, Die Investitionsplanungs- und Investitionspflichten, p. 327; Bourwieg, en Britz/Heller/Hermes, EnWG, artículo 12 c párrafo 13.

967 Martin Ibler, en Rechtspflegender Rechtsshutz, p. 426 s., 458 s.; BVerfG, decisión de 8.12.2011, Az 1 BvR 1932/08 en: NVwZ 2012, 694 párrafo 20. Strobel Strobe (Tobias Strobel, Die Investitionsplanungs- und Investitionspflichten, p. 181) l llega a la misma conclusión, aunque parte de la aplicación de la teoría de la habilitación normativa (normative Ermächtigungslehre).

968 Strobel, Die Investitionsplanungs- und Investitionspflichten, p. 577.

969 *Ibidem.*

(Bundesbedarfsplangesetz) conforme al artículo 12e inc. 4 EnWG o en el marco de un procedimiento contra la decisión de fijación del plan (Planfeststellungsbeschluss).

La jurisprudencia del BVerwG considera que la planeación solo es admisible si hay un control de la decisión administrativa final; esto es, en el marco de la fase del procedimiento contra la decisión de fijación del plan (Planfeststellungsbeschluss). Las decisiones de las fases anteriores son examinadas tarde[970] y de forma incidental.[971] El argumento principal para rechazar el control judicial en la fase de la confirmación del NEP es el carácter burdo de la etapa de planeación en la cual no se constituiría, en la regla, una afectación concreta del tercero.[972]

En la doctrina, voces autorizadas favorecen una protección judicial en etapas previas del procedimiento administrativo. El argumento, de acuerdo con el cual, la protección es negada porque el tercero no está afectado en sus derechos, debe ser rechazado. Aquel a quien, por decisiones intermedias de planeación, pueda verse afectado por el perjuicio causado en los derechos propios, se le debe reconocer el efecto protector de terceros.[973] El artículo 19, inc. 4 LF no protege solo la posibilidad teórica y el derecho formal de acudir ante los tribunales judiciales, sino también la efectividad de la protección jurídica, la pretensión que tiene todo individuo de control judicial real y efectivo.[974]

La BNetzA controla las representaciones y valoraciones del informe ambiental luego de la terminación de la participación de las autoridades y del público en general con base en los conceptos entregados. Decisivo en el control, es determinar que el ÜNB realizó una ponderación teniendo en cuenta que se haya llevado a cabo conforme a los criterios del artículo 1 EnWG: que el suministro se efectúe de la forma más segura, económica, beneficiosa con el consumidor, eficiente y ecológicamente sostenible.[975]

Criterios sustantivos al control administrativo que ejerce la autoridad de regulación en Alemania, previstos en el artículo 1 EnWG, pueden servir de ejemplo al derecho colombiano.

En Alemania se parte de la aplicación del principio de supremacía del resultado de la planeación especial (artículo 15, inc. 1, frase 2 NABEG). Este supone que la autoridad administrativa en la *Bundesfachplanung* (planeación federal

---

970 Brohm, VVDStRL 30 (1972), 245 (290).

971 Strobel, Die Investitionsplanungs- und Investitionspflichten, capítulo 3, párrafo 40.

972 *Ibidem.*

973 Ibler, Die Schranken planerischer Gestaltungsfreiheit, p. 123 ss.

974 Schmieder, Risikoentscheidungen, p. 178.

975 Bourwieg, en Britz/Heller/Hermes, EnWG, artículo 12c, párrafo 16.

especializada) debe haber valorado si el recorrido de un corredor es compatible con la ordenación del territorio que será parte del plan de red federal (*Bundesnetzplan*). Además, tiene como supuesto que, una vez que el titular del proyecto haya presentado el plan del que trata el artículo 21, inc. 2 NABEG y haya verificado que los documentos están completos, la BNetzA debe instruir el procedimiento de audiencia (Anhörungsverfahren). Para tal efecto, la BNetzA debe exigirles a los titulares de intereses públicos, inclusive a las autoridades de ordenamiento territorial de los Estados federados que se vean afectados por el proyecto, que presenten su posición sobre el proyecto dentro un término que en todo caso no puede sobrepasar los 3 meses (artículo 22, inc. 2, frase 1 NABEG).

La decisión de valoración, por parte de la autoridad administrativa, debe estar contenida en su decisión final, así como los puntos de cruce ubicados en las fronteras de los Estados federados; las franjas, dentro de las cuales se traza el recorrido de un cable de energía eléctrica (*Trassenkorridor*), y los puntos de cruce entre los Estados federados deben ser identificados de forma idónea en un mapa.

Es importante también resaltar que el principio de supremacía del resultado de la planeación especial (artículo 15, inc. 1, frase 2 NABEG) sobre la planeación territorial en Alemania no es absoluto. De acuerdo con el artículo 43 VwGO, es procedente una demanda declarativa (Feststellungsklage), que puede interponer el Estado Federado, con la pretensión de declaración de no supremacía en el caso concreto con el argumento que la planeación federal técnico especializada (Bundesfachplanung) es ilegal. El estudio de esta demanda es competencia del BVerwG (artículo 50, inc.1 Nr. 1 VwGO).

Una obligación de valoración de compatibilidad con la ordenación del territorio puede ser ejemplar para el derecho colombiano.

La libertad de configuración en materia de planeación también está limitada por la vinculación a los principios de la planeación, que no son objeto de ponderación y deben ser controlados totalmente por el juez. Los principios de planeación deben ser determinados mediante interpretación. En primer plano están los preceptos de derecho ambiental para la protección de zonas Natura 2000, para la protección de especies y aquellas que establecen los requisitos para intervenir la naturaleza y el paisaje.[976] También los requisitos de la justificación del plan son una barrera a la libertad de configuración en materia de planeación. La planeación está limitada por el cumplimiento "mandado razonablemente"

976 Fassbender/Gläss, en Posser/Fassbender, Praxishandbuch, p. 445.

de la realización del bien común.[977] El mandato de control judicial total del ejercicio de facultades en materia de planeación es un arquetipo para el derecho colombiano.

Se mostró *at supra*[978], que en la decisión de fijación del plan (Planfeststellungs-beschluss) se deben imponer las medidas de protección necesarias para amparar los intereses generales y de los vecinos (artículo 74, inc. 2, frase 2 VwVfG). Una disposición de protección es necesaria cuando se parte de perjuicios jurídicos considerables y por ello, razonablemente que no sean aceptables por parte del proyecto.[979] En el caso de que no se ordene la medida de protección conforme al artículo 74, inc. 2, frase 2 VwVfG, el perjudicado tiene una pretensión de complementación del plan.[980]

Se puede establecer que el derecho de presentar recursos dentro del procedimiento tiene como condición previa que los terceros tengan la posibilidad real de participar en dicho procedimiento mediante el conocimiento efectivo de su iniciación que debe ser garantizado por el Estado. Esto también se aplica para los trámites administrativos en derecho colombiano. La protección jurídica efectiva es una garantía material que va más allá de la mera posibilidad formal establecida en el ordenamiento jurídico de recurrir las decisiones y que consiste en la oportunidad real de presentar recursos judiciales.

La publicación del proyecto de los documentos de planeación en las páginas de internet como medio de comunicación, tiene como supuesto que el internet esté disponible totalmente en las comunidades y que estas tengan la capacitación para su uso y la formación necesaria para manifestar su posición. Adicionalmente, es indispensable que las observaciones del público sean tenidas en cuenta como insumo importante en el proceso de toma de decisiones del trámite de planeación de la red.

Del análisis realizado en este escrito, se encontró además que en Colombia hay otro aspecto que requiere desarrollo dogmático para el cual puede servir de ejemplo el derecho alemán. Como se esbozó *at supra*, si se tienen en cuenta los índices de transparencia[981], el gran volumen de acusaciones, informes, reportes,

---

977 BVerwG, decisión de 7.7.1978 – 4 C 79/76 – BVerwGE 56, 110, 118 s.; decisión de 22.3.1985 – 4 C 15/83 – BVerwGE 71, 166, 168; decisión de 24.11.1989 – 4 C 41/88 – BVerwGE 84, 123, 130.

978 Primera Parte Capítulo primero Apartado III C 2.

979 Stüer, Bau- und Fachplanungsrecht, párrafo 5068.

980 *Ibidem*, párrafo 5071.

981 Transparencia Internacional, Colombia no logra avances significativos en percepción de corrupción (disponible en: https://transparenciacolombia.org.co/2021/01/28/colombia-no-logra-avances-significativos-en-percepcion-de-corrupcion/);

casos de estudio e investigaciones sobre la corrupción en Colombia y sus serios impactos sociales y ambientales;[982] la respuesta a la cuestión sobre si ¿los mecanismos de selección objetiva, previstos en el ordenamiento jurídico colombiano en normas generales y sectoriales, son suficientes para prevenir y evitar corrupción? es negativa. Las anteriores evidencias condujeron a la pregunta sobre si *de lege ferenda* ¿se deberían adelantar reformas tendientes a publicizar (en alemán: Publizisierung).

Es importante recordar en este punto que hasta el momento, sólo ha habido sólo una única decisión de fijación del plan (Planfeststellung) que permite la construcción de una línea de transmisión"[983]. Es por ello, que Ibler propone que la planeación sea asumida directamente por el Estado.[984]

Se indicó *at supra* que la participación pública podría reducir, bajo ciertas condiciones, fenómenos de captura de Estado. Estos procesos podrían en ciertas circunstancias complementarse[985] con la participación público-privada que comprende, pero no se limita a las formas contractuales de vinculación. Para ello, se propuso un modelo normativo con pretensiones de validez para la teoría del procedimiento administrativo, para el cual es relevante tener en cuenta que las Public Private Partnerships están determinadas por el principio democrático y por el artículo 33 LF de los cuales se derivan mandatos referidos al control administrativo y a su estructuración legal y/o contractual.

Business & Human Rights, Resource Centre, Índice de energía renovable y derechos humanos (disponible en: https://www.business-humanrights.org/es/de-nosotros/informes/%C3%ADndice-de-energ%C3%ADa-renovable-y-derechos-humanos/); Así se mueve la corrupción: Radiografía de los hechos de corrupción en Colombia 2016–2018 – Monitor ciudadano de la corrupción, tercer informe (disponible en: https://transparenciacolombia.org.co/Documentos/2019/Informe-Monitor-Ciudadano-Corrupcion-18.pdf); El riesgo de corrupción en el sector eléctrico, en *infolaft* (disponible en: https://www.infolaft.com/el-riesgo-de-corrupcion-en-el-sector-electrico/).

982 Cfr. ante todo el estudio de 4 tomos publicado por la Universidad Externado de Colombia (Juan Carlos Henao Pérez (ed.), Corrupción en Colombia, 4 tomos, Bogotá, Universidad Externado de Colombia, 2018). Cfr. también Vargas-Valencia, Minería, conflicto armado y despojo de tierras, Contraloría General de la Nación, p. 57–88.

983 Decisión de Planfeststellung del 15 de octubre de 2021, disponible en: https://www.netzausbau.de/Vorhaben/ansicht/abschnitt.html?cms_nummer=11&cms_gruppe=bbplg&cms_status=pfv&cms_abschnitt=X (consultado el 10.10.2022).

984 Ibler, El Estado garante en el sector energético, p. 21.

985 Sobre la aplicación complementaria de estrategias para la modernización del municipio Cfr. Bauer, Lokale Leistungserbringung, p. 375, 379.

Como se indicó *at supra*, la dificultad en la delimitación y el mandato de protección exigen formular un modelo capaz de lograr desligar la comprensión de la participación público-privada, que se centra las más de las veces, desde el punto de vista de una concepción estrecha, en la situación de los intereses[986] contrapuestos entre el Estado y los sujetos privados.

El modelo debe ser capaz también de lograr desligar la comprensión de la Participación Público-Privada, que se centra las más de las veces, desde el punto de vista de una concepción estrecha, en la situación de los intereses[987] contrapuestos entre el Estado y los sujetos privados. A la vez, el modelo debe abstraer de su vigencia el fundamento contractual o legal de la configuración de la relación jurídica entre los sujetos públicos y privados.

El modelo diferenciado que se propuso parte de un principio válido para todos los pueblos y en esa medida, puede ser aplicado en Colombia para contribuir a la determinación de la vinculatoriedad de los mandatos de derecho público (en especial los derechos fundamentales). En el caso de los derechos humanos, la dogmática (a diferencia del caso de los derechos fundamentales, donde se debate su eficacia vertical u horizontal) no distingue quien puede ser el potencial transgresor de un derecho humano (si el Estado o un particular); por lo cual, tanto el Estado como una persona natural o jurídica de derecho privado pueden ser responsabilizados.[988]

La aplicación del modelo tiene la ventaja que parte de la consideración de casos de transferencia de funciones públicas a los particulares en una categoría más general como la de Public Private Partnerships, que releva de la labor de diferenciar (en Alemania) entre encargo de funciones públicas a los particulares – Beleihung – y ayuda a la administración – Verwaltungshilfe–. En Colombia, el modelo tiene como pretensión superar la dificultad en la definición del término "función administrativa" mediante la formulación de criterios a partir de los cuales se responda la cuestión de la vinculación de la actividad de los particulares a los principios de derecho público.

Se mostró que el criterio de ordenación del modelo normativo es la cercanía o la distancia con la administración soberana clásica, del ejercicio del poder

986 Sobre esta problemática Cfr. Kämmerer, Privatisierung, p. 58.
987 Sobre esta problemática Cfr. Kämmerer, Privatisierung, p. 58.
988 Anselmo Henrique Cordeiro Lopes, La integración de los Derechos Humanos en América Latina, tesis doctoral, Universidad de Sevilla, 2015, p. 220. Disponible en: https://idus.us.es/bitstream/handle/11441/26765/indice.derechos.humanos.america.latina.pdf;sequence=2.

soberano público.[989] Este tiene sus raíces en el principio de Estado de derecho[990], principio válido para todos los pueblos en el sentido de la teoría comparatista funcionalista. La clasificación teórica de las facultades está supeditada a la interpretación del objeto de transferencia como administración soberana clásica, como ejercicio del poder soberano público que se puede efectuar con la aplicación de las reglas[991] que se sintetizan y se proponen a continuación:

(1) Entre más fuerte sea el contenido soberano de la función a ejercer por parte del particular, más alta es la vinculación a los principios de derecho público, a la protección a los derechos e intereses que afectados (o que se pueden ver afectados) que debe ser garantizada por la actuación concreta y que debe determinar la ejecución de las funciones, ya que lo acerca a la figura del particular al cual se le encargan funciones públicas.

(2) Entre más fuerte es el contenido soberano de la función disminuye el margen de discrecionalidad de la administración en el control[992] más estricto que debe ejercer sobre el ejercicio de las tareas por parte del particular; ya que hay más razones que hablan a favor que el particular se comporta como el Estado.

(3) Entre más fuerte sea el contenido soberano de la función a ejercer por parte del particular, hay más razones para exigir los requisitos y el cumplimiento de las consecuencias jurídicas propias del encargo a particulares de funciones públicas derivados del principio de legitimación democrática.

(4) La determinación multidimensional del contenido soberano exige su consideración también en relación con posibles afectados mediatos y aumenta entre más (posibles) intervenciones realice (o amenace efectuar) el ejercicio de la función en los derechos fundamentales y de las consecuencias de derecho ambiental.

(5) El elemento del ejercicio de poderes jurídico-soberanos describe el campo del ejercicio de competencias que está caracterizado con la toma independiente de decisiones administrativas con base en normas jurídicas.[993] El

---

989 Sobre este criterio Cfr. Steiner, Öffentliche Verwaltung durch Private, p. 66 ss.

990 En Colombia cfr. por ejemplo: Corte Constitucional, Sentencia C 644 de 204, apartado "De la independencia política, de la soberanía y de la democracia como régimen político" en Consideraciones generales de la Corte.

991 Estas reglas se dedujeron del análisis de las normas de la primera parte de este escrito y de los determinantes de la Public Private Partnerships descritos en los apartados I y II de este tercer capítulo, de la tercera parte.

992 Sobre el mandato de control Cfr. Drüen, Die Indienstnahme Privater, p. 363.

993 Remmert, Private Dienstleistungen, p. 441.

sujeto es destinatario de las vinculaciones especiales del Estado cuando es destinatario de competencias propias.[994] En cada caso concreto se debe interpretar si el sujeto está obligado a tomar decisiones como ayudante en la ejecución, en nombre del titular de la administración o a nombre propio.[995]

(6) El contenido soberano está dado por la calificación de utilidad pública e interés social de la actividad. Se comprobó que la calidad de utilidad pública no depende, de acuerdo con las previsiones legales, del carácter de monopolio natural (como el transporte de energía) o de libre competencia (como la generación de energía) de la actividad destinada al suministro de energía. El contenido soberano está dado por la calificación de utilidad pública e interés social de la actividad. Se comprobó que la calidad de utilidad pública no depende, de acuerdo con las previsiones legales, del carácter de monopolio natural (como el transporte de energía) o de libre competencia (como la generación de energía) de la actividad destinada al suministro de energía. Como se refirió *at supra*, en derecho colombiano, la ley 56 de 1981 (artículo 16), la ley 143 de 1993 (artículo 5) y la ley 1715 de 2014 (artículo 4) declaran como de utilidad pública las actividades de generación, transmisión y distribución de energía eléctrica. Esta determinación tiene el efecto de su primacía en todo lo referente a ordenamiento del territorio, urbanismo, planificación ambiental, fomento económico, valoración positiva en los procedimientos administrativos de concurrencia y selección, y de expropiación forzosa (artículo 4, inc. 2 de la ley 1715 de 2014).

(7) Entre más débil sea el contenido soberano de la función a ejercer por parte del particular, más razones hay para exigir los requisitos propios (y sus consecuencias jurídicas) del ayudante de la administración en el sentido de la dogmática alemana.

994 Berger, Staatseigenschaft gemischtwirtschaftlicher Unternehmen, p. 251.
995 *Ibidem*, p. 252.

BIBLIOGRAFIA

Aiginger, Karl, Europa zwischen Globalisierung und Renationalisierung, Viena, WIrtschaftsuniversität Wien, 2017 (citado: Aiginger, Europa zwischen Globalisierung und Renationalisierung).

Alexander, Christian, comentario. En: Pünder/Schellenberg, Vergaberecht, 3. Ed., Munich, Beck, 2019 (citado: Alexander, en Pünder/Schellenberg, Vergaberecht)

Antweiler: Bedarfsplanung für den Stromnetzausbau – Rechtsverstöße und Rechtsfolgen, NZBau 2013, 337 (citado: Antweiler, NZBau 2013, 337).

Appel/Eding, Der Projektmanager nach § 43g EnWG und § 29 NABEG, EnWZ 2017, 392 (citado: Appel/Eding, EnWZ 2017, 392).

Arbouin-Gómez, Felipe. Reflexiones sobre la naturaleza del derecho urbanístico y propuesta de definición. En: Vniversitas, núm. 138, 2019. Disponible en línea en: https://revistas.javeriana.edu.co/files-articulos/VJ/138%20(2019-I)/82559799003/, consultado el 13.09.2022.

Badura, Peter, Das Planungsermessen und die rechtsstaatliche Funktion des Verwaltungsrecht. En: Festschrift zum 25jährigen Bestehen des Bayer. Verfassungsgerichtshofs. Munich, 1973 (citado: Badura, Das Planungsermessen und die rechtsstaatliche Funktion des Verwaltungsrecht).

Battis, Ulrich, Comentario. En: Battis/Krautzberger/Löhr, Baugesetzbuch14. Ed. Munich, Beck, 2019 (citado: Battis, en: Battis/Krautzberger/Löhr BauGB).

Battis/ Kersten: Public Private Partnership in der Städtebauförderung LKV 2006, 442, 443 (citado: Battis/Kersten LKV 2006, 442).

Battis, Ulrich, comentario al artículo 33. En: Sachs, Grundgesetz, 9 ed., Munich, Beck, 2021 (citado: Battis, en Sachs GG artículo 33).

Battis, Ulrich, Öffentliches Baurecht und Raumordnungsrecht, 6 ed., Stuttgart, Kohlhammer, 2014 (citado: Battis, Öffentliches Baurecht)

Bauer, Harmut, Die negative und die positive Funktion des Verwaltungsvertragsrechts. En: Detlef Merten (ed.), Der Verwaltungsstaat im Wandel: Festschrift für Franz Knöpfle zum 70. Geburstag. Munich, Beck, 1996, p. 11 ss (citado: Bauer, FS-Knöpfle).

Bauer, Harmut, Verwaltungskooperation. En: Hartmut Bauer (ed.), Verwaltungskooperation, Postdam, Universitätverlag Postdam, 2008, p. 9 ss. (citado: Bauer, Verwaltungskooperation).

Bauer, Hartmut, Publizisierung: Begriff – Befunde – Perspektiven, en JZ 21 (2014), 1017 (citado; Bauer, JZ 2014, 1017).

Bauer, Hartmut, Lokale Leistungserbringung im kommunale Interesse zwischen Privatisierung und Publizisierung: Renaissance der Genossenschaft?, en, Lothar Knopf, Heinrich Amadeus Wolff (ed.), Umwelt – Hochshule – Staat: Festschrift für Franz-Joseph Peine zum 70. Geburstag, Berlin, Duncker & Humblot, 2016, p. 375 (citado: Bauer, Lokale Leistungserbringung).

Bauer, Hartmut, Praxis und Programatik der Publizisierung: Die Rückkehr des Öffentlichen, en NLMR 2006, p. 3 ss. (citado: Bauer, NLMR 2006, 3).

Becker, Gunhild. En: Herbert Posser/ Kurt Fassbender (ed.), Praxishandbuch Netzplanung und Netzausbau. Berlin, De Gruyter, 2013 (citado: Becker, en Praxishandbuch).

Berger, Ariane, Staatseigenschaft gemischtwirtschaftlicher Unternehmen, Berlin, Duncker & Humblot, 2006 (citado: Berger, Staatseigenschaft gemischtwirtschaftlicher Unternehmen).

Bermúdez-Bermúdez, Héctor Andrés. La zona de reserva campesina del Guaviare. Tesis de grado, Maestría en estudios políticos, Pontificia Universidad Javeriana. Bogotá, 2016, p. 64. Disponible en: https://repository.javeriana.edu.co/handle/10554/18969?locale-attribute=es, consultado el 13.09.2022 (citado: Bermúdez Bermúdez. La zona de reserva campesina del Guaviare).

Bickenbach, Christian, comentario al artículo 90 LF, en von Münch/ Kunig, Grundgesetz Kommentar (citado: Bickenbach, von Münch/ Kunig, GG, artículo 90).

Blessing, Matthias, Planung und Genehmigung von Windenergieanlagen, Stuttgart, Kohlhammer, 2016 (citado: Blessing, Planung und Genehmigung von Windenergieanlagen).

Borchert, Dietrich, Bauleitplanung durch Beliehene, Kaiserlauten, Technische Universität Kaiserlauten, 2005 (citado: Borchert, Bauleitplanung durch Beliehener)

Bourwieg, comentario. En: Britz/ Heller/ Hermes, Energiewirtschaftsgesetz, 3 ed., 2015, consultado en Beck en línea (citado: Bourwieg, en Britz/Heller/ Hermes, EnWG).

Brehme, Julia, Privatisierung und Regulierung der öffentlichen Wasserversorgung, Mohr Siebeck, Tübingen, 2010 (citado: Brehme, Privatisierung und Regulierung).

Buck, Imme, Die Vergabe sogenannter nachrangiger Dienstleistungsaufträge, Frankfurt, Peter Lang, 2010.

Büdenbender, Ulrich / Heintschel von Heinegg, Wolff/ Rosin, Peter. Energierecht: Recht der Energieanlagen, Berlin, De Gruyter, 1999 (citado: Büdenbender/Heintschel/ Rosin, Energierecht).

Burgi, Martin, Funktionale Privatisierung und Verwaltungshilfe. Tübingen, Mohr Siebeck, 1999, p. 335 (citado: Burgi, Funktionale Privatisierung).

Burgi, Martin, "Verwaltungsorganisationsrecht", en Hans-Uwe Erichsen/ Dirk Ehlers, Allgemeines Verwaltungsrecht, 14 ed., De Gruyter, Berlin, 2010 (citado: Burgi, Allgemeines Verwaltungsrecht).

Burgi, BauGB-Verträge und Vergaberecht NVwZ 2008, 929, 930 (citado; Burgi, NVwZ 2008, 929).

Burmeister, Joachim, Verträge und Absprachen zwischen der Verwaltung und Privaten, VVSDtRL 52 (1993), p. 192 (citado: Burmeister, VVSDtRL 52 (1993), p. 192).

Bustos-Niño, Luis/ Beltrán-Nishizaki, Ernesto, Las asociaciones público-privadas como herramientas para el desarrollo social y su relación con el sector minero-energético, en las Asociaciones Público-Privadas (APP) en el Sector Minero-Energético: Experiencia Nacional e Internacional. Bogotá, Universidad Externado de Colombia, 2020, pp. 227 ss. (citado: Bustos-Niño/ Beltrán-Nishizaki, Las asociaciones público-privadas).

Candeias, Mario/ Rilling, Rainer/ Weise, Katharina. Krise der Privatiserung. Rückkehr des Öffentlichen, (Reihe: Texte/ Rosa-Luxemburg-Stiftung, Bd 53), Berlin, Karl Dietz Verlag (citado: Candeias/Rilling/Weise, Krise der Privatiserung).

Christen, Jörg / Bergmann, Sebastian, PPP-Handbuch: Leitfaden für öffentlich-private Partnerschaften, VVB, Bad Homburg, 2008 (citado: Christen/ Bergmann, PPP-Handbuch).

Colombia, Centro de Memoria Histórica, Una nación desplazada: Informe nacional del desplazamiento forzado en Colombia, Bogotá, CNMH – UARIV, 2015, disponible en: http://www.centrodememoriahistorica.gov.co/descargas/informes2015/nacion-desplazada/una-nacion-desplazada.pdf, consultado el 13.09.2022 (citado: Centro de Memoria Histórica, Una nación desplazada)

Colombia, Ministerio de Minas y Energía, UPME, Lineamientos para fortalecer la expansión del sistema de transmisión nacional, 2013, disponible en: https://www1.upme.gov.co/PromocionSector/Documents/Documentos-interes-convocatorias/Lineamientos_para_fortalecer_expansion_STN.pdf, consultado el 13.09.2022.

Colombia, Ministerio de Minas y Energía, UPME, Plan de expansión de referencia Generación – Transmisión 2015 – 2029, Bogotá, UPME, disponible en: https://www1.upme.gov.co/Energia_electrica/Planes-expansion/Plan-Expansion-2015-2029/Plan_GT_2015-2029_VF_22-12-2015.pdf, consultado el 13.09.2022.

Deutschland, Bundestag, Public Private Partnership: Verfassungsrechtliche Einzelfragen, 2006. Disponible en línea en: https://www.bundestag.de/resource/blob/423830/829f222bf50d23f72c06486a52f3fda6/WD-3-488-06-pdf-data.pdf, consultado el 13.09.2022 (citado: Deutschland, Bundestag, Public Private Partnership).

Deutschland, Deutsche Energie-Agentur GmbH. Eine erfolgreiche Energiewende bedarf des Ausbaus der Stromverteilnetze in Deutschland: Zusammenfassung der zentralen Ergebnisse der Studie "Ausbau- und Innovationsbedarf in den Stromverteilnetzen in Deutschland bis 2030" durch die Projektsteuergruppe. Berlin, 2012, disponible: https://www.dena.de/fileadmin/dena/Dokumente/Themen_und_Projekte/Energiesysteme/dena-Verteilnetzstudie/denaVNS_Ergebniszusammenfassung_PSG.pdf, consultado el 13.09.2022 (citado: DENA, Ausbau- und Innovationsbedarf in den Stromverteilnetzen).

Dirnberger, comentario al artículo 1. En: Spannowsky/Uechtritz, BeckOK BauGB, 48. Ed., estado: 01.11.2018, consultado en Beck en línea (citado: Dirnberger, en Spannowsky/Uechtritz, BeckOK BauGB, artículo 1).

Dolde, Klaus-Peter, Umweltprüfung in der Bauleitplanung, en NVwZ 2003, 297 (citado: Dolde, en NVwZ 2003, 297).

Dreier, Horst, comentario al artículo 20. Horst Dreier, Grundgesetz Kommentar, 3 ed., tomo 2 (citado: Dreier, en Dreier, GG artículo 20).

Drüen, Klaus-Dieter. Die Indienstnahme Privater für den Vollzug von Steuergesetze. Tübingen, Mohr Siebeck, 2012 (citado: Drüen, Die Indienstnahme Privater).

Echeverría-Molina, Judith/ Nieto-Ariza, Luis José, Prescripción de servidumbres de transmisión y de distribución de energía eléctrica. En: Jurídicas, ISSN-e 1794-2918, Vol. 14, N.º 2, 2017, págs. 96–116, disponible en: https://dialnet.unirioja.es/servlet/articulo?codigo=7537613, consultado el 13.09.2022 (citado: Echeverría-Molina/ Nieto-Ariza, Jurídicas, 2017, 96).

Ehlers, Dirk, Verwaltung und Verwaltungsrecht im demokratischen und sozialen Rechtsstaat, en Dirk Ehlers/ Hermann Pünder (ed.), Allgemeines Verwaltungsrecht, 15 ed., Berlin, De Gruyter, 2016 (citado: Ehlers, Verwaltung und Verwaltungsrecht).

Ennuschat, Joerg, Kommunalrecht. En: Ennuschat/ Ibler/ Remmert, Öffentliches Recht in Baden-Wuerttemberg, Munich, Beck, 2020 (citado: Ennuschat, Kommunalrecht).

Fassbender, Kurt/ Becker, Gundhild. En: Herbert Posser/ Kurt Fassbender (ed.), Praxishandbuch Netzplanung und Netzausbau. Berlin, De Gruyter, 2013 (citado: Fassbender/Becker, en Praxishandbuch).

Fehling, Michael, Energieversorgung zwischen Daseinvorsorge und internationaler Liberalisierung. En: Stefan Leible/ Michael Lippert/ Christian Walter (ed.), Die Sicherung der Energieversorgung auf globalisierten Märkten, Tübingen, Mohr Siebeck, 2007 (citado: Fehling, Energieversorgung).

Fehling, Michael, comentario. En: Pünder/Schellenberg, Vergaberecht 3. Ed., Munich, Beck, 2019 (citado: Pünder/Schellenberg/Fehling)

Finkelnburg/ Ortloff/ Kment, Öffentliches Baurecht, tomo 1: Bauplanungsrecht, 7 ed., Munich, Beck, 2017 (citado: Finkelnburg/Ortloff/Kment, Öffentliches Baurecht).

Franzius, Claudio, Gewährleistung im Recht, Tübingen, Mohr Siebeck, 2009 (citado: Franzius, Gewährleistung im Recht).

Freitag, Oliver, Das Beleihungsverhältnis, Baden-Baden, Nomos, 2005 (citado: Freitag, Das Beleihungsverhältnis).

Frenz, Walter, Die Staatshaftung in den Beleihungstatbeständen. Berlin, Duncker & Humblot, 1992 (citado: Frenz, Die Staatshaftung in den Beleihungstatbeständen).

Gómez-Acosta, Mónica Natalia, Asociaciones Público Privadas, una nueva oportunidad de desarrollo para el sector eléctrico colombiano, en las Asociaciones Público-Privadas (APP) en el Sector Minero-Energético: Experiencia Nacional e Internacional. Bogotá, Universidad Externado de Colombia, 2020, pp. 57 ss (citado: Gómez-Acosta, Asociaciones Público Privadas).

González-Posso, Camilo/ Barney Joanna, El viento del este lleva con revoluciones: Multinacionales y transición con energía eólica en territorio Wayúu, Bogotá, Indepaz, Heinrich Böll Stiftung, 2019, disponible en: https://co.boell.org/es/2019/12/05/el-viento-del-este-llega-con-revoluciones-multinacionales-y-transicion-con-energia, consultado el 13.09.2022 (citado: González-Posso, Camilo/ Barney Joanna, El viento del este).

Groneberg, Simon, Konzession und Kooperation: Partnerschaftliche Konzessionsmodelle beim Neuabschluss von qualifizierten Wegenutzungsverträgen nach § 46 Abs. 2 EnWG. Frankfurt, Peter Lang, 2018 (citado: Groneberg, Konzession und Kooperation).

Gröpl, comentario al artículo 90. En: Maunz/ Dürig, Grundgesetz-Kommentar, estado de la obra: 94, enero de 2021 (citado: Gröpl, en Maunz/ Dürig, GG artículo 90).

Gudynas, Eduardo, Extractivismos y corrupción en América del Sur: Estructuras, dinámicas y tendencias en una íntima relación. En: Instituto Investigaciones Socio-Económicas, Universidad San Juan, Argentina, RevIISE 10 (2017), 73–87. Disponible en: http://gudynas.com/wp-content/uploads/GudynasExtractivismosCorrupcionReviise2017.pdf, consultado el 13.09.2022 (citado: Gudynas, Extractivismos y corrupción).

Guerrero-Diaz, Gustavo Adolfo. La relevancia jurídica de la información científica ambiental en el caso colombiano: los principios y evidencia en la jurisprudencia colombiana. En: María del Pilar Pachón (ed.), Información, participación y justicia ambiental para alcanzar el desarrollo sostenible y la democracia ambiental, Bogotá, Universidad Externado de Colombia, 2020 (citado: Guerrero-Diaz, La relevancia jurídica de la información científica ambiental en el caso colombiano, en: Pachón, Información, participación y justicia ambiental).

Guzmán Castaño, Natalia. Estudio de caso: Odebrecht. Tesis de grado, Maestría en administración financiera, Universidad EAFIT. Medellín, 2018. Disponible en: https://repository.eafit.edu.co/handle/10784/12940, consultado el 13.09.2022 (citado: Guzmán Castaño, Odebrecht).

Hanebeck. Comentario al artículo 75. En: Britz/ Heller/ Hermes, Energiewirtschaftsgesetz, 3 ed., 2015, consultado en Beck en línea (citado: Hanebeck, en Britz/Heller/Hermes, EnWG, artículo 75).

Hansen, Tobias, Indienstnahme und Verfassungstreue. Berlin, Duncker & Humblot, 2020 (citado: Hansen, Indienstnahme)

Heintzen, Markus, "Beteiligung Privater an der Wahrnehmung öffentlicher Aufgaben und staatliche Verantwortung", in VVDStRl, 2002 (citado: Heintzen, VVDStRl, 2002).

Herrmann, en: Herbert Posser/ Kurt Fassbender (ed.), Praxishandbuch Netzplanung und Netzausbau. Berlin, De Gruyter, 2013 (citado: Herrmann, en Praxishandbuch).

Hermes, Georg, comentario al artículo 90. En. Horst Dreier, Grundgesetz Kommentar, 3 ed., tomo 3 (citado: Hermes, en Dreier, GG artículo 90).

Hermes/Kupfer, Comentario del artículo 43 EnWG, en: Britz/ Hellerman/ Hermes, Energiewirtschaftsgesetz (citado: Hermes/Kupfer, en Britz/ Hellerman/ Hermes, EnWG).

Hölzer, Frank, Der Energiesektor zwischen Marktwirtschaft und öffentliche Aufgabe, Carl Heymanns, Köln, 2000 (citado: Hölzer, Der Energiesektor zwischen Marktwirtschaft und öffentliche Aufgabe).

Hofmann-Hoeppel, Jochem. En: Eiding/ Hofmann-Hoeppel, Verwaltungsrecht. Baden-Baden, Nomos, 2013, p. 216, párrafo 56 (citado: Hofmann-Hoeppel, en Verwaltungsrecht).

Höppner, Thomas, Die Regulierung der Netzstruktur, Baden-Baden, Nomos, 2009 (citado: Höppner, Die Regulierung der Netzstruktur).

Hoppe/Schlarmann/Buchner/Deutsch, Rechtsschutz bei der Planung von Verkehrsanlagen und andere Infrastrukturvorhaben, 4 ed., Erich Schmidt Verlag, 2001 (citado: Hoppe/Schlarmann/Buchner/Deutsch).

Huster/Rux. Comentario al artículo 20. En: Epping/ Hillgruber, Grundgesetz. Munich, C. H. Beck, 3 de., 2020, p. 755, párrafo 156.

Ibagón-Ibagón, Mónica Liliana. Cooperación entre el Estado y los particulares en el ámbito de la salubridad publica: Reflexiones para Colombia a partir del derecho alemán. En Jornadas de derecho administrativo, Bogotá, Universidad Externado de Colombia, 2021 (citado: Ibagón-Ibagón, Cooperación entre el Estado y los particulares).

Ibagón-Ibagón, Mónica Liliana, La financiación de contratos públicos. En Contratos públicos, Bogotá, Universidad Externado de Colombia, 2017 (citado: Ibagón-Ibagón, La financiación de contratos públicos).

Ibagón-Ibagón, Mónica Liliana, "La delimitación entre el derecho público y el derecho privado en el derecho administrativo -¿qué puede aprender Colombia del sistema jurídico alemán?" En: Las transformaciones de la administración pública y el derecho administrativo, Bogotá, Universidad Externado de Colombia, 2019, p. 21 (citado: Ibagón-Ibagón, La delimitación entre el derecho público y el derecho privado en el derecho administrativo).

Ibler, Martin/ Hangst, Mathias. "La planificación de los proyectos de obras de infraestructura en el procedimiento administrativo alemán". En: Pedro Aberastury y Hermann-Josef Blanke, Tendencias actuales del procedimiento administrativo en Latinoamérica y Europa, Buenos Aires, Editorial Universitaria de Buenos Aires y Fundación Konrad Adenauer, 2011 (citado: Ibler/ Hangst, La planificación).

Ibler, Martin, comentario al artículo 86. En: Maunz/Dürig, Grundgesetz-Kommentar, (Lfg 58), Munich, Beck, octubre 2020 (citado: Ibler, en: Maunz/ Dürig GG, artículo 86).

Ibler, Martin, Die Schranken planerischer Gestaltungsfreiheit im Planfestellungsrecht, Berlin, Duncker & Humblot, 1988 (citado: Ibler, Die Schranken planerischer Gestaltungsfreiheit).

Ibler, Martin, Rechtspflegender Rechtsshutz im Verwaltungsrecht, Tübingen, Mohr Siebeck, 1999 (citado: Ibler, Rechtspflegender Rechtsshutz).

Ibler, Martin, Comentario del artículo 90, en Mangoldt/ Klein/ Starck, Grundgesetz-Kommentar, tomo 3, 7 ed., Beck, München, 2018 (citado: Ibler, en Mangoldt/ Klein/ Starck, GG artículo 90).

Ibler, Martin, El Estado garante en el sector energético, en: Memorias del XVI Congreso de la Asociación Española de Profesores de Derecho Administrativo (AEPDA). Disponible en: http://www.aepda.es/AEPDAEntrada-3492-XVI-Congreso-de-la-AEPDA.aspx, consultado el 13.09.2022 (citado: Ibler, El Estado garante en el sector energético).

Jasper, comentario al artículo 119, en: Burgi/ Dreher, Beck'scher Vergaberechtskommentar, tomo 1, 3 ed., Múnich, Beck, 2017 (citado: Jasper, en: Burgi/ Dreher, Beck'scher Vergaberechtskommentar, artículo 119).

Kämmerer, Jörn-Axel, Privatisierung, Tübingen, Mohr Siebeck, 2001 (citado: Kämmerer, Privatisierung).

Kämmerer, Jörn-Axel, Privatisierung, en Steffen Augsberg, Öffentliches Wirtschaftsrecht, 4 ed., Heildelberg, C. F. Müller, 2019 (citado: Kämmerer, en Öffentliches Wirtschaftsrecht)

Kaplonek, Benno, Privatisierung und ÖPP, en LKV 2006, 503 (citado: Kaplonek, LKV 2006, 503).

Kenntner, Markus, Öffentliches Recht im Baden-Württemberg, Baden-Baden, Nomos, 2021 (citado: Kenntner, Öffentliches Recht).

Kersten, Jens, Baurecht. En: Schoch, Besonderes Verwaltungsrecht, Munich, Beck, 2018 (citado: Kersten, Baurecht).

Kischel, Uwe. Rechtsvergleichung, Múnich, Beck, 2015 (citado: Kischel, Rechtsvergleichung)

Kment, Martin. Konflikte und rechtliche Lösungsansätze. En: EnWZ 2015, 57 ss. (citado: Kment, EnWZ 2015, 57).

Knauff, Mathias. Comentario al artículo 6. En: Kment, Energiewirtschaftsgesetz, 2 ed., 2019, disponible en Beck en línea (citado: Knauff, en Kment, EnWG, artículo 6).

Kober, comentario al artículo 12a. En: Theobald/Kühling, EnergierechtEstado de la obra: 111. (April 2021), consultado en Beck en línea (citado: Theobald/ Kühling/Kober, artículo 12a)

Kopf Nickel, "Public Private Partnerships: Ein Ausweg aus der Finanzkrise der öffentlichen Hand? Private Finanzierung öffentlicher Hochbaumaßnahmen in Deutschland", en ZfBR 2004, p. 10 (citado: Kopf, ZfBR 2004, p. 10).

Koriotk, Comentario al artículo 30, en Mauz/Dürig, Grundgesetz, Estado de la obra 92 de Agosto de 2020 (citado: Koriotk, en Mauz/Dürig, GG).

Krautzberger, comentario. En. Ernst/Zinkahn/Bielenberg/Krautzberger, Baugesetzbuch, estado de la obra: 135, September 2019, consultado en Beck en línea (citado: Krautzberger, BauGB).

Krautzberger, Michael, Staedtebauliche Vertraege in der praktischen Bewaehrung, en UPR: Umwelt und Praxisrecht (Zeitschrift für Wissenschaft und Praxis) 2007, 407 (citado: Krautzberger, UPR 2007, 407).

Krebs, Walter, Verwaltungsorganisation. En: Josef Isensee/ Paul Kirchof, Handbuch des Staatsrechts der Bundesrepublik Deutschland, tomo 3, Heidelberg, Müller, Jur. Verl, 1996 (citado: Krebs, HdbStR III).

Krebs, Walter, Baurecht. En: Eberhardt Schmidt-Assmann/ Friedrich Schoch/ Rüfiger Breuer/ Peter Huber, Besonderes Verwaltungsrecht, Berlin, De Gruyter, 2008 (citado: Krebs, Baurecht).

Kupfer, comentario. En: Britz/Hellermann/Hermes, Energiewirtschaftsgesetz, 3d. ed., 2015, Munich, Beck (citado: Britz/Hellermann/Hermes/Kupfer, EnWG)

Lambrecht Bernhard / Vollmöller, Thomas en: Stefan Huster y Markus Kaltenborn, Praxishandbuch, 2 ed., München, Beck, 2017 (citado: Lambrecht/ Vollmöller, en: Praxishandbuch).

Lauster, Georg, Die Beteiligung privater Dienstleister an der Wahrnehmung bauleitplanerischer Aufgaben: Unter besonderer Berücksichtigung von § 4b NauGB. Baden-Baden, Nomos, 2010 (citado: Lauster, Die Beteiligung privater Dienstleister an der Wahrnehmung bauleitplanerischer Aufgaben).

Leidinger. Tobias, En: Herbert Posser/ Kurt Fassbender (ed.), Praxishandbuch Netzplanung und Netzausbau. Berlin, De Gruyter, 2013 (citado: Leidinger, en Praxishandbuch).

Lerche, Peter, Übermass und Verfassungsrecht. Köln, Carl Heymanns Verlag, 1961 (citado: Lerche, Übermass und Verfassungsrecht).

Lozano, German, La contratación estatal como instrumento contra la corrupción, en Contratos públicos, Bogotá, Universidad Externado de Colombia, 2017 (citado: Lozano, La contratación estatal como instrumento contra la corrupción).

Maiwald, Christian, comentario al artículo 90 LF, en Shmidt-Bleibtreu/ Klein, Kommentar zum Grundgesetz (citado: Maiwald, en Shmidt-Bleibtreu/Klein GG artículo 90).

Martínez-Alfaro, Joachim, Ensayo integral del derecho y gravamen real de servidumbre. En: Ensayos jurídicos en memoria de José María Cajica C., p. 571 ss., disponible en: https://archivos.juridicas.unam.mx/www/bjv/libros/5/2402/8.pdf, consultado el 13.09.2022 (citado: Martínez-Alfaro, Ensayo integral del derecho y gravamen real de servidumbre).

Marulanda-García, Natalia; García-González, Jenny Paola, Los derechos ambientales frente a "otras prioridades", en JURÍDICAS, Universidad de Caldas, No. 1, Vol. 10, pp. 181–196. (citado: Marulanda-García/ García-González, en JURÍDICAS, 181)

Maurer, Hartmut. Allgemeines Verwaltungsrecht, Munich, Beck, 2020 (citado: Maurer, Allgemeines Verwaltungsrecht).

Michele, Roberto de y otros, Efectos de la corrupción en los contratos de asociaciones público-privadas, BID, octubre de 2018. Disponible en: https://publications.iadb.org/en/effects-corruption-public-private-partnership-contracts-consequences-zero-tolerance-approach, consultado el 13.09.2022 (citado: Michele, Efectos de la corrupción en los contratos de asociaciones público-privadas).

Missling, comentario. En: Theobald/Kühling, Energierecht, estado de la obra: 108. EL septiembre 2020, consultado en Beck en línea (citado: Missling, en Theobald/Kühling, Energierecht).

Montaña, Alberto, Fundamentos de Derecho Administrativo, Bogotá, Universidad de Colombia, 2010 (citado: Montaña, Fundamentos de Derecho Administrativo).

Moreno, Luis Ferney, Los modelos de regulación de electricidad en América Latina y en particular el modelo de Colombia, en: Luis Ferney Moreno, Victor Rafael Hernandez Mendible, Derecho de la energía en América Latina, tomo 1. Bogotá, Universidad Externado de Colombia, 2017 (citado: Moreno, Los modelos de regulación de electricidad).

Nebel/Riese, comentario. En: Steinbach, Armin/ Franke, Peter, Kommentar zum Netzausbau, 2 ed., 2017, Berlin, De Gruyter (citado; Nebel/Riese, en Steinbach/Franke, Netzausbau).

Negrete-Montes, Rodrigo, Derechos, minería y conflictos: Aspectos normativos. En: Luis Jorge Garay-Salamanca (director), Minería en Colombia: Derechos, Políticas Públicas y Gobernanza. Tomo 1, Bogotá, Contraloría General de la Nación, 2013 (Negrete-Montes, Derechos, minería y conflictos, Contraloría General de la Nación).

Ossenbühl, Fritz, Die Erfüllung von Verwaltungsaufgaben durch Private, en VVDStRL 20 (1971), p. 192 s (citado; Ossenbühl, VVDStRL 1971, p. 192 s).

Pachón-Lucas, Carlos, Los servidores públicos y todos los modos de desempeño de funciones públicas en el Estado colombiano, Bogotá, Temis, 2014 (citado: Pachón-Lucas, Los servidores públicos).

Pielow, Johann-Christian. Ausbaubedarf und -instrumente bei den Verteilnetze. En: Jörg Gundel/ Knut Werner Lange (ed.), Der Umbau der Energienetze als Herausforderung für das Planungsrecht, Tübingen. Mohr Siebeck, 2012, 121 ss. (citado: Pielow, Ausbaubedarf und -instrumente bei den Verteilnetze).

Pielow, Johann-Christian, Gemeindliche Energieversorgung und Kommunalverfassungsrecht. En: Franz Jürgen Säcker Berliner Kommentar zum Energierecht, tomo 1, capítulo 1, apartado E, 4 ed., München, Beck, 2019 (citado: Pielow, Gemeindliche Energieversorgung).

Pielow, Johann-Christian, comentario. En: Franz Jürgen Säcker Berliner Kommentar zum Energierecht, tomo 1, 4 ed., München, Beck, 2019 (citado: Pielow, en Säcker, Berliner Kommentar zum Energierecht).

Pielow, Johann-Christian, Grundstrukturen öffentlicher Versorgung, Mohr, Tubinga, 2001 (citado: Pielow, Grundstrukturen öffentlicher Versorgung).

Pineda-Castro, Gleison. El poder del derecho urbanístico. Tesis de grado, Maestría en derecho administrativo, Universidad del Rosario. 2009. Disponible en línea: https://repository.urosario.edu.co/bitstream/handle/10336/1537/17417223.pdf;jsessionid=0DB3EE6E5A3ED7FC7F4CF30417CA2DDB?sequence=7, consultado el 13.09.2022.

Pineda Estrada, Andrea, Desplazamiento forzado en Colombia, en EAFIT, Journal of International Law, vol. 7, 01, enero a junio 2016, p. 6 ss.

Posser Herbert/ Schulze, Hans-Jörg. Rechtsschutz. En: Herbert Posser/ Kurt Fassbender (ed.), Praxishandbuch Netzplanung und Netzausbau. Berlin, De Gruyter, 2013 (citado: Posser/Schulze, en Praxishandbuch).

Posser, Herbert, comentario al artículo 12a. En Kment, Energiewirtschaftsgesetz 2. ed., 2019, consultado en Beck en línea (citado: Kment/ Posser, artículo 12a).

Pünder, Herman, comentario del artículo 119 GWB, en: Punder/Schellenberg (ed.), Vergaberecht, 3 ed., Baden Baden, Nomos, 2019 (citado: Pünder, en: Punder/Schellenberg, Vergaberecht, artículo 119).

Rappen/ Schiffer, en Posser En: Herbert Posser/ Kurt Fassbender (ed.), Praxishandbuch Netzplanung und Netzausbau. Berlin, De Gruyter, 2013 (citado: Rappen/ Schiffer, en Praxishandbuch).

Reidt, § 4b BauGB – Die Einschaltung Dritter in die Bauleitplanung, NVwZ 1998, 592.

Remmert, Barbara, Private Dienstleistungen in staatlichen Verwaltungsverfahren, Tübingen, Mohr Siebeck, 2003 (citado: Remmert, Private Dienstleistungen).

Remmert, Barbara, comentario al artículo 90, en Epping/ Hillgruber, BeckOK Grundgesetz, 48 ed., 15 de agosto de 2021, consultado en Beck en línea (Remmert, en Epping/ Hillgruber, GG artículo 90).

Rodríguez-Rodríguez, Libardo. Panorama del derecho urbanístico colombiano. Disponible en línea: https://archivos.juridicas.unam.mx/www/bjv/libros/7/3052/14.pdf, consultado el 13.09.2022.

Rodríguez-Rodríguez, Libardo, Derecho administrativo general y colombiano, tomo 2, 20 ed., Bogotá, Temis, 2021 (citado: Rodríguez-Rodríguez, Derecho administrativo general y colombiano).

Rueda-Corredor, Benigno/ Rueda-Corredor, Héctor, Parámetros indemnizatorios por daños derivados de servidumbres de redes de conducción eléctrica en Colombia según pronunciamientos del Consejo de Estado durante el periodo 2015 – 2018, Tesis de grado, Facultad de derecho, Universidad Libre, Socorro, Santander, 2018, disponible en: https://repository.unilibre.edu.co/bitstream/handle/10901/17904/TESIS%20BENIGNO%20Y%20HECTOS%20NOVIEMBRE%2013%20DE%202018.pdf?sequence=1&isAllowed=y, consultado el 13.09.2022 (citado: Rueda-Corredor/Rueda-Corredor, Parámetros indemnizatorios por daños derivados de servidumbres de redes de conducción eléctrica en Colombia).

Ruge, Reinhard, comentario. En Berliner Kommentar zum Energierecht, tomo 1, 2018, p. 1054–1065, consultado en línea (citado: Ruge, Berliner Kommentar zum Energierecht, artículo 12 c).

Rux, Johannes, comentario al artículo 90. En: Eppping/Hillgruber, BeckOK Grundgesetz, Munich, Beck, 2021 (citado: Rux, en Eppping/Hillgruber GG, artículo 90).

Sachs, Comentario al artículo 90, en Sachs, Grundgesetz, 9 ed., 2021 (citado: Sachs, GG artículo 90).

Safar, Mónica, Contratación pública y corrupción. En: Corrupción en Colombia, tomo 4, Bogotá, Universidad Externado de Colombia, 2018 (citado: Safar, contratación pública y corrupción).

Salje, Peter, Energiewirtschaftsgesetz, Köln, Heymanns, 2006 (citado: Salje, EnWG).

Schaefer, Maria, Die Koordinierte Bedarfsplanung der Elektrizitätsnetze als Anwendungsfeld staatlicher Gewaährleistungsverantwortung, Hamburg, Verlag Dr. Kovac, 2016 (citado: Schaefer, die Koordinierte Bedarfsplanung).

Scherer, Neue Entwicklungen im Recht der regulierten Netzinfrastrukturen, NVwZ 2010, 1321 (citado: Scherer, NVwZ 2010, 1321).

Schink, Alexander, comentario al artículo 75. En: Hans Joachim Knack/ Hans-Günter Henneke, Verwaltungsverfahrensgesetz, 11 ed. Köln, Carl Heymanns Verlag, 2020 (citado: Schink, en Knack/ Henneke VwVfG, artículo 75).

Schmieder, Sandra, Risikoentscheidungen im Gentechnikrecht, Berlin, Duncker & Humblot, 2004 (citado: Schmieder, Risikoentscheidungen).

Schmidt-Assmann, Eberhard, comentario al artículo 19 inciso 4. En Maunz/ Dürig, Grundgesetz-Kommentar, tomo 3, Munich, Beck, Agosto 2020 (citado: Schmidt-Assmann, en Maunz/Dürig, Art. 19 IV).

Schmidt-Assmann, Eberhard, Konzentrierter oder phasenspezifischer Rechtsschutz?. En: DVBl 1981, 334 ss.

Schmitz, Holger/ Uibeleisen, Maximilian. Netzausbau: Planung und Genehmigung, Múnich, Beck, 2016 (citado: Schmitz/ Uibeleisen, Netzausbau).

Schmitz, Comentario al artículo 1, en Stelkens/Bonk/Sachs, Verwaltungsverfahrensgesetz, 9 ed., München, Beck, 2018 (citado: Schmitz, en Stelkens/Bonk/Sachs, VwVfG artículo 1).

Schoch, Public Private Partnership, en, Hans-Uwe Erichsen, Kommunale Verwaltungs im Wandel, p. 104

Schoch, Friedrich, „Gewährleistungsverwaltung: Stärkung der Privatrechtsgesellschaft?", en NVwZ 2008, 241, 243 (citado: Schoch, NVwZ 2008, 241).

Schönenbroicher, comentario del artículo 1, en Mann/Sennekamp/Uechtritz, Verwaltungsverfahrensgesetz, 2. ed., 2019 (citado: Schönenbroicher, en Mann/Sennekamp/Uechtritz, Verwaltungsverfahrensgesetz, artículo 1).

Schulze-Fielitz, Grundmodi der Aufgabenwahrnehmung, en Hoffmann-Riem/ Schmidt-Assmann/ Vosskuhle, „Grundlagen des Verwaltungsrechts", Tomo 1, 2 ed., Munich, Beck, 2012 (citado: Schulze-Fielitz, en Hoffmann-Riem/ Schmidt-Assmann/ Vosskuhle, Grundlagen des Verwaltungsrechts).

Söfker, comentario del artículo 2a. En: Ernst/Zinkahn/Bielenberg/Krautzberger, Baugesetzbuch, estado de la obra: 135, september 2019, consultado en Beck en línea (citado: Söfker, BauGB, artículo 2a).

Steinberg, Rudolf/ Wickel, Martin/ Müller, Henrich, Fachplanung, 4 ed., Baden-Baden, Nomos, 2012 (citado: Steinberg/Wickel/Müller).

Steiner, Udo, Öffentliche Verwaltung durch Private. Hamburg, Hansischer Gildenverlag, Joachim Heitmann & Co, 1975 (citado: Steiner, Öffentliche Verwaltung durch Private).

Stober, Rolf. Public Private Partnerships. En: Verwaltungsrecht, tomo 3, 5 ed., München, Beck, 2004 (citado: Stober, Public Private Partnerships).

Stober, Rolf. Kooperation mit Privaten. En: Verwaltungsrecht, tomo 3, 5 ed., München, Beck, 2004 (citado: Stober, Kooperation mit Privaten).

Stober, Rolf, Privatisierungsfolgenrecht/ Regulierungsrecht, en Wolff/ Bachof/ Stober/ Kluth, Verwaltungsrecht, tomo 2, 7 ed., München, Beck, 2010 (citado: Stober, Privatisierungsfolgenrecht/ Regulierungsrecht).

Stober, Rolf, Privatisierung öffentlicher Aufgaben, en NJW 2008, 2301 (citado: Stober, NJW 2008, 2301).

Stock, comentario. En: Ernst/Zinkahn/Bielenberg/Krautzberger, Baugesetzbuch, estado de la obra: 142, mayo 2021, consultado en Beck en línea (citado: Stock, en: Ernst/Zinkahn/Bielenberg/Krautzberger, BaugB).

Stollmann, Frank, Die Einschaltung Dritter im neuen Staedtebaurecht, en Natur und Recht, 1998, 578 (citado: Stollmann, en Natur und Recht, 1998, 578).

Stüer, E. Fachplanung. En: Stüer, Bau- und Fachplanungsrecht, 5 ed., 2015, Munich, Beck (citado: Stüer, Bau- und Fachplanungsrecht).

Strobel, Tobias. Die Investitionsplanungs- und Investitionspflichten der Übertragungsnetzbetreiber. Baden-Baden, Nomos, 2017 (citado: Strobel, Die Investitionsplanungs- und Investitionspflichten).

Tettinger, Die rechtliche Ausgestaltung von Public Private Partnership, DÖV 1996, 764 (citado: Tettinger, DÖV 1996, 764).

Turiaux, Andre, comentario. En: Kment, Energiewirtschaftsgesetz, 2 ed., 2019, disponible en Beck en línea (citado: Turiaux, en Kment, EnWG).

Uechtritz, comentario. En: Spannowsky/Uechtritz, BeckOK BauGB, 51. Ed., Estado: 01.08.2020, consultado en Beck en línea (citado: Uechtritz, BeckOK).

Vargas-Valencia, Fernando, Minería, conflicto armado y despojo de tierras: impactos, desafíos y posibles soluciones jurídicas. En: Luis Jorge Garay-Salamanca (director), Minería en Colombia: Derechos, Políticas Públicas y Gobernanza. Tomo 1, Bogotá, Contraloría General de la Nación, 2013, p. 57–88 (Vargas-Valencia, Minería, conflicto armado y despojo de tierras, Contraloría General de la Nación).

Waechter, Kay. Verwaltungsrecht im Gewährleistungsstaat, Tübingen, Mohr Siebeck, 2008 (citado: Waechter, Verwaltungsrecht im Gewährleistungsstaat).

Wagner, Jörg, Bauleitplanverfahren – Änderungen durch die BaugGB-Novelle 1998, en Baurecht: Zeitschrift für das gesamte öffentliche und das zivile Baurecht 1997, 709 (citado: Wagner, en Baurecht: 1997, 709)

Wahl, Rainer, Der Regelungsgehalt von Teilentscheidungen im Mehrstufigen Planungsverfahren. En: DöV 1975, 373.

Wendt, Henning, Kapazitätsengpässe beim Netzzugang, Tübingen, Mohr Siebeck, 2012 (citado: Wendt, Kapazitätsengpässe).

Wickel, comentario al artículo 74 VwVfG. En Fehling/Kastner/Störmer, Verwaltungsrecht, 5 ed., Baden-Baden, Nomos (citado: Fehling/Kastner/Störmer/Wickel, § 74 VwVfG).

Wolff, Heinrich Amadeus, comentario al artículo 90, en: Hörnig/ Wolff, Grundgesetz für die Bundesrepublik Deutschland, 12 ed., 2018 (citado: Wolff, GG artículo 90).

Wolff, Birgitta, Public-Private Partnerships, en, Vom Hoheitsstaat zum Konsensualstaat, Mohr, Tubinga, 1996 (citado: Wolff, Public-Private Partnerships).

Zapata, Pedro, La función administrativa ejercida por particulares y los contornos de su control, en Las transformaciones de la administración pública, tomo 3, Bogotá, Universidad Externado de Colombia, 2020, pp. 571 ss. (citado: Zapata, La función administrativa).

Zárate, Aníbal Rafael / Perdomo Villamil, Camilo, Relaciones peligrosas; Corrupción y captura del regulador por grupos de interés, en Juan Carlos Henao (ed.), La corrupción en Colombia, tomo 4, Bogotá, Universidad Externado de Colombia, 2018 (citado: Zárate/ Perdomo Villamil, Relaciones peligrosas; Corrupción y captura del regulador por grupos de interés).

Ziekow Jan, "Public Private Partnership – auf dem Weg zur Formierung einer intermediären Innovationsebene?", en VerwaltungsArchiv, 97, 2006, p. 626 (citado: Ziekow, VerwArch 2006, 626).

Ziekow, Jan / Windoffer, Alexander, Public Private Partnership al Verfahren, en NZBau 2005, 665 (citado: Ziekow/ Windoffer, NZBau 2005, 665).

Ziekow, Jan, Verankerung verwaltungsrechtlicher Kooperationsverhältnisse (PPP) im Verwaltungsverfahrensgesetz (Concepto rendido a encargo del Ministerio del Interior), 2001, p. 76 ss. Disponible en: https://www.verwaltung-innovativ.de/SharedDocs/Publikationen/DirekteDownloads/verwaltungskooperationsrecht.pdf?__blob=publicationFile&v=1, consultado el 13.09.2022 (citado: Ziekow, Verankerung verwaltungsrechtlicher Kooperationsverhältnisse (PPP) im Verwaltungsverfahrensgesetz).

Zweigert, Konrad/ Kötz, Hein. Einführung in die Rechtsvergleichung, 3 ed. Mohr, Tübingen, 1996 (citado: Zweigert/ Kötz, Einführung in die Rechtsvergleichung).

www.ingramcontent.com/pod-product-compliance
Ingram Content Group UK Ltd.
Pitfield, Milton Keynes, MK11 3LW, UK
UKHW021125041026
8980IPUK00026B/539